本书受到2022年度云南省哲学社会科学学术著作出版

经济合作与发展组织
国家高职教育的经费投入研究

高 娟 著

南京大学出版社

图书在版编目(CIP)数据

经济合作与发展组织国家高职教育的经费投入研究 / 高娟著. — 南京：南京大学出版社，2023.10
ISBN 978-7-305-27236-3

Ⅰ. ①经… Ⅱ. ①高… Ⅲ. ①高等职业教育－教育经费－研究－世界 Ⅳ. ①G719.1

中国国家版本馆 CIP 数据核字(2023)第 164033 号

出版发行	南京大学出版社
社　　址	南京市汉口路 22 号　　邮　编　210093
出 版 人	王文军

JINGJI HEZUO YU FAZHAN ZUZHI GUOJIA GAOZHI JIAOYU DE JINGFEI TOURU YANJIU

书　　名	经济合作与发展组织国家高职教育的经费投入研究
著　　者	高　娟
责任编辑	田　甜
照　　排	南京南琳图文制作有限公司
印　　刷	江苏凤凰通达印刷有限公司
开　　本	718 mm×1000 mm　1/16　印张 13.25　字数 231 千
版　　次	2023 年 10 月第 1 版　2023 年 10 月第 1 次印刷
ISBN	978-7-305-27236-3
定　　价	68.00 元

网址：http://www.njupco.com
官方微博：http://weibo.com/njupco
官方微信号：njupress
销售咨询热线：(025) 83594756

＊版权所有，侵权必究
＊凡购买南大版图书，如有印装质量问题，请与所购
　图书销售部门联系调换

前　言

经费投入是高职教育事业发展的物质基础，为推动我国建成有中国特色的高职教育经费投入机制，促进我国现代高职教育事业的提质增效，本书以"经济合作与发展组织(简称OECD)国家高职教育的经费投入"为研究对象，尝试依托经费投入数据来活化其投入机制，并以此深刻展现这些国家在促进产业进步、发展高职教育过程中的制度建设和机制创新。本书对丰富高职教育现有理论体系、完善我国高职教育经费的投入机制具有非常重要的理论意义和实践价值。

《经济合作与发展国家高职教育的经费投入研究》一书大致由六章组成。第一章侧重说明研究背景、研究问题以及国内外相关研究的进展情况。第二章深入叙述研究的四种理论依据。第三章首先从经费来源主体视角梳理了OECD国家高职教育总经费的投入历程，然后深度解析其变动规律。第四章着力探寻OECD国家高职院校生均累积经费的变动情形、影响因素、变动类型等。第五章深度刻画OECD国家高职院校生均(年度)经费的影响因素、变动状况等。第六章简要回顾前述各章的分析结论，又翔实阐述基于此研究，研究者对相关领域的关注。

本书适合对职业教育感兴趣的本科生、研究生、教师以及职业教育管理者，以期对其学习和工作有所参考。鉴于本人的时间和精力有限，积累还不足，书中疏漏在所难免，敬请读者批评、指正和帮助。在写作过程中，参考了许多同行的文献，也得到许多前辈的指导，在此一并表示感谢。

高　娟
2023年7月23日

内容简介

在我国,"三百六十行,行行出状元"的古谚折射出中华民族人才差异化发展的思想源远流长。为应对新一轮科技革命及满足我国产业优化升级的现实需求,政府启动了"高职院校百万扩招""双高计划"等,以期培养和造就一大批高素质的技术技能人才。经费投入是发展的必备条件,为推动我国建成有中国特色的高职教育经费投入机制,促进我国高职教育事业的健康有序发展,本书尝试以经费数据为线索来活化其投入机制,同时兼顾经费来源国的典型性和相关数据的可得性、可比性,最终确定以"经济合作与发展组织(以下简称OECD)国家高职教育的经费投入"作为研究对象。

本书基于OECD国家高职教育的经费投入数据,综合运用文献研究法、数理统计法、比较研究法和案例研究法来深刻展现这些国家在促进产业进步、发展高职教育过程中的制度建设和机制创新。这对丰富高职教育现有理论体系、完善我国高职教育经费的投入机制具有十分重要的理论价值和实践意义。

本书分别从结构化和发展脉络的视角来进行研究,并得出以下研究结论:

第一,从结构化的视角来看,从宏观到微观分层,即从高职教育总经费、高职院校生均累计经费、高职院校生均(年度)经费三个角度来研究得出如下结论:

首先,从高职教育总经费来源角度透析OECD各国的投入机制并将它们分为四种模式,这些模式的差异根源于高职教育办学体制和办学主体的不同;而后对1997—2019年各国总经费数据进行回归分析,发现高职教育的升级主要由经济发展需求所致;研究接着进一步解构1997—2019年各国总经费的变动路径,发现其存在着增长型、平稳型和下降型三种变化倾向,据此深入解析揭示高职教育发展的主体脉络在于它与产业进步的先后关系。

其次,通过分析1997—2011年OECD成员国高职院校的生均累计经费数据(因 2012 年 OECD 许多国家的高职教育已升级为本、硕层次的专业学位教育,OECD 在 2011 年之后已不再公布生均累计经费数据),发现生均累计经费存在投入惯性,其首要影响因素为该国此项的生均(年度)经费;生均累计投入都呈增长趋势的国家,实现路径不同,发展高职教育的目标侧重亦有所不同;经济社会发展的不同阶段,高职教育主要功能逐步从刺激经济增长到维护社会稳定再到促进学生升学。

最后,本书对 1997—2019 年间 OECD 各国高职院校生均(年度)经费的变动情形进行理论分析后,发现其主要影响因素为该国的人口结构、青年的就业状况和当前的经济发展水平等;随后以棘轮效应理论为分析框架进行数理统计并取得如下结论:影响生均经费的主要因素是该国上年度此项的生均投入、人均 GDP 等;生均经费总体随人均 GDP 的增加而增长,推动其增长的三大要素分别是人口老龄化、青年失业形势和经济发展前景。人均 GDP 为 1 万—2 万美元时,高职院校生均(年度)经费的涨幅,大体高于同期本科高校经费涨幅,也稍高于当年人均 GDP 增长率。

第二,综合上述 OECD 各国的办学实践和经费投入机制,文章进一步从发展脉络的视角提出以追赶期、并行期、引领期为代表的高职教育发展的三个阶段,具体结论如下:

首先,追赶期是指高职教育发展追赶产业进程阶段,代表国家为智利等。各国大力发展高职教育,经费投入尚未形成清晰的机制。

因产业发展急需一大批接受过高等教育的技能型劳动者,故这些国家不断扩大高职教育招生规模,其净入学率连续攀升。总经费的首要影响因素是净入学率,净入学率增加,总经费投入也将增长。由于产业部门对技能人才需求强劲,且此时国家还未形成完整清晰的发展投入规划,生均(年度)经费投入整体波动上行。为满足产业发展对技能型产业工人的需求,人才培养周期很可能会被缩短,即平均年限下滑,以刺激经济增长。生均经费增长,平均年限缩减,生均累计投入的首要影响因素是生均(年度)经费,故生均累计经费将平稳增长。此时,因高职教育体系与产业的联系还不够紧密,社会将存在技能供求不匹配、技术工人不足的现象。技能供求一致需假以时日,各国会继续扩大高职教育办学规模,来消除就业市场中技术工人不足的现象。

然后,并行期是指高职教育与产业同步发展时期,代表国家为法国等。各国逐步建立起各具特色的产教融合制度、财政经费拨款机制。高职教育经费投入的制度建设上将透过质量评估,将院校办学产出与财政拨款相结合。

随着产业的深入发展,各国的经济增速放缓,就业市场对新增劳动力的需求不足,社会(尤其是青年)失业问题愈加突出。为使产业需求与高职教育人才培养紧密对接,各国逐步建立起各具特色的产教融合制度。产教融合机制的形成,使产业对高职毕业生的质量要求和数量需求及时传导至高职教育体系中,高职教育体系据此有序开展招生教学,即净入学率趋于平稳,总经费投入也随之平稳。由于高职教育发展的外溢效应,整个社会会继续加大生均(年度)经费投入力度。因经济增速放缓,就业市场对新增劳动力的需求不足,高职学生的学习时间很可能会延长,即平均年限变长以维护社会稳定。因生均(年度)经费增长,平均年限变长,生均累计经费快速增长。

最后,引领期是指高职教育办学引领产业发展阶段,代表国家为芬兰、德国和瑞士等。高职教育经费投入的机制创新主要表现为在院校办学产出中增加"应用性研究"内容,并将其与财政资助相联系,院校也依托其吸收企业经费。

这些国家的经济发展主要依靠知识创新、高新技术的发明和应用,因此提升了高职院校的办学层次,加快培育本、硕层次的专业技术人才。因高职院校提升了人才培养的层次,高职教育办学规模已极小,故总经费也很少。由于该阶段劳动力市场对本、硕层次的技术应用型人才需求显著增长,导致对高职毕业生的需求不振,因此高职课程将不再被推崇,国家对生均(年度)经费投入可能会减少。为督促学习者升学并促进社会的就业参与,高职课程的学习时间也可能被缩短,平均学习年限变短。由于生均(年度)经费降低,平均学习年限变短,因此生均累计投入可能下滑。

此外,并非所有国家的高职教育发展都经历前述三个阶段。部分国家根据自身经济产业发展战略、人口结构、国际竞争需要等因素来对高职教育采取跨越式的发展战略,例如芬兰、捷克等国。

整个研究的主要创新点在于综合一国高职教育发展的内外部环境来分析其经费投入的变动情形,刻画具体的投入机制,总结机制形成的根本原因,进而提出以追赶期、并行期和引领期为代表的高职教育发展的三个阶段,为理顺高职教育发展思路和健全我国高职经费投入机制提供理论参考。本书主要存在两点不足:一是以数据为抓手还原经费的投入机制,美、英等国的数据不全,故对这些国家经费投入的情境性、过程性以及机制等叙述不够细致;二是本书侧重对部分典型性国家的经费投入机制展开详细论述,并未详尽叙述各国经费投入机制的多样性和差异性,且部分国家的高职教育仍在继续发展,研究者将对这些国家有益的经验做法继续予以关注,并据此对研究结论进行持续的修正和完善。

目　录

一、引言 ··· 1

（一）研究背景和意义 ·· 3
1. 研究背景 ·· 3
2. 研究缘起 ·· 6
3. 研究意义 ·· 9

（二）国内外对高职教育经费投入的研究现状 ························ 10
1. 国外高职教育经费投入的相关研究 ······························· 10
2. 国外现有研究的启示和借鉴 ··· 15
3. 国内高职教育经费投入研究现状 ··································· 15
4. 对国内现有研究的简要述评 ··· 21

（三）核心概念界定及概念框架图 ·· 23
1. 核心概念界定 ·· 23
2. 概念框架图 ··· 27

（四）研究方法 ·· 28
1. 文献研究法 ··· 28
2. 数理统计法 ··· 28
3. 比较研究法 ··· 29
4. 案例研究法 ··· 29

（五）研究思路和结构安排 ·· 30
1. 研究思路 ·· 30
2. 结构安排 ·· 30

二、OECD 国家高职教育经费投入研究的理论基础 ················ 33
（一）库兹涅茨定理 ·· 33
（二）人力资本理论 ·· 34
（三）新经济增长理论 ··· 36
（四）棘轮效应理论 ·· 38

三、OECD 国家高职教育总经费研究 ································ 43
（一）投入主体 ·· 43
  1. 学习者投入为主、政府为辅模式 ································ 44
  2. 政府与企业共同投入模式 ·· 46
  3. 政府投入为主、学习者为辅模式 ································ 47
  4. 政府绝对主导模式 ·· 51
（二）影响因素——以 1997—2019 年数据为例 ················· 54
  1. 总体描述 ·· 56
  2. 影响因素 ·· 57
  3. 高职教育净入学率的变动轨迹 ·································· 62
（三）变动类型 ·· 66
  1. 追赶产业发展型 ··· 66
  2. 产教同步发展型 ··· 69
  3. 引领产业发展型 ··· 72
（四）变动规律 ·· 74
  1. 追赶期 ··· 75
  2. 并行期 ··· 76
  3. 引领期 ··· 78
（五）经验借鉴 ·· 80
  1. 相对健全的政府拨款机制 ·· 80
  2. 丰富的社会服务及应用型研究形式 ····························· 81
  3. 高职教育的升级主要是由经济发展需求所致 ················· 81

4. 高职教育发展的大致脉络是它与产业发展的相对关系；若将此关系进一步细分，可分为追赶期、并行期和引领期三个阶段 …… 81

四、OECD 国家高职院校生均累计经费投入分析
——基于 1997—2011 年数据的统计与分析 …… 86

(一) 变动情形 …… 87
 1. 投入概况 …… 87
 2. 变动情形 …… 91

(二) 影响因素 …… 92

(三) 变动类型 …… 96
 1. 平均年限缩短、生均经费增加、生均累计投入上涨 …… 96
 2. 平均年限延长、生均经费增加、生均累计投入增长 …… 101
 3. 平均年限缩短、生均经费下降、生均累计投入降低 …… 104

五、OECD 国家高职院校生均(年度)经费投入分析
——以 1997—2019 年数据为例 …… 110

(一) 变动情形 …… 110
 1. 投入概况 …… 110
 2. 变化情形 …… 111

(二) 变动类型 …… 114
 1. 缓慢增长型 …… 114
 2. 平稳增长型 …… 117
 3. 急剧增长型 …… 121
 4. 波动增长型 …… 124
 5. 起伏增长型 …… 127

(三) 影响因素 …… 130

(四) 整体状况 …… 133
 1. 绝对数值 …… 133
 2. 相对比值 …… 134

（五）经验借鉴 …………………………………………………… 138

六、研究结论与展望 ………………………………………… 140

（一）从结构化的视角分析 OECD 国家高职教育的经费投入机制 ……… 141
    1. 高职教育总经费 …………………………………………… 141
    2. 高职院校生均累计经费 …………………………………… 142
    3. 高职院校生均（年度）经费 ……………………………… 142

（二）从发展脉络的视角审视 OECD 国家高职教育的经费投入机制 ……… 143
    1. 高职教育追赶产业发展期 ………………………………… 144
    2. 高职教育与产业同步发展期 ……………………………… 146
    3. 高职教育引领产业发展期 ………………………………… 148

（三）研究展望 …………………………………………………… 151

参考文献 ……………………………………………………………… 153

附　录 ………………………………………………………………… 166

一、引 言

新中国成立后尤其是改革开放以来,我国的经济社会发展取得了举世瞩目的成就。随着经济社会的深入发展及科学技术的不断进步,我国的经济发展方式逐步由劳动密集型产业向知识和技术密集型产业转变。产业的转型升级,亟需一大批接受过高等教育的技术技能型劳动者,而高职教育就承担着培养此类人才的重任。

为满足产业转型升级对技能型人才的需要,2019年1月国务院印发《国家职业教育改革实施方案》,并在3月国家《政府工作报告》中指出"今年高职院校扩招100万";随后由教育部、财政部联合印发的《关于实施中国特色高水平高职学校和专业建设计划的意见》(简称"双高计划")也在着力推动建设一大批高水平的技能型人才培养高地;2020年政府公布《职业教育提质培优行动计划(2020—2023年)》,2021年印发《关于推动现代职业教育高质量发展的意见》,2022年发布《关于深化现代职业教育体系建设改革的意见》,亦意在加快高层次技能型人才培育,以此回应经济和社会发展需求。这些政策方针的出台、落地实施,也意味着我国高职教育事业迎来快速发展的机遇期。

经费投入是事业发展的物质基础,高职教育事业的健康发展也离不开科学合理的经费投入机制设计。我国举办高职教育的时间不长,经费投入的历程较短,目前尚未形成体现高职教育发展普遍规律、符合我国经济社会客观实际的经费投入机制。此外,政府在多项促进高职教育发展的政策文件中提及需"健全经费投入机制"或"完善经费稳定投入机制"。依据国家的政策部署,大致需要思考以下三方面的问题(从宏观到微观):

(1)依据财政部、教育部联合下发的《关于建立完善以改革和绩效为导向的生均拨款制度 加快发展现代高等职业教育的意见》(财教〔2014〕352号)的要求,我国高职教育将秉承现行财政体制和职业教育"分级管理、地方为主"的基本原则,坚持政府投入的主渠道作用,鼓励企业和社会力量参与举办职业教育,切实提高财政资金使用效益,将绩效理念和绩效要求贯穿于高职教育经费分配使用的全过程,实现目标和结果导向,进一步完善多渠道筹措高职教育经费的机制,我们应该侧重研究从经费来源主体角度分析,如何搭建符合中国特殊国情的高职教育总经费的筹措和投入机制;这样既能促进财政经费的有效利用,又能推动企业经费的稳定增长,还能很好地引导我国高职教育的改革发展实践。

另外,随着经济社会的发展进步,未来高职教育总经费可能会如何变化?经费数值涨落又会隐含着高职教育怎样的投入机制和发展规律?

(2)按照《现代职业教育体系建设规划(2014—2020年)》中"增加非全日制职业教育在职业教育中的比重,实现全日制职业教育和非全日制职业教育的统筹管理"的工作要求,我国职业教育将采用更加开放、灵活的管理和教学方式,来满足人民群众日益多样化、个性化的教育需求。随着职业教育的持续发展,学习者身份愈加多元,高职院校的办学形式也随之更具灵活性,全日制和非全日制协调发展是这一时期高职教育办学的基本形态,如何设置指标来衡量这一形态下每名高职学习者的经费投入,该项投入可能会如何变动,经费变动折射出决策者怎样的发展意向等。

(3)根据《国务院关于加快发展现代职业教育的决定》中"完善经费稳定投入机制……地方人民政府要依法制定并落实职业院校生均经费标准"和《国家职业教育改革实施方案》中"健全经费投入机制……地方政府要按规定制定并落实职业院校生均经费标准"的文件精神,需考虑:随着经济社会的进步,高职院校生均经费可能会怎样变化,其主要影响因素有哪些;经济社会发展的不同阶段,生均经费的投入情况大体如何等。这一系列问题的有效解答,将为我国建设有中国特色的高职教育经费投入制度提供丰富、翔实的理论指导和实践参考。

经济合作与发展组织(Organization for Economic Co-operation and Development,OECD)成员国众多、民族文化传统各异,但经济均较为繁荣,教育发展水平都很高,高职教育的办学时间也相对较长,高职教育经费投入机制也已大体成型,学习这些国家的经费投入制度,可为新时期我国现代高职教育体系经费投入的机制建设提供经验借鉴和理论参考。

依据联合国教科文组织国际教育分类标准(International Standard Classification of Education,ISCED)的阐述、我国经济社会发展现状及高职教育办学实际,本书的"高职教育"是指在高等教育阶段,以技能型、操作型、实践型高级专门人才为培养目标,有计划、有目的地传授学习者科学文化知识、职业岗位技能的课程教育形式,考核通过后学习者可获得副学士学位或者相应的学历、职业资格证书,具体指大学专科层次的职业教育,相当于"5B 高等教育"(ISCED1997)或"短期高等教育"(ISCED2011)。

根据联合国教科文组织《教育 2030 行动框架:实现包容、公平的优质教育和全民终身学习》的发展要求,按照我国《中国教育现代化 2035》中"完善教育现代化投入支撑体制"以及《国家职业教育改革实施方案》中"健全经费投入机制"的战略部署,开展了本次研究。研究拟从宏观到微观,即从高职教育总经费、高职院校生均累计经费、高职院校生均(年度)经费三个维度解构 OECD 国家经费投入的变动情形,展现相关经费的投入机制,刻画机制形成的根本原因,再现决策者的战略考量和发展意向,以期为我国建设有中国特色的高职教育经费投入机制提供理论参考,进而更有效地引导我国高职教育的改革发展实践,促进高职教育事业的健康有序发展。

(一)研究背景和意义

在对本论题展开深入研究之前,本书对研究的背景、意义进行具体阐述,说明研究的必要性和重要性。

1. 研究背景

为细致介绍研究的经济社会背景,本节将从国际竞争、国内需求两个角度加以论述,进而彰显研究的重要价值。

(1)日益激烈的国际竞争

新一轮科技革命的客观要求。当前,新技术和产业革命方兴未艾,以 3D 打印、人工智能、物联网、5G 技术、云计算为代表的新技术以及新能源革命正不断影响,甚至可能颠覆人类现有的生产生活方式。

从历史发展经验看,新的科技革命意味着国家战略地位的剧烈调整,例如以蒸汽机的发明和应用为代表的第一次科技革命,极大地促进英国生产力的发展,显著提高英国产业工人的劳动生产率,也带动世界政治经济格局的大调整,使英国迅速成为世界头号强国。以电的发明和使用为代表的第二次科技革命,不仅提高了人们的生产能力,改变人们的生产生活方式,还对国家的政治、经济和文化等产生深远影响,也使美、德、法、日跻身世界强国行列。

以计算机的广泛应用为代表的第三次科技革命正如火如荼地进行着。相较前两次革命,它的突出特点有:学科变多,职业分工变细,专业口径也随之变细变窄;学科间、企业与大学间的联系日益紧密,科学研究朝着协同创新、知识共享方向发展。科学技术对产业发展的促进作用愈发明显,科学技术转换为现实生产力的时间大幅缩短。国家经济发展越来越倚重知识创新,高新技术的发明、传播和应用以及劳动者知识技能素质的持续提升。

在第三次科技革命浪潮下,简单、重复的劳动将被智能机器人所取代,同时新技术又会催生出新的工作岗位,新的工作岗位则意味着新的工作思路和操作规程,新思路和新规程又很可能意味着人们对知识技能的重新学习。人们对知识技能的重新学习离不开高职教育,因此高职教育承担着向学习者传授文化知识、专业技能的重任。

国际竞争日益白热化。进入21世纪以来尤其是2008年全球金融危机后,全球出口不振,内需疲软,世界经济复苏乏力。为刺激经济增长、扩大社会就业,美、德、日本等主要经济体先后启动了"再工业化"战略和"工业4.0"计划,并发布了"制造业白皮书",力图重振本国的高端制造业和现代服务业,增强本国产品和服务的国际竞争力,从而在新一轮的国际产业分工中抢占先机,巩固和加强本国的科技及经济实力。而这一目标的实现,很大程度上取决于本国产业工人对科学技术的发明、应用能力,即很大程度上取决于高职教育人才培养的质量。

另外,世界主要经济体的发展经验表明:以实体经济做支撑的经济社会发展,能广泛吸纳社会就业、全面增进民生福祉以及有效抵御外部环境风险。从这个意义上说,实体经济是立国根本、强国之基。而实体经济的大发展需要数以亿计的专业技术人才和大国工匠,来提高本国的社会生产力,增强国家的经济和科技实力,进而提升国家和民族的综合竞争力。

国运兴衰,系于教育。作为教育体系中与国家经济社会发展联系最为紧密的一部分——高职教育,担负着为国家的经济社会进步培养一大批具有扎实文化基础知识、深厚专业理论功底、精湛的职业技能、强烈的创新意识、积极主动的终身学习意愿的高素质劳动者的重任。

高职学习者走上生产、服务等社会一线岗位后,将成为支撑和推动实体经济可持续发展大军的中坚力量。换句话说,高职毕业生的知识技能素质,不仅在很大程度上反映着一国的劳动生产力水平,而且还在相当程度上代表着本国制造业的国际形象,同时也是衡量一国竞争力水平的重要依据。

为使我国能在新一轮产业革命中抓住发展契机,实现高端跨越式发展,同时在激烈的国际竞争中占据有利地位,提高经济和社会发展的现代化水平,大力发展高职教育,扩大其办学规模,提升其办学质量,加大其改革和投入力度,健全和完善其经费的投入机制刻不容缓。

(2)迅猛增长的国内需求

本节拟从经济增长、就业促进和人的发展三个方面介绍研究的内部环境,从而凸显我国经济社会发展对此次研究的迫切需求,说明研究的必要性。

经济增长的现实需求。伴随我国新型工业化和城镇化的加速推进,经济发展方式正逐步向知识和技术密集型产业转变,经济增长越来越依赖于知识技术创新、转化和应用。根据国家经济发展方式转变和产业升级的指导意见,未来经济发展需要一大批高素质的职业技能人才,在生产、服务一线将知识形态的先进技术转化为品质精良、经久耐用的工程机械等。在我国,培育此类人才的重任主要由高职教育承担,高职教育能否培养出一大批高素质的劳动者和技能型人才将直接影响我国产业结构能否顺利优化升级,进而对我国经济的平稳较快发展产生深远影响。

就业促进的实际需要。近年来,我国就业市场中"大学生就业难"和"技工荒"现象并存,一边是大量的普通高校毕业生找不到合适的工作,一边是在制造业、服务业等领域,能熟练应用先进技术的劳动者一将难求,千金难买。为缓解劳动力市场中人才供求的结构性矛盾,鼓励支持高职教育大发展,积极培育经济和社会发展所需的各类高层次技能型劳动者是国家合理的战略选择。同时,为安置产业转型升级后需调整工作岗位、重新找工作的工人,有必要对他们进行必要的职业技术教育和培训,为其顺利再就业打牢基础。此外,为帮助老少边穷等地区人民消除极端贫困,共享改革开放的伟大成果,也鼓励他们踊跃参与高职教育,重点提高他们的就业能力,从而改善他们的就业和收入状况,均衡社会收入差距,维护社会的和谐稳定。

人全面发展的客观要求。高职教育可塑造学习者端正的道德品行,造就其良好的行为习惯,为经济和社会发展培养一大批遵纪守法、爱岗敬业的合格公民。

高职教育对学习者施以良好的道德教育,教育他们爱祖国、爱人民,自觉维护祖国统一和民族团结,引导他们形成正确的世界观、人生观和价值观。与此同时,汲取现代职业教育道德理念中的有益养分,塑造学习者良好的职业操守,鼓励他们爱岗敬业,将工匠精神内化为行为规范。

高职教育还可使学生树立正确的劳动观念,养成良好的劳动习惯,进而锤炼学生坚韧不拔的人生意志;培养学生认识美、欣赏美进而创造美的能力,引导他们注重自身的思想美、语言美、行为美。

高职教育可提高学习者的科学文化知识和专业技能水平,这不仅能提升全民族的文化技能素质,增强经济社会的外溢效应,还有助于弘扬"劳动光荣、技能宝贵、创造伟大"的社会新风尚,增强国家的文化软实力;而且可增加学习者的受雇机会,为其高质量、有尊严的就业打下坚实基础;还能增加他们的收入,促进其提高生活品质,从而改善和保障社会民生;高职教育也可提升个体的就业创业能力,使其充分发挥积极性、主动性、创造性,为其多元化发展提供多种可能。

2. 研究缘起

从国际竞争、国内需求两个角度论述完研究背景之后,本节拟从我国高职教育发展的客观要求、我国国内对"高职教育经费投入机制"研究的不足、经济合作与发展组织国家高职教育经费数据可能蕴含的价值三个方面叙述研究缘起,说明研究的合理性和可行性。

(1) 我国高职教育发展的客观需求

新时期,为满足产业转型升级对技术工人的客观需要,我国政府持续扩大高职教育办学规模,全面加速其改革发展进程,不断加大对该领域的经费投入力度,着力发展高职教育。高职教育承担着为社会各行业培养高素质技能型劳动者的重任,它的发展运行情况直接关乎我国经济建设和产业进步的大局。

经费投入是高职教育事业发展的物质前提和资源保障。近年来,一系列鼓励和支持高职教育发展的政策文件相继出台,这些文件不约而同地提到"经费的投入机制",例如《国务院关于加快发展现代职业教育的决定》指出"完善经费稳定投入机制",《国家职业教育改革实施方案》要求"健全经费投入机制",这些文件为研究"高职教育的经费投入机制"提供了政策支持。

鉴于经费投入机制多隐含于经费数据的变动之中,再结合国家的政策部署,我们大致需要从宏观到微观思考以下三大方面的问题:

一是伴随经济发展和产业进步,政府、企业、个人及其家庭等透过怎样的机制向高职教育体系投入经费?未来高职总经费可能会如何变化,其主要影响因素有哪些?经费数值涨落背后隐含着高职教育怎样的投入机制和发展规律?

二是随着职业教育的持续发展,学习者身份愈加多元化,高职院校的办学

一、引　言

形式也随之更加灵活,全日制和非全日制协调发展是这一时期高职教育办学的基本形态,如何设置指标来衡量这一形态下每名高职学习者的经费投入,该项经费能折射出决策者怎样的发展意向等。

三是随着经济社会的进步,高职院校生均经费投入可能会怎样变化,生均经费的主要影响因素有哪些等。社会经济发展的不同阶段,生均经费的投入情况大体如何等。上述问题的有效解答,将为我国建设有中国特色的高职教育经费投入机制提供翔实的理论参考。

(2) 我国国内对"高职教育经费投入机制"研究的不足

由于我国高职教育事业的飞速发展对其经费投入机制研究产生了明确的需求,接下来我们将检视国内相关研究的进展情况。

国内的专家学者对"高职教育经费投入"的研究主要集中在供给水平的充足性、来源结构的合理性、经费配置额度的非均衡型(由办学主体、教学特色或者院校所处区域的不同造成)(具体内容请参见本章第二节第三部分)方面,但是并没有详细阐述随着经济发展和产业进步,高职教育的宏观和微观经费投入可能会如何变化,其主要影响因素有哪些,经费数值起伏的背后勾勒出高职教育经费怎样的投入机制,凸显着决策者怎样的战略意向等。

同时,我国大国办大教育的格局可能会在相当长的时间内存在,高职教育财政性经费可能会相对不足,开源节流将是经费利用的基本原则:高职教育发展可以采用怎样的财政拨款机制,既能推动财政经费的高效合理利用,又能督促高职教育提升办学质量,办出特色、办出水平;高职教育还可以依托哪些形式来扩展经费来源渠道,以吸收企业等社会民间投资,从而促进高职教育办学经费的平稳增长。

此外,高职教育经费的变动情形隐含着高职教育怎样的投入机制,投入机制形成的根本原因是什么。高职教育经费投入机制的形成与哪些因素有关,是高职教育发展的外部环境、还是其自身的办学实践抑或二者兼而有之。高职教育发展投入的主线是什么,即高职教育发展的根本逻辑是什么,而高职教育发展逻辑又如何影响其经费投入机制,从而使经费投入呈现这样或那样的变动路径。这些问题,似乎都还没有得到国内学术界的积极回应。

简而言之,从国内的相关研究看,前述问题均还未得到科学合理的回答,也正是基于国内现有研究的空缺,促使本书继续搜寻和关注新的研究对象,以期为上述研究问题的妥善解答提供新的观察视角和分析思路。

(3) OECD国家高职教育经费数据可能蕴含的价值

基于以上研究问题,本书对教科文组织、G20、金砖国家、欧盟、经济合作与发展组织(OECD)等国际现有的几大数据库进行比较后,最终选定"OECD国家高职教育经费数据"作为分析对象,理由如下:

一是成员国社会经济发展的丰富性。从文化传统看,OECD既有尊崇东方儒家文化的韩国、日本,又有奉行多元移民文化的澳大利亚,还有深受重商主义文化熏陶、拥有悠久行业学徒制传统的德国,也有信奉宽松市场文化的智利、美国,更有推崇理性主义,鼓励古典人文主义教育的法国等。从经济体制看,不仅有从计划经济向市场经济成功转轨的国家,例如匈牙利、捷克等;也有传统的市场经济国家,例如法国、德国、芬兰和瑞士等。从国民物质收入水平看,不但有从中低收入经济体成功转型为高收入经济体的国家,例如捷克、匈牙利、智利等;又有经济高度繁荣的国家,例如德国、芬兰、瑞士等。

二是国家间高职教育发展的多样性和差异性。从办学体制和办学主体看,既有社会力量办学为主的国家,例如韩国、智利、日本等,又有政府为主导、社会多元参与的国家,例如澳大利亚、法国、新西兰、美国等,还有政府与企业共同办学的国家,例如德国等,也有政府绝对主导的国家,例如芬兰、瑞典等。从高职教育引入本国公共教育体系的时间长短上看,既有时间较短的匈牙利、捷克、芬兰等,又有历程较长的法国、德国等。从办学的主要目的看,不但有旨在刺激经济增长的国家,例如匈牙利、韩国等,而且有为促进经济社会稳定的国家,例如法国、德国、西班牙等,还有意在满足劳动市场对更高层次技术技能人才的需求,敦促劳动者升学的国家,例如瑞士、澳大利亚等。从发展历程看,不仅含稳步而有序发展的法国、德国,也有跨越式发展的芬兰、捷克等。

三是高职教育经费及其相关数据的可得性和可比性。1997—2019年(此时期,OECD国家的经济社会发展取得巨大成就,而高职教育为其提供了坚实的人才支撑,故这一时期的经费投入数据具有重要的研究价值)OECD各国的高职教育总经费、高职院校生均累计经费、高职院校生均(年度)经费、高职教育净入学率、高职院校生师比、人均GDP数据均能从其官方出版物上直接获得,且这些经费投入数据、人均GDP都经过购买力平价折算,同时高职教育净入学率等都经过相应的转换,具有极强的可比性。

本书将这些国家的高职教育经费投入数据作为研究内容,结合该国高职教育发展的内外部环境,呈现其在经济发展和社会进步不同阶段高职教育的经费投入机制,深度剖析机制形成的根本原因。同时也关注各国高职教育发

一、引 言

展投入的路径差异,细致刻画这些差异形成的原因,总结高职教育发展的基本规律,以期为我国当前高职教育发展投入机制建设提供有益的理论参考。

综合以上三个方面的缘由构成了,故本书选择"OECD国家高职教育经费投入"作为研究对象的逻辑起点。

3. 研究意义

阐述研究背景、研究缘起意在介绍研究的必要性,而叙述研究意义则侧重于说明研究的原理性和实践性价值。

学术研究的意义体现在理论、应用价值两方面,理论价值集中体现为该研究对本学科领域内现有基础理论知识的修正或对现有学科理论体系的补充;应用价值则表现在针对经济社会发展过程中的某一现象和问题,抑或是某些突发事件,运用现有的专业理论知识,去分析其运作机理和产生原因,从而为问题的妥善解决提供对策建议和操作性指导。

(1) 理论价值

通过对OECD国家高职教育经费的结构化剖析,展现这些国家高职教育经费投入的总体规律,部分修正目前教育投资理论体系中"教育经费的增长应高于国民收入的增长"的论断,补充和完善教育投资理论体系。

同时,进一步解构部分典型性国家高职教育经费的变动轨迹,活化各国高职教育经费投入的具体机制,总结这些机制形成的深层次原因,捕捉高职教育发展的普遍规律,扩充高职教育现有理论体系,丰富高等教育发展内涵,推动人力资源开发理论向前发展。

(2) 应用价值

分析OECD国家高职教育宏观和微观投入的变动情况,为我国现阶段高职教育领域办学资源的宏观配置和微观分配提供经验借鉴和实践指导,增加教育决策的科学性,提高办学资源的利用效率,促进我国高职教育的有序发展。

此外,依托对OECD国家高职教育经费投入历程的梳理,再现其发展过程中的战略考量、办学侧重及各时期出现的突出问题、应对策略,为我国高职教育发展投入的顶层设计和战略规划提供经验借鉴,进而为经济社会培养出更多符合本国产业发展宏观导向和地方经济发展实际的高素质技能人才,极大的扩充我国技术技能型劳动者存量,为制造业强国战略提供坚实的人才支撑和智力保障，有利于我国经济和社会各领域的现代化建设。

（二）国内外对高职教育经费投入的研究现状

国内外的专家学者和研究机构对"高职教育经费投入"问题进行过许多有益的尝试，其观察视角、分析方法和研究结论能为本研究提供多元化的透视视角、多样化的研究方法和精彩纷呈的观点，进一步夯实研究基础。

为了更好地聚焦研究主体，同时结合我国国内学者研究"高职教育经费投入"的话语体系，研究将"高职教育经费投入"拆分为宏观和微观两个维度，分别对应"高职教育总经费"和"高职院校生均经费"，本节将从这两个角度来进行文献梳理与述评。

1. 国外高职教育经费投入的相关研究

由于世界许多国家高职教育管理实行分权制，联邦（或中央）宏观规划和协调其发展，地方政府负责高职院校的日常管理。中央和地方政府共同为高职教育提供经费支持，因两级分权程度和地方经济社会发展的差异性，各级政府出资比例不尽相同且难以统计，不便于进行可比性分析，故国外的学者不仅鲜有从高职教育总经费、高职院校生均经费角度探讨经费投入机制的文章，而且连分析这二者的文献都很少。

海外机构从这两个角度分析经费投入机制的文献也极少，其研究多集中于简要评述一国职教体系经费投入现状，例如对我国、国外发达国家（美国、英国等）职教资助方式的叙述，或阐述职教经费资助的功能等，具体内容如下：

（1）我国职教体系经费投入现状

有研究机构介绍我国职业教育的发展现状、办学经费来源、经费分配机制以及监管措施后，提出政府需增加在教育和培训方面的公共支出（根据经济社会实际、既定的发展目标在各地区、各层次的学校间审慎的分配资源）、标准化职教学生的单位成本、审查资助方式、对达到当地质量产出标准的民办院校给予财政激励等建议[1]。

海外研究组织分析我国职教体系当前的办学资源不足、经费分配的区域性不均等方面的挑战后，建议我国应增加教育（含职业教育培训）的总体经费支出，额外资源应分配给最贫困的地区，以清除举办职教培训的财政障碍并提高其质量[2]。

或有科研团队简要叙述我国职教财政资金的分配不均（不同层次、同一层次不同学校间、公私立学校间公共财政拨款的差异性），以及过于强调经费投入，忽视职业院校办学产出的现状[3]（世界银行&国务院发展研究中心，2013）。

部分组织建议我国在职业教育和培训领域推行公私合作（Public-Private Partnerships，简称PPP）模式。PPP是指政府和私人实体之间借助合同安排，以互补的方式重新配置双方的各项资源，以实现资源互补、风险分担和收益共享，从而为国民提供最佳的教育服务、为经济社会创造更大的价值[4]。PPP的核心要素包括公私营部门间的正式安排（涉及公共服务的私人交付，但是公共机构仍对服务提供负有最终责任），这种安排以合同为基础，重点是产出/成果，而非投入[4]。

某些研究中心以我国云南省为案例，从侧面展示我国职教经费投入机制的不完善。云南省教育投入比重高，但总体投入不足，生均经费较低[5]。经费投入机制不健全，导致其分配不公——国家、省级政府，借助职教专项资金来引导学校改善质量、促进创新，然而这些资金的分配往往倾向于提案的品质，从而导致资源丰富的学校比资源贫乏的（学校）受益更多[5]。尽管竞争性基金可以长期有效地促进办学质量的提高，但短期内公平的财政制度也很重要，它能使所有学校的投入和办学标准达到统一的最低水平[5]。云南在高职教育领域鼓励民间投入，其民办教育正在兴起，25%的高职学生就读于此类院校[5]。云南省公私立职业院校社会性投资水平仍然低于全国平均水平，社会投资可以动员起来[5]。

（2）国外发达国家职教资助方式

一是美国。美国的职业教育与培训（TVET）受联邦、州和地方三级政府的资助，联邦政府向各州提供职教支持资金[6]。职业与成人教育署（OVAE，以下简称职成署），是美国联邦教育部专门负责执行职教法律的部门[6]。为获联邦资金，各州须向职成署（OVAE）提交计划，详细叙述资金用途[6]。同时，各州也要求地方教育部门提交方案，阐述学区将如何使用这些经费[6]。如果州政府的方案被采纳，职成署（OVAE）还要求各州提交年度报告，报告包括经费的使用情况、资助项目的评估数据（以反映其有效性）[6]。

二是英国。英国高职教育办学经费主要来自政府。该国由英格兰、苏格兰、北爱尔兰和威尔士四个地区组成，不同地区高职办学机构极为多样，且其隶属于不同系统,因此资金总量很难量化[7]。

英国高职教育大致分为两部分:学院职教课程、高级学徒项目,前者若以全日制形式就读,则需要1—2年时间才能完成,后者的学徒期通常为1—6年(苏格兰地区1—4年,北爱尔兰地区至少2年),学徒期的长短取决于项目本身、就业合同和学徒的需求状况;高职教育办学主体分别是(继续教育)学院、大学等[8]。

英格兰地区:英国教育部(The Departmant for Education,DfE)负责资助的机构是教育和技能资助署(The Education and skill Funding Agency,ESFA),资助署不仅资助成人继续教育和技能培训,还支持学院的建筑和修护计划;大部分学院职教课程由政府资助[8]。

继续教育学院资助机制:

学院资助机制由继续教育资助委员会(Further Education Funding Council,FEFC)决定(机制主要以"活动单元"为核心),每个学院依据其招生人数、学生学习的课程内容、学生出勤率、学生毕业所获职业资质、学生费用减免、学生保育援助,以及对残疾、识字和计算障碍学生的特殊援助来获得"活动单元"(units of activity),进而得到政府的财政资助[7]。

大部分"活动单元"(约80%)由学生学习的课程内容、出勤率来确定。每项职业资质,依据该资质所需的平均学习时间和所需资源来确定国家资助费用表,范围为1—168个单位[7]。各项职业资格的单位还会按照学科领域进行加权,例如,商业研究的权重为1.0,工程学1.5,农业2.2,因此根据国家资助费用表,一年期的商科课程可能价值84个单位,而等值的(一年期)工程课程价值126个单位(84×1.5)[7]。学生每次可报读一门以上的课程,例如工程学和外语,这样它们的价值相当于各职业课程的单位数之和[7]。

所有与资助委员会(FEFC)达成协议的学院,会将其办学实践转换为"活动单元",然后国家总资助金额除以本国总"活动单元"数,得出每一"活动单元"的价格(1996—1997年,约为17英镑)[7]。接下来,资助委员会(FEFC)每月分期为每个学院提供财政资金,直至学院办学产出达到商定的"活动单元"数,而对未达协议要求的学院,则会下调资助费用[7]。

假如学院未招到指定数量的学生,或流失率偏高,或学生学业成就低于预期,实际资助金额会减少(每年三次监测学院实际招生人数、在校生数、学生所获职业资质等指标)[7]。每年各学院会与资助委员会(FEFC)协商"活动单元"目标,该目标将参考学院最近的招生人数、质量指标等。若学院超支或未足额交付"活动单元"目标,不仅会造成学院年度亏损,而且下一年设定"活动单元"数(及相对应的资金)时,这些指标数额很可能会被调低[7]。

高级学徒的资助机制:

现代学徒的资助大致分为三个阶段:从教育部(原教育和就业部(The Department for Education and Employment,DfEE))到区域政府办事处(The Goverment Regional Offices,GROs),然后从区域政府办事处(GROs)到培训和企业理事会(Training and Enterprise Councils,TECs),再从培训和企业理事会(TECs)到公私立院校和公益性培训机构[7]。

第一阶段:从教育部到区域政府办事处的资金,将依据现有受训人数(占总资金的60%)和基于人口学特征的拟(新)受训人数(占总资金的40%)进行拨付[7]。各理事会(Trairing and Enterprise Councils,TEC)需向区域政府办事处提交《年度工作计划》,说明拟受训人员的数量和类型[7]。

第二阶段:区域政府办事处与各理事会协商绩效产出目标和资助金额,学员受训初培训机构将获资助总额的20%,受训过程再得50%,学员结业并获相应的职业资质后机构再获30%[7]。

第三阶段:理事会(TEC)与培训机构签订正式的办学成效合同[7]。理事会(TEC)在合同安排、资助方面有相当大的自主权,当然各理事会权限并不相同[7]。为了应对全国不同的产业格局和优先事项,该制度安排既有地方性差异,也有区域性不同[7]。

苏格兰、威尔士地区的高职教育资助方式与英格兰类似,但是前二者统计学生人数和确定当地优先事项的方法不同(例如保护农村高校、加强双语教学等)[7]。苏格兰地区:资助委员会(全称"苏格兰继续和高等教育资助委员会")负责为区域内各级高校的教学、科研等活动提供资金;苏格兰技能发展基金则资助现代学徒计划[8]。威尔士地区:高职课程传统上由政府、高等教育资助委员会(也由威尔士政府赞助)共同资助[8]。2014年政府发表技能政策声明,补充了《技能共同投资框架》,规定政府、雇主在技能投资方面的原则,旨在将目前政府主导的投资方式转向由雇主主导[8]。在共同投资框架的安排下,投资使得雇主处于更有利的地位[8]。北爱尔兰地区高职课程则由经济部负责[8]。

三是加拿大。联邦、省、地区及当地政府共同为职业技术教育和培训(Technical and Vocational Education and Training,TVET)提供资金[9]。各省、地区政府向TVET提供大量资金,可以通过资助学校、社区和捐赠者,也可以直接向学习者、具体项目提供资金补贴或与工商业分担项目费用[9]。

四是新西兰。职教资金主要来自政府（通过高等教育委员会 Tertiary Education Commission,简称 TEC),其余经费则来自产业和对学生的收费[10]。

五是瑞典。所有高职教育（Higher Vocational Education,简称 HVE)课程都是免费的,高职学生还可获得瑞典国家助学委员会（the Swedish National Board for Student Aid, CSN)的财政资助[11]。

（3）职教资助可实现的功能

某项目组分析东亚和太平洋地区（East Asia and Pacific，EAP)国家职教和培训的经费来源、支出形式、目前的资金分配方式后,提出经费资助可以推动职业教育实现下列国家政策目标：一是更有效地利用资源——尽量避免用公共资金取代私人投入、合理利用资金、鼓励统一的职教市场、借助基于产出的资助机制（使经费激励与预期成果相匹配）；二是提高相关性——重构公立职业院校的权责、扩大私立院校办学规模、使职教奖学金与劳动力市场需求相适应；三是提升质量——创建更可靠的资金流以支持职教质量的提高、使用竞争性资金以促进创新和改善质量；四是增加入学机会——扩大入学机会的直接途径是增加职教公共资金,私人投入是使有经济能力的人获取入学机会的有效方法等；五是促进公平——加强弱势学生的帮扶,以帮助他们实现"追赶"等；六是盘活社会资源——激活职教领域的社会投资、鼓励私营企业为职教体系的整体改革做出贡献、鼓励 PPP 的合作模式、扩大社会性投资等[12]。

以上表述不仅可使研究者更为全面、客观地了解我国职教目前的投入现状,而且能让本研究进一步获悉国外研究的相关动态,拓展学术视野,以便更好地开展研究。

尽管有关"高职教育经费"的直接研究成果很少,但相关研究却较为丰硕。国外的机构和研究者侧重从生均经费的意义与办学产出的联系等角度来展开论述,例如建议在绩效合同中采用生均经费标准,可以鼓励高校更密切地监督和优化教育支出[13]；分析人均公共教育支出等与国家教育竞争力之间的关系[14]；根据 20 个国家的教育投入与科研产出关系研究,发现高等教育生均经费水平的提高可促进研发经费增加、论文引用次数和专利数量的增长[15]；论证高等教育生均经费（或生师比）超过一定水平后,毕业生就业率会不断提高[16]；认为教育经费增长能整体提升国民的购买力、刺激经济增长,从而缓解政府的财政压力[17]；分析 1998—2009 年 86 个国家的面板数据发现：在高等教育领域,教育总支出与人均 GDP、毛入学率呈正相关；生均公共教育支出与高等教育毛入学率呈负相关,研究结果还表明面对固定预算和增长的高教需求,部分国家以削减生均支出、吸引社会资源来扩展高等教育入学机会[18]。这些相关研究开阔了本书的分析思路。

2. 国外现有研究的启示和借鉴

尽管从高职教育总经费和高职院校生均经费视角切入分析经费投入机制的文章不多,但国外学者关于研究高等教育经费的相关文献不但能为本书提供方法论上的指导,还能帮助本研究开拓分析思路和学术视野。

海外机构对职业教育经费投入的现有研究,既充分肯定了我国职业教育体系发展取得的巨大成就,又着重指出其发展投入方面下一步需改革的方向;例如,总体经费投入不足、公共财政经费在地区间、校际微观分配的非均衡性,以及经费投入机制不完善造成的政府无法有效地宏观引导高职院校的办学实践,进而影响办学质量的提升;又简要说明美、英等国在职教经费投入方面的实践做法,拓展了研究的学术视野,这些研究成果为后文更有针对性地提出经验借鉴铺垫蓄势;还具体论述经费资助可助推职业教育实现一系列国家政策目标,不仅凸显了经费资助的重要价值,而且为后文寻找和遴选符合我国国情的经费投入机制指明方向。

国外机构的研究成果不仅使本书全面获取了关于我国高职教育体系发展投入的基本现状信息,还能让本书更准确地把握投入过程中的主要掣肘因素,并为研究提出更有针对性的对策建议打下深厚的现实基础。与此同时,研究成果中尤其是英国财政拨款单元价格的确定方式,对现阶段构建符合我国国情的高职教育经费投入机制具有一定的启示和借鉴意义。但是,这些研究并没有就高职教育经费投入机制提出具体的意见和建议,仍然无法为建设有中国特色的高职教育经费投入机制提供具有操作性的意见和建议。秉持这一初衷,本研究将搜索视线由国外转回国内。

3. 国内高职教育经费投入研究现状

根据我国科研语境,"高职教育经费投入"分别对应"高职教育总经费"和"高职院校生均经费",本节将从这两个角度对其各自的文献数量、研究内容等进行分析阐述。

(1) 高职教育总经费研究

一是文献数量。以"高职教育总经费"为主题词对中国知网(CNKI)上的相关文献进行主题检索(由于学者们对其的研究,并不完全包含在以它为关键词或以它为篇名的文献中,故研究先以其为主题名进行模糊搜索,即主题检索,最大限度地囊括此议题的研究成果,然后再开展内容分析,以详尽展示目前已有的研究成果),截至2023年2月21日,公开发表相关文献129篇,主要为学术期刊(92篇)、学位论文(30篇),其中博士学位论文8篇,硕士学位论文22篇(如图1.1所示)。

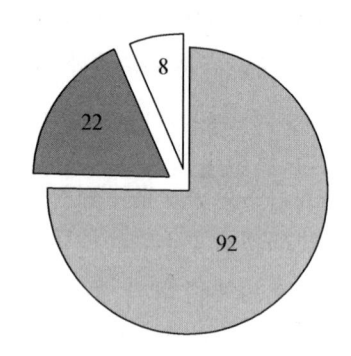

图1.1 国内"高职院校总经费"相关文献的来源类型图

这些文章主要发表在《职业技术教育》(9篇)、《职教论坛》(6篇)、《中国高教研究》(4篇)、《教育财会研究》(4篇)、《教育与职业》(3篇)等,同时以此论题发表论文的重要学者有戴文静、马宽斌等,聚焦该议题的学者分别来自宁波城市职业技术学院、广西师范大学、湖南师范大学等;这些文献中有9篇属于"全国教育科学规划课题"的研究成果。

从发表时间看,2000年第一篇有关该论题的论文发表,2007—2009、2012—2015、2016—2018和2019—2021年相关文献的发表量很高(图1.2),结合我国高职教育的发展实际,研究认为:

2000年国内有了第一篇论述此议题文献的原因为:自国家"九五"规划纲要(1996—2000)实施以来,我国深入推进产业结构的战略调整,大力振兴支柱产业,扶植和发展第三产业。为回应产业结构升级后经济社会发展对技能型劳动者的需要,国家鼓励发展多形式、多层次的职业教育,各地不断改组创办或者新设高职院校,高职教育招生规模稳步扩大。为更好支撑高职教育的办学实践,学者开始关注高职教育的经费投入,而高职教育经费投入的支柱性发力点是总经费,因此2000年有了第一篇此议题的文献。

2007—2009年出现第一个文献发表高峰的原因是:2005年,国务院发布

一、引　言

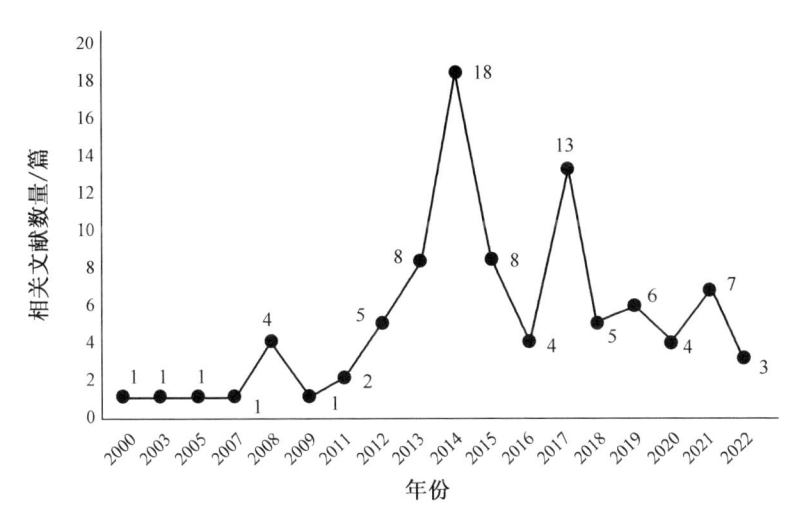

图1.2　国内"高职教育总经费"相关的文献数量变化图

《大力发展职业教育的决定》（国发[2005]35号），高职教育正式引入我国公共教育体系，而此前我国并没有可供参考的高职教育总经费投入经验，基于此学者们逐渐开始展开理论探索和学理性分析，以期为当时我国的高职教育办学实践和发展投入指路，因研究的时滞性，故2007—2009年相关文献数量开始增加。

2012—2015年出现第二个文献发表高峰的根本原因是：2012年国务院新闻办发布《国家人权行动计划（2012—2015年）》，指出2012—2015年期间我国将大力发展职业教育。2014年国务院常务会议提出要"加快发展现代职业教育"。高职教育作为职业教育体系的重要组成部分，也随之快速发展。总经费是高职教育发展的物质前提，故学界对其进行积极探索，因此在2012—2015年形成文献发表高峰。

2016—2018年呈现第三个高峰的具体原因是：2017年习近平总书记在十九大报告中要求"完善职业教育和培训体系……使绝大多数城乡新增劳动力更多接受高等教育"，高职教育既是连接中职教育、应用型本科教育的重要桥梁，又是高等教育系统的重要组成部分，高职教育的重要性显而易见，而其宏观投入（即高职教育总经费）是发展高职教育事业的资源保障，因此其再度受到各方关注，更多的国内学者加入研究该议题的行列，因研究的时滞效应，故在2016—2018年相关研究成果发表再次达到高潮。

2019—2021年相关文章增多的原因是：2019年国家发布《国家职业教育

改革实施方案》、启动"高职院校百万扩招"计划及其后的"双高计划";2020年公布《职业教育提质培优行动计划(2020—2023年)》,2021年印发《关于推动现代职业教育高质量发展的意见》,2022年发布《关于深化现代职业教育体系建设改革的意见》,这一系列大力发展高职教育事业的政府规划,意味着全社会需继续加大对高职教育总体经费的投入力度,而如何投入才能既体现公平,又能促进高职院校办学质量的提高,即高职教育经费投入的机制问题,这一问题再度摆在社会公众的面前,亟待解决,因此该议题再一次受到学界的追捧。从相关文献发表量这一指标来观察,这一时期发文量较高。

二是研究内容。国内专家学者对"高职教育总经费"的关注,主要侧重在刻画我国高职教育总经费的不足、经费分配的不合理(与同期本科教育横向比较)、经费来源结构的优化、经费投入机制完善等方面,具体体现在以下文献中:

第一是借助比较和分析,来反映我国高职教育总经费投入的不足,例如比较我国和OECD国家2005—2011年职业教育(含高职教育)经费投入指标上的绝对数值,指出未来我国应加大对职教的投入,完善经费投资结构,以专项补贴中西部高职教育[19];抑或从2010—2016年间我国公办高职院校经费总投入绝对数量、年度增长率、占整个普通高等教育经费的比重等角度,说明我国高职教育总投入不足,与办学规模不匹配的现状,进而建议构建与高职教育办学规模、人才培养质量相适应的投入机制[20]。

第二是将我国的高职教育经费与同期本科教育横向比较,说明前者投入的不合理,例如分析我国高职教育经费来源结构,指出与本科教育经费相比,其财政性投入占比较低,学杂费比重较高,各个省域经费来源结构明显不同,民办高职教育学杂费比重过高,提出高职院校应大力拓展社会性经费来源的建议[21];通过经费投入总量、占整个高等教育经费比重、在校生规模等指标将高职教育、本科教育进行比较,最后建议开展成本核算、实施专项高职经费投入等[22];或者从2010—2016年间我国公办高职院校、公办高等本科院校的经费总量、来源结构展开比较分析,以此来反映高职教育经费来源的二元化,经费来源结构不合理的情况,提出应健全政府投入为主导、社会多元参与的投入格局[20]。

第三是分析我国高职教育经费来源结构等,建议应扩展经费的来源渠道,例如解析我国高职教育经费短缺的原因,提出鼓励社会捐赠、提高企业对高职教育成本分担力度的建议[23]。详细比较高职经费总投入、预算内高职总经

一、引 言

费,得出我国预算内高职经费快于财政收入增长的结论;同时,也深入分析了我国高职教育的经费来源结构,指出我国高职财政性投入逐年增加,学杂费比重逐渐降低,企业经费及社会捐赠比重很小,最后提出扩展高职经费来源渠道等政策建议[24]。或以江苏省为案例剖析高等教育整体投入与公办高职教育投入、公办高职院校与公办普通本科院校总收入的差异、高职经费来源变动情况、民办高职院校经费来源,提出高职院校应多元融资的建议[25]。描述我国现阶段高职教育经费与规模的不匹配、来源渠道单一的现状,提出健全社会力量投资的激励政策等建议[26]。

第四是概述高职教育经费投入现状,进而建言完善其机制,例如有研究者以河南省为案例,从高职教育财政性经费总体投入、总经费支出结构两个角度论述其公共经费投入机制的不完善后,认为:① 需完善职教经费投入激励机制,鼓励行业、企业等社会力量投资兴办高职教育;② 扩大高职院校对部分资金使用的自主权,以弥补院校发展过程中的"欠账"[27]。或者建议政府加大对高职院校科研、教学等的经费支持力度,通过政策增加社会性经费投入[28]。

(2) 高职院校生均经费研究

一是文献数量。同样,研究以"高职院校生均经费"为关键词对中国知网(CNKI)上的文献进行主题检索,截至2023年2月21日,国内学者共公开发表相关文献78篇,主要为学术期刊(60篇)(图1.3)。这些文章主要刊发在《中国职业技术教育》(6篇)、《职业技术教育》(3篇)、《中国高教研究》(2篇)、《教育财会研究》(2篇),其中以此论题发表论文的主要学者有戴文静、周金城等;关注此议题的学者主要来自岳阳职业技术学院、湖南师范大学;这些文献中有4篇受到"全国教育科学规划课题"基金的资助。

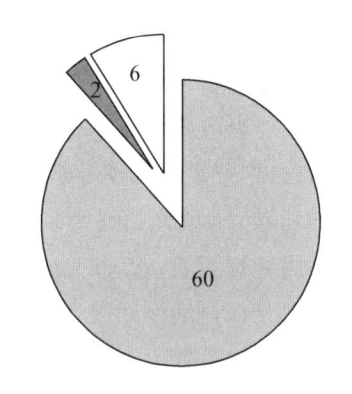

■ 学术论文　■ 硕士学位论文　□ 报纸

图 1.3　国内"高职院校生均经费"相关文献的来源类型图

从论文发表时间看,2003 年第一篇有关该论题的文章发表,2009—2012年文献数量逐渐增长,2013 和 2015—2022 年相关文献的发表量很高(图 1.4),结合我国高职教育发展实践,研究认为:这些年份,对应文献发表数量的变动原因与"高职教育总经费"类似，不再赘述。

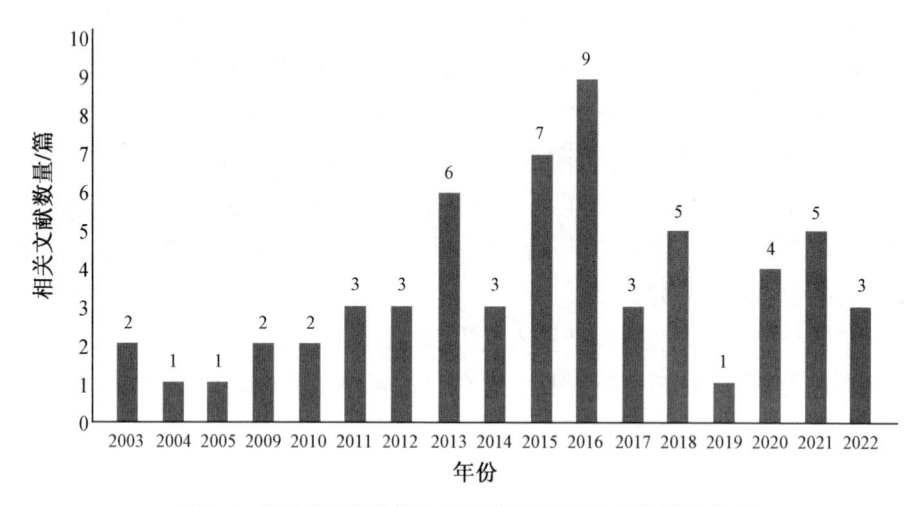

图1.4 国内"高职院校生均经费"相关的文献数量变化图

二是研究内容。国内学者对"高职院校生均经费"的研究，主要聚焦于区域性（包括横向和纵向）差异，以及办学主体不同导致经费数量上的悬殊等，且集中在以下五个方面：

第一是分析来源结构的合理性。例如以某省份为案例，用生均学费、生均捐赠和生均财政收入占生均经费的比例来分别说明学习者家庭、社会和政府的投入力度，并重点描述办学主体、办学特色和质量不同造成的生均投入来源结构的差异[29]；或介绍省市县三级政府对生均经费的投入力度，并详细说明了省际内地理版块、管理归属等差异导致的生均经费悬殊[30]。

第二是探讨地区间投入的非均衡性，尤以省际为最。例如通过极差率、变异系数和基尼系数[31]，或以离散系数指标[24]，或从东中西部三者间、所属行业等角度[26]来加以叙述。还有，从收敛性的视角切入展示区域生均财政经费的差异[32]，抑或采用基尼系数来反映省份间高职院校生均拨款的非公平性[33]。

第三是建言构建投入标准。例如通过总结我国职教经费投入的经验和不足，建议加快制定和推行职业教育生均经费标准[34]，或直接建议以生均标准切入完善高职经费投入机制[35]，或说明我国高职生均拨款制度的实施困境，并提出对策建议[36]；或将2010—2016年间我国公办高职院校、公办高等本科院校的生均拨款绝对数值进行横向比较，说明高职院校的生均公共投入水平低,制约了人才培养质量的提高,进而要求建立与本科教育相联动的生均拨款标准,确保办学质量的提升[20]。

第四是比较投入水平。例如计算出 2008—2010 年 OECD 和 G20 集团中 20 个国家的高职院校生均经费均值、高职与普通高教生均经费的比值,并分别与我国的相应数据进行对比,得出我国高职教育的生均投入与发达国家还存在较大差距的研究结论,原因是高职教育学制短和各国注重对高等教育的研发投入[19]。

第五是建议完善生均财政经费的投入机制。例如以河南省为具体案例,从地市间生均拨款水平的角度论述其公共经费投入机制的不完善后,建议完善并推行省级财政集中管理和拨付机制,以均衡地市间高职院校财政经费的分配[27]。或者认为高职生均拨款水平落实力度差异导致生均拨款失衡,建议落实高职生均拨款制度等[37]。

4. 对国内现有研究的简要述评

综合上述研究不难看出,对高职教育的经费投入,国内的专家学者已从多个角度进行了深入扎实的分析,且取得了一定的研究成果和有针对性的政策建议。这些成果,不仅为本书研究提供了多元化的理论观察视角、扎实深厚的方法论基础,而且有利于我们更清晰地理解和把握我国现阶段高职教育发展投入取得的成就,以及高职教育深入发展面临的投入性制约因素,为研究提出更具建设性的意见建议铺垫。然而,国内现有研究在取得重大进展的同时,仍存在诸多不完善之处,主要体现在:

首先,宏观层面——对"高职教育总经费"的研究主要有两大方面的不足:

一是对策建议的可操作性仍待进一步增强,例如许多研究指出要"增加高职教育总体投入",总体经费投入大致是由生均经费、在读学生人数决定的,到底是大幅提高生均经费,还是迅猛扩大在读学生人数,抑或是两者共同增加?并且在经济社会发展的各个时期都要增加总经费投入?增加高职教育总体投入的理论基础和现实依据是什么?诸如此类的问题亟待解决。

二是虽然许多研究聚焦于总经费投入的充足性、来源渠道等,但是并没有深入探究机制问题。我国高职教育的办学经费主要来源于政府拨款,怎样的财政拨款制度才能既保证高职教育办学方向符合国家产业发展的宏观导向,又能使高职院校培养出的人才契合地方经济社会的实际,还能确保财政经费的高效、有效利用等;当然,企业投资也是高职教育总经费的一大重要来源,借助哪些形式既可促进企业经费的稳定增长,又能带动高职院校办学实践紧密联系企业实际需求。

此外,由于我国地域辽阔、区域众多,各地经济和社会发展差异很大,在坚持政府投入的主渠道下,我们还有哪些可供参考的经费来源模式,来促进我国各地高职教育的蓬勃发展。与此同时,国内研究也没有清晰阐述随着经济社会的进步,总经费投入可能会怎样变动,其变动的根本原因是什么,变动情形隐含着高职教育怎样的投入机制、发展形态,其变动是否存在规律。这一系列的问题,似乎都还没有得到较为妥善的解答。

其次,微观层面——"高职院校生均经费"的研究也存在两大方面的缺陷:

一是已有的相关研究较多关注于高职院校生均经费来源结构和区域投入的差异性,未从制度建设、机制创新等角度深入开展研究,故文章分析的深度亟待进一步拓展。例如研究的时间段较短,未深刻揭示生均经费的主要制约因素和变动规律;脱离经济社会发展背景,直接将不同国家的生均经费绝对值进行横向比较,合理性有待商榷;未详细叙述数据的选取、计算方法和结论的推理过程,部分研究结论让人难以完全信服。

二是就事论事居多,整体、系统性的分析较少。例如,许多研究结尾处都提到"增加高职院校生均经费投入",但是追根溯源,原因多是"与普通本科高校的生均投入差距很大",尽管高职院校、普通本科高校都同属高等教育系统,但是二者的人才培养目标、教育教学方式有着明显的不同,故二者的生均经费投入并不具有完全的可比性,因此研究结论的科学性值得进一步验证;与此同时,仅从技能型人才培养角度要求提高生均经费投入(相当于仅就教育论教育),而没有把生均经费的变动放入整个国家的人口结构特征、就业状况、经济产业发展、高职教育发展的政策导向等背景下去分析政府的战略考量,高职教育办学目标调整和其生均经费变动之间的内在联系,故研究的深度还需进一步下沉。

当然,"高职教育总经费"的研究也同样存在上述类似问题,因而在后文的分析探索中要尽力避开这些思维盲区,以提高研究结论的科学性和合理性。

总而言之,尽管国内的专家学者对高职教育经费投入进行了大量研究,并取得了重大进展,但研究深度仍略显不足,尤其是联系各地方独特的人口结构、就业状况和产业发展战略等背景性因素进行的深度剖析更是不够,更极少对经费的宏观和微观投入机制开展理论探索,因而总给人一种蜻蜓点水之感。本书将继续秉承"尊重知识、尊重劳动、尊重技能、尊重创造"的方针,以"有教无类、因材施教、终身学习、人人成才"的传统教育思想为价值取向,以促进经济社会与人的全面协调可持续发展为宗旨,坚持辩证唯物主义和历史唯物主义的世界观和方法论,在前辈们的研究基础上继续向前探索。

(三)核心概念界定及概念框架图

梳理国内外学者和研究机构对"高职教育经费投入"的相关研究,意在了解学者们已取得的研究成果和把握现有研究的不足,为下一步更有针对性的分析研究问题蓄势。为更准确地把握研究主体,本书还有必要对核心概念的内涵和外延做透彻的分析和限定,为后文深入细致地开展研究奠定概念基础。

1. 核心概念界定

(1) 高职教育

对"高职教育"的定义,学界众说纷纭,最具影响力的两种说法分别是:高职教育是指培养高级实践应用型人才的教育,属高等教育范畴[38];或高职教育属于第三级教育层次的职业教育和技术教育,包括就业前的职业技术教育和从业后的有关继续教育[39]。此外,也因高职教育在各国发展历程和表现形式上的不同,对"高职教育"的理解也千差万别,例如前南斯拉夫部分国家,就认为高职教育是包含普通高等教育在内的所有高等教育形式[40]。

一是"高职教育"的内涵

因各国对"高职教育"内涵理解迥异,联合国教科文组织国际教育分类标准(ISCED)对其进行界定,教育分类标准 ISCED1997 和 ISCED2011 中对"高职教育"的指标名称略有不同,但内涵界定基本一致。

ISCED1997 对"高职教育"(Tertiary-type B,ISCED5B)含义界定为:比 A 类高等教育学制更短,侧重就业所需要的实践性、技术性的或职业性的技能,某些专业可能包含理论基础学习,最短学制为两年[41]。ISCED2011 对"高职教育"(Short-cycle tertiary education,即短期高等教育)含义定义为:明显比高中教育复杂,通过传授新技术、新概念和新思想来加深知识的传授[42]。"高职教育"具体形式为:高等技术教育、社区教育、技师或高级职业培训、副学士学位或 BAC+2 项目等[42]。

综合上述理论分析,本研究的"高职教育"是指在高等教育阶段,以技能型、操作型高级专门人才为培养目标，有计划、有目的的传授学习者科学文化知识、职业岗位技能的课程教育形式，通过考核后，学习者可获得副学士学位或者相应的学历、职业资格证书，具体指大学专科层次的职业教育，相当于"5B高等教育"（ISCED1997）或"短期高等教育"（ISCED2011）。

当然，5B或短期高等教育包含部分的普通教育，例如北美社区学院中转学性质的课程教育。联系本书的研究对象看，首先，因OECD许多国家已全面推行终身教育体系，学术经历与职业资格相互转换，且都能通向劳动力市场，所以这种以转学为目的的课程形式与高职教育二者的界限非常模糊，难以严格区分；其次，随着科技进步和社会发展，部分社区学院的办学层次逐渐上移，例如美国社区学院协会（American Association of Community Colleges，AACC）提出要逐渐提供本科学位课程[43]；加拿大社区学院协会（Association of Canadian Community Colleges，ACCC）的数据显示：48所成员学校能提供本科学位课程[44]。两国的部分社区学院都开设有本科等高级学位课程，转学的功能有逐渐弱化的迹象；然后，从操作层面来讲，美国的经费投入数据几乎没有，加拿大的数据不全，不会对整体数据的统计分析造成严重干扰，更不会影响研究结论；最后，本书旨在通过整体描述高职教育经费的影响因素、变化轨迹等，来大致刻画高职教育经费的投入机制，并不进行精确的国别比较，故暂时忽略这些因素。

二是"高职教育"的外延

具体到OECD各国，高职教育办学实体和形式极为多样，例如德国高职教育主要在职业学院（Berufsakademien）、师傅学校（Fachschulen）中完成。2009年，部分职业学院课程开始升级为本硕层次的专业学位教育。同年，根据德国各州文教部长联席会议KMK决议，没有高等教育入学资格（基于学校经历）的职业资格申请人可通过高级职业培训（AVT）获得职业资格[45]，而这些高级职业培训则基本在师傅学校中进行。师傅学校，属职业教育的继续教育机构，它始于19世纪末[46]，能使申请人获得职业资格，例如工艺大师、技术工程师、认证的高级文员。这些职业资格赋予他们独立从事贸易、雇用和培训学徒、接受大学教育的权利，也可为人们获得公司中层管理资质提供便利[45]。2012—2019年，德国高职教育已几乎全部升级为本硕层次的专业学位教育，职业学院也随之升级为双元制大学。因职业学院是德国高职教育的办学主体，在后文中本书将以此为重点展开叙述。

澳大利亚高职教育包括职业教育学位（vocational education degree）、文凭(diploma)、高级文凭(advanced diploma)和副学士学位(associate degree)课程[47]，主要办学实体是TAFE学院。

英国高职教育大致分为两部分：(继续教育)学院职教课程、高级学徒项目[8]。法国高职办学主要由大学技术学院(IUT)、高级技术员班(通常附设于技术高中内)实施，高职教育文凭和证书对应职业资格Ⅲ级(EQF 5级)，学员从大学技术学院毕业获大学技术文凭(DUT)，从高级技术员班结业获得高级技师证书(BTS)[48]。瑞士高职教育体系由专业教育和培训、联邦PET文凭考试和PET高级文凭考试组成[49]。芬兰的高职课程则在应用技术学院完成(20世纪90年代至21世纪初)。韩国高职课程则主要在职业学院(Junior/Vocational college)[50]教授。

智利高职教育由专业学院(IP)、技术培训中心(CFT)实施[51]。匈牙利高职课程只能由学院(fiskola)或大学(egyetem)提供[52]。捷克高职教育办学主体是高等专业学校(VOŠ)[53]。意大利高职教育课程主要由高等技术学院(ITS)提供[54]。希腊高职教育课程(EQF 5)主要包括两种：一是公私立职业培训机构提供的IEK课程；二是高级专业学校(higher professional schools)提供的高职课程[55]。西班牙高职教育以高级职业培训的形式展开，通常以两种形式进行：一是在学校的模块化学习，二是公司内部的在职培训等[56]。

(2) 高职教育经费

高职教育经费(Expenditure on Tertiary-type B or short-cycle tertiary educational institutions)是指(在某一年度)一国全社会向本国高职教育体系投放的经费，从结构化的角度看，高职教育经费包括高职教育总经费、高职院校生均累计经费、高职院校生均(年度)经费，即高职教育经费与其下属的三个概念之间存在逻辑一致性。

一是"高职教育经费"的统计口径

1997—2019年间，OECD国家教育机构经费统计口径略有微调。1997—2014年，教育机构支出(与支出地关联)包括两方面：一是花费在学校、大学、教育部和其他机构(直接参与和支持教育)的费用，二是教育机构外的花费[57]。2015—2019年，教育机构费用的统计内容调整为"机构内的直接支出，即学校和大学，非教学机构(教育部和其他直接参与提供及支持教育的组织)的支出"，机构外教育支出(包括校外购买教育用品和服务的费用，如书籍、电脑和私人辅导，它还涉及学生生活费和交通费(教育单位不提供))不计入其中[58]。

换而言之,1997—2014年,高职教育(Tertiary-type B)经费,包括在高职院校、大学、教育部和其他机构(直接参与和支持高职教育)的所有经费投入。2015—2019年,高职教育经费的内容调整为"高职院校内的直接支出",间接费用等不计入其中。从 OECD 各国高职教育的办学实践看,间接费用极小,几乎可忽略不计。

二是"高职教育经费"的数据来源和可比性

书中"高职教育总经费""高职院校生均累计经费""高职院校生均经费"数据主要来源于《教育概览:OECD 指标》(2000—2022)。"高职教育总经费"的具体指标是一国高职教育总经费占该国当年 GDP 的比例,国家间同一年份、不同年份的总经费数据不具完全的可比性。"生均累计经费""生均经费"数据均按当年的美元价格进行了购买力平价折算,国家间同一年份的经费数据具有可比性。由于未找到统一、权威且为各方接受的基期,例如《教育概览2000》(即1997年经费数据)提供的是相对于1990年的经费指数,《教育概览2001》(1998年数据)则是相较1995年的经费指数,诸如此类,基期不同,无法将国家间不同年份的经费数据进行转化,从而使得各国不同年份的经费数据可比性偏弱。

但是,从研究目的看,本书旨在解构 OECD 国家宏观和微观经费投入的主要影响因素、变动路径和运行机理,再现经费的投入机制,总结机制形成的根本原因,为我国新时期高职教育经费投入机制完善提供理论参考,并不进行严格的国别比较,更不会将这些国家间不同年份的经费数值直接进行比较。其次,从操作层面看,OECD 国家高职教育的经费数据均以当年的美元价格进行了购买力平价折算,1997—2019年美元的年度通胀率基本维持在[2%,3%]的区间内[59],通胀水平较低。为简化计算,在数量统计时暂不考虑通胀因素。

(3)高职教育总经费

高职教育总经费①是指某年度一国投向本国高职教育体系的总体费用,以用于高职教育办学的日常开支、基础设施建设和商品服务支出等,该指标主要用于描述一国全社会对高职教育的重视和努力程度。高职教育总经费包括

---

① "高职教育总经费"的英文译文为"Total Expenditure on Tertiary-type B or short-cycle tertiary educational institutions"。

一、引 言

政府财政性经费、学习者(及其家庭)和企业等社会性投入等,换句话说,其三大投入主体分别是政府、学习者(及其家庭)和企业。

(4) 高职院校生均累计经费

随着职业教育的深入发展,全日制和非全日制协调发展成为未来职业教育办学的基本形态。这一时期,学习者会因为各种原因,提前或者延迟毕业,这也使得"高职院校生均(年度)经费"不能成为衡量高职教育微观投入的唯一参考指标。为衡量这一形态下每名高职学习者的经费投入,OECD用"高职院校生均累计经费[①]"来反映高职教育多形式办学阶段的生均总费用。

(5) 高职院校生均经费

高职院校生均经费[②],是指某一年度平均每位学习高职课程的学生能够享受的经费资源,包括生均财政性经费、生均学杂费、生均企业投入等,该指标主要反映某年度一位学生能实际享受到的资金资源,是衡量一国高职教育微观投入的重要参考指标。

2. 概念框架图

从理论角度界定清楚核心概念的内涵和外延后,还需厘清概念之间的层次关系(图1.5),这样不仅可为后文的研究展开提供框架支撑,还能使后续的分析紧贴研究主线。

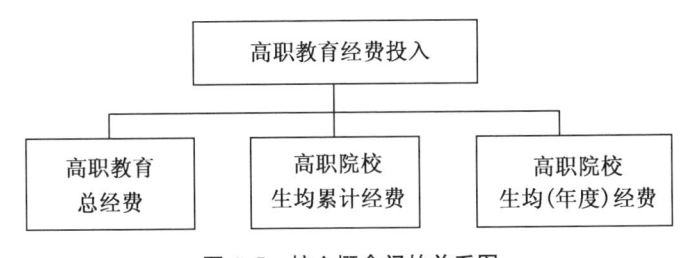

图1.5 核心概念间的关系图

---

① "高职院校生均累计经费"的英文译文为"Cumulative expenditure per student by Tertiary-type B or short-cycle tertiary educational institutions over the average duration of Tertiary-type B or short-cycle tertiary studies based on full-time equivalents"。

② "高职院校生均经费"的英文译文为"annual Expenditure per student on Tertiary-type B or short-cycle tertiary Institutions based on full-time equivalents"。

（四）研究方法

明确完核心概念的理论内涵以及相互间的层次关系后，为更好地剖析研究主体，本书将主要采用文献研究法、统计分析法、比较分析法、案例研究法，来解析 OECD 国家高职教育经费的变动情形，活化其经费投入机制。接下来将就各种方法的具体使用作简要介绍。

1. 文献研究法

通过文献研究法，不仅可以梳理国内外学者和机构在"高职教育经费投入"（包括高职教育总经费、高职院校生均累计经费、高职院校生均经费）论题上的现有研究成果，了解他们所依托的分析视角、借助的研究方法以及研究结论的推理过程，而且能为本研究提供多学科（或多维度）的思路指导和方法借鉴。

同时，依靠文献研究法还能收集和整理国际性、地区性以及本国权威机构对 OECD 成员国高职教育改革发展情况的相关介绍，以此来对一国高职教育的经费投入机制有更准确的表述，对其投入机制形成的根本原因有更加深刻的说明。

2. 数理统计法

数理统计侧重应用于以下分析中：

一是宏观层面：对 OECD 国家高职教育总经费进行归因分析，结合高职教育发展的内外部环境，对其变动路径进行深度挖掘，多角度活化高职教育总经费的投入机制，总结投入机制形成的具体原因。

二是微观层面：首先，展示 OECD 国家高职院校生均累计经费的变动情形，进而剖析其影响因素。其次，分析 OECD 国家高职院校生均经费的主要影响因素，刻画其整体的变动轨迹等（例如，高职院校生均经费总体随人均 GDP 的变动情形；职本生均经费指数，即一国高职院校生均经费与当年本国本科高校生均经费比值随人均 GDP 的变动情况；生均经费指数，即一国高职院校生均经费占当年本国人均 GDP 的比例，随人均 GDP 的变动情形）。

一、引言

3. 比较研究法

借助比较研究法,先是以历史为线,沿着各国的经济和社会发展背景、高职教育办学实践等,分类总结 OECD 国家高职教育总经费投入的具体特征,明晰其投入机制,追踪机制形成的深层原因,并比较其异同。

再进一步固定某时间段(例如 1997—2019 年),以国家为横截面,并联系各国独特的经济社会背景,来解读总经费投入的变动情况,凸显总经费投入机制的差异性,解释投入机制不同的根本原因。

此外,从理论角度论述各国高职院校生均经费的主要影响因素,呈现各国间影响因素的相同与差异,进而尝试从类型视角归总这些国家高职教育发展投入的典型模式和基本规律。

4. 案例研究法

依托案例研究法,以 OECD 某些代表性国家为典型案例,并联系这些国家的社会文化传统、人口年龄结构、劳动力市场需求变化、经济发展战略等因素,重点关注它们高职教育总经费的来源主体、变动的根本原因以及折射出的办学机制差异,凸显政府在经济社会发展不同时期举办高职教育的目标侧重、路径选择以及后续的战略调整。

与此同时,进一步展现高职院校生均累计经费变动背后所折射出的决策者的战略意向,再现各国生均经费变动的主要原因,为构建有中国特色的高职教育经费投入机制提供思路借鉴,为我国高职教育事业的提质培优奠定坚实的物质基础,为经济和社会发展培养更多高素质的技术技能人才和劳动者,为我国制造业强国战略的顺利实施提供强大的人才保障。

四种研究方法交互使用,为本研究打下坚实的方法论基础,为研究结论的呈现提供具体翔实的文献材料支撑、客观严谨的实证分析、时间和空间横纵相结合的比较分析视角,以及对典型性国家经费变动情形的深度追踪剖析,从而为我国建设有中国特色的高职教育经费投入机制提供翔实的理论指导和经验借鉴,进而为我国高职教育与经济社会的健康协调发展提供助力。

（五）研究思路和结构安排

1. 研究思路

```
┌─────────────────────────────────────┐
│   OECD 国家高职教育的经费投入研究    │
└─────────────────────────────────────┘
                  ⇩
┌──────────┐   ┌──────────┐   ┌──────────┐
│ 高职教育 │──│ 投入主体 │──│文献研究法│
│ 总经费   │   │ 影响因素 │   │案例研究法│
│          │   │ 变动情形 │   │比较研究法│
│          │   │ 变化规律 │   │数理统计法│
└──────────┘   └──────────┘   └──────────┘
                  ⇩
┌──────────┐   ┌──────────┐   ┌──────────┐
│ 高职院校 │──│ 变动情形 │──│数理统计法│
│生均累计  │   │ 影响因素 │   │案例研究法│
│经费      │   │ 变化类型 │   │文献研究法│
└──────────┘   └──────────┘   └──────────┘
                  ⇩
┌──────────┐   ┌──────────┐   ┌──────────┐
│ 高职院校 │──│ 变化情形 │──│案例研究法│
│生均(年度)│   │ 变动类型 │   │文献研究法│
│经费      │   │ 影响因素 │   │比较研究法│
│          │   │ 整体情况 │   │数理统计法│
└──────────┘   └──────────┘   └──────────┘
```

2. 结构安排

本研究致力于探索在经济社会进步、高等教育发展的不同时期，影响高职教育经费投入的关键性因素，展示各国在推动高职教育发展投入过程中的制度框架和政策依据，再现各主要经济体在经济社会发展的不同时期技能型人力资源开发的战略考量和路径选择，因此主要由以下几部分组成：

第一部分着重说明研究背景、研究问题以及国内外相关研究的进展情况，具体介绍国际科技和产业革命变革、国内产业结构升级的国际国内背景，并由此提出研究问题，并且进一步介绍研究对于完善中国特色现代职业教育理论

一、引　言

体系,健全我国高职教育经费投入机制的重要意义。接下来,分析国内外对"高职教育经费投入"的研究现状,指出现有研究在推理过程、可操作性等方面的不足,进而明确研究的切入点。然后,明晰"高职教育经费"概念的内涵和外延,并详细说明它与高职教育总经费、高职院校生均累计经费、高职院校生均(年度)经费之间的层次关系。最后,结合研究内容,细致阐述研究将会采用的四种研究方法,以及本书的研究思路和结构安排。

第二部分深入叙述研究的理论基础,这些理论分别是库兹涅茨定理、人力资本理论、新经济增长理论、棘轮效应理论。库兹涅茨定理揭示经济发展与产业结构变迁间的关系,为高职教育办学指明方向;人力资本理论为各国投资高职教育,着力提升劳动者的文化知识、专业技能素质夯实思想基础;新经济增长理论则从经济发展的视角叙述知识和技术的传播、应用和创新对于国家经济建设及社会进步的重大价值,这也从侧面论证了技术技能型劳动者对国家经济社会进步的重要意义;棘轮效应理论为"高职教育经费投入"铺就具体的研究视角,为解构经费投入的影响因素提供崭新的分析方向。

第三部分不仅从经费来源主体视角梳理了高职教育总经费的投入历程,还深度解析其变动规律。首先,研究从历史的视角以经费投入主体为线,活化OECD各国高职教育总经费的主要来源渠道,揭示各国发展高职教育的现实依据、政策导向;以部分典型国家为案例,将经费投入置于各国高职教育发展的内外部环境中,了解各国高职教育经费投入的具体特征,再现其投入机制,探寻不同投入主体的利益诉求和办学逻辑。然后,依据1997—2019年OECD各国高职教育总经费数据,细致解析其影响因素,深刻揭示其变化趋势及原因;进一步结合部分代表性国家的实际情况,全面、深刻的把握高职教育总经费的变动原因,最后研究认为:高职教育发展的主体脉络在于其与产业的先后关系,进而提出以追赶期、并行期、引领期为代表的高职教育发展三阶段。

第四部分努力探寻OECD国家高职院校生均累计经费的变化情形、影响因素、变动类型等,具体以1997—2011年(因2012年许多国家的高职教育已升级为本科、硕士层次的专业学位教育,OECD在2011年之后已不再公布生均累计经费数据)为例,仔细说明OECD各国生均累计经费的投入概况,展示其变化情形,采用数理统计方法分析影响因素,并据此进行分类,同时联系部分代表性国家的经济形势和产业需求、青年就业现状、劳动力市场需求情况等,理解各主要经济体生均累计投入指标数值上的差异,深度剖析数值变动背后所呈现出的决策者发展意向。

第五部分着力刻画 OECD 国家高职院校生均经费的影响因素和变动状况,具体以 1997—2019 年生均(年度)经费为例,结合各国的人口结构特征、经济和产业发展环境、劳动力市场对技术技能人才的需求情况等,详细分析生均经费的变动情形并据此进行归类,进而从理论和数量两个角度展示其主要影响因素。因生均经费是各国根据本国实际发展状况和职教部门的内在需求形成的,其结构性解释变量难以完全数量化,故从数理统计角度分析其影响因素时,依据棘轮效应理论,可尝试通过此项前面的数值预测其后续的发展情形。根据数理统计结果,进一步探寻成员国整体的变动路径(从绝对数值和相对比值两方面),并说明生均经费变动的根本原因。

第六部分既简要回顾以上各章节的分析结论,又详细阐述基于此研究,研究者对相关领域的关注和期待。先从结构化的视角叙述研究结论:粗略勾画高职教育总经费的投入脉络,厘清各投入主体的利益诉求,剖析各国总经费变动的具体原因以及发展高职教育的战略目标;深入解析高职院校生均累计经费投入的变动原因,深刻体会决策者的发展意图;细致描述各国高职院校生均经费的变动路径以及背后的主要原因。

然后,结合各国高职教育的发展脉络,联系 OECD 各国高职教育经费的投入机制,进一步指出高职教育发展存在三个阶段(追赶期、并行期、引领期),并总结各阶段高职教育经费的投入机制。

与此同时,概述依据此研究,研究者对相关领域的密切关注,例如对高职院校经费使用与办学产出的绩效指标体系、职业教育产教融合相关指标体系、国际成人能力评价项目(PIAAC)、技能型劳工的跨区域流动的影响因素与解决方案等问题的积极关切。

二、OECD国家高职教育经费投入研究的理论基础

明晰研究的理论依据，不仅有助于从学理上理解和把握高职教育经费投入变化的运作机理，为深入领会其变化路径铺就理论视角，还可为进一步的数理统计奠定理论分析框架。本章以库兹涅茨定理、人力资本理论、新经济增长理论、棘轮效应理论作为研究的理论基础，具体阐述如下：

（一）库兹涅茨定理

库兹涅茨定理是产业结构演进规律的重要理论之一。库兹涅茨定理的主要内容是：随着经济的发展，一国的产业结构将从第一产业为主转变为以第二和第三产业为主[60]，即产业结构的高度化。定理揭示经济发展与产业结构变迁间的关系，为高职教育办学指明方向。高职教育旨在为产业发展提供优质的技能型、实践型人才，高职办学需契合国家和地方产业发展的实际需求。产业结构的发展演进，要求高职教育在发展规划上做必要调整。

产业结构，简单理解，是指第一、第二和第三产业在国民经济结构中的相对比重关系（第一、第二和第三产业是国际通用的产业结构分类法，大致对应我国产业分类中的农业、工业和服务业）。产业结构主要受知识技术的应用和创新、人口结构与素质等因素制约，具体论述如下：

1. 知识技术的应用和创新是产业结构升级的内在推动力

知识技术的应用可将理论形态的知识和技术转化为现实生产力，提高社会生产效率，为民众提供更高品质的商品和服务，丰富人民的物质和精神生活，增加社会福利，提升人民的生活品质。知识技术的创新可催生新的产业，新产业则可能要求现有生产要素的重新组合（也意味着人们对知识技能的重新学习、知识技能结构的重构），进而带动国家和地区产业布局的调整，助力产

业优化升级,促进经济增长。

2. 人口结构与素质是产业结构升级的重要条件

人口结构是产业发展的自然基础,人口结构包括人口总量、自然出生率、劳动年龄人口比例、移民人口数量、老年人口(65岁及以上)比例等。人口总量、劳动年龄人口比例、移民人口数量反映着产业进步目前可供利用的人口红利,自然出生率说明人力资源的补给潜力,老年人口比例则刻画退出就业市场的劳动力规模。

人口素质是产业转型升级的重要前提。人口素质,即人口的文化技能素质,将影响一国知识技术的应用、创新能力,决定一国的劳动生产率水平,制约着本国产品与服务的溢价能力,是本国产业结构升级的重要前提。人口文化技能素质的提升则需要对人力资本进行投资以及现代教育来实现。

高职教育正是提升人们文化技能素质的重要课程形式,它因科技进步和产业发展需求而创设,或者说高职教育在创办之初,就在追赶产业发展进程。为更好满足产业对技能型劳动者的数量需求和质量要求,各国努力探索各种机制,推动产教供求对接,主动服务产业发展。

库兹涅茨定理刻画出产业结构演进的大体方向,而高职教育的基本宗旨在于为产业发展提供所需的技术技能人才,产业结构演进的大致方向要求高职教育办学需紧跟国家和地方产业发展步伐,并根据产业发展需要,做进一步调整和完善。

(二)人力资本理论

人力资本是指劳动者为接受知识教育、技能训练等而支付的经费总和,具体表现为内隐于劳动者体内的思想道德素质、生产性知识、专业技能以及规划、组织、管理和协调能力等。它具有无限的潜在创造力、收益的多方面性[61],对经济发展和社会进步具有重要推动作用。人力资本理论(Human Capital Theory)由舒尔茨等学者提出,主要观点:人口质量重于人口数量,应努力提高人口素质;人力资本投资收益率高于物力资本投资;教育投资是开发和促进人力资本的主要形式。高职教育是教育体系的一部分,因此高职教育也是促进人口红利开发,提升人力资本的重要手段。

人力资本具有以下四方面的特征:

二、OECD国家高职教育经费投入研究的理论基础

1. 教育经费投入是人力资本发挥其经济效能的物质前提

知识、技能及其熟练程度等具有经济价值的生产要素,并不是先天生成的,而是后天通过投入一定的资本进行学习和训练获得的[61]。人力资本是个体的内在要素(劳动能力)和其外在要素(经费投资)的统一体,存在于人体内的劳动能力是其自然内核和生物基础,经费投资是其外在约束性因素[61]。

在实践中,常以某年度对某一阶段(或课程形式)教育经费的总体投资占该国(或地区/组织)GDP的比例来反映该阶段教育的宏观投入规模;用某年度向每位某一特定阶段(或课程形式)学生投入的经费数量占该国家(地区/组织)人均GDP的比例来刻画此时期教育的微观投入力度,或者将它的绝对数量与人均GDP开展相应的统计学分析等,因此本研究在进行数量分析时,为方便比较,将以一国某年度高职教育总经费占本国当年GDP的比例来反映其宏观投入,用其生均(年度)经费占人均GDP的比重来说明微观投入(或用生均经费与人均GDP开展统计学分析)等。

2. 人力资本有数量和质量的规定

通常,根据一个国家(或地区/组织)的劳动者人口比例来描述人力资本的数量规模;依据劳动者的学历层次、专业技能水平来确定该群体所具有的人力资本质量,故在增加地区教育经费整体投资,提升人力资本质量时,应考虑两大直接影响因素:(某一年度)参与该阶段课程学习的劳动者比例、该年度全社会为提高每位(某一特定课程形式)劳动者的学历层次、职业技能水准而付出的费用。

具体到本研究,OECD衡量前者的指标有高等教育毛入学率、高职教育净入学率、高职院校生师比等;反映后者的指标主要是高职院校生均(年度)经费,即研究在分析高职教育总体经费投入的主要影响因素时,将会使用高等教育毛入学率、高职教育净入学率、高职院校生师比、高职院校生均(年度)经费等指标。

3. 收益具有迟效性

对人力资本的投资,不是投资当时就能获得经济和社会收益,而是需经过一段时间的学习和训练,劳动者的知识、技能才能不断积累提高,达到一定的水平和标准后,才能发挥生产性作用,产生收益[61]。因此,在计算对每一位(某一特定课程形式)学习者学习阶段的总体人力资本投入时,应该考虑此类学校的生均(年度)经费、学习者受教育的平均年限等。结合本研究实际,即高职院校生均累计经费的计量在着重考虑高职院校生均(年度)经费的同时,还

应考虑学习者受教育的平均年限。

4. 人力资本投资主体具有多元性（政府、企业、学习者个人及其家庭等），不同的主体在目的、行为和方式上具有自身的特点

政府投入旨在增加公民的文化基础知识，提升其专业技能水平，提高社会生产效率，增强本国产品和服务的国家竞争力；重点提高学习者就业能力，促进就业参与，增加国民收入，改善民生福祉，均衡社会收入差距；扩大社会就业，促进各民族和社会团体的融合，维护社会和谐稳定。该主体投资的具体形式是兴办学校、维护学校的正常运行、为特定项目提供专项经费等。

学习者个人及其家庭提供经费的根本目的在于教育能带给他们经济和非经济两方面的收益：经济收益包括增加他们的就业机会，提高收入水平，促进职业选择和升迁[61]，有利于职业成长；非经济收益则涉及个体自我价值的实现，社会地位的提高，生活环境的改善等[61]。这一主体投入的具体形式是学费等，以弥补财政性经费的不足和凸显自身的利益诉求。

企业投资的主要目的在于使学习者的理论知识、专业技能、工作经验和岗位熟练程度等最大可能地与企业的实际需要相匹配，促进企业产品和服务产出的最大化，最大限度提高利润。企业作为人力资本的投资者和需求方，相较于政府、个人，更加注重自身的实际需求。这一主体投入的重要形式是学生津贴、实训场地的修建经费等，以使学习者的知识技能水准符合企业生产的实际需求，最大化企业的经济效益。

高职教育可提升国民的文化技能水平，提高他们的就业能力，从而稳定和扩大社会就业，增进民生福祉，具有很强的经济价值和社会外溢效益，故人力资本理论为其经费投入奠定扎实的理论基础，故政府、学习者、企业等利益相关方都应对其进行投资。

人力资本理论鼓励政府、学习者、企业等社会各界对民众进行知识教育和技术培训投资，增强高职教育学习者的文化素质和实用技能，全面挖掘和释放他们的潜能，从而适应产业结构的战略性调整，促进经济的提质增效，推动经济社会稳步向前。

（三）新经济增长理论

二十世纪后半叶，以罗默（Paul Romer）和卢卡斯（Robert Lucas）为代表

二、OECD国家高职教育经费投入研究的理论基础

的经济学家在分析和总结推动经济增长的潜在因素后,提出了新经济增长理论(New Economic Growth Theory)。该理论的主要贡献在于拓展新古典增长理论中"劳动力"的概念内涵——劳动力不能只包含绝对的数量规模,还应考虑劳动力的受教育程度、专业技能水平、技能的熟练程度及其相关的工作经验,即知识和专业技能型的人力资本是推动经济发展的不竭动力。

新经济增长理论肯定了知识和技术在经济社会发展中的重要价值,鼓励知识创新和技术发明、传播和应用。高职教育通过传授广大劳动者理论知识和专业技能,以此来扩大新的生产技术的吸收和应用;并与企业等结成合作伙伴共同开展应用型研究,通过协同创新既解决了企业在实际经营中的具体困难,又借助知识共享丰富和拓展了学科专业的知识体系,从而带动知识创新。

这一理论还在一定程度上鼓励国际交流和合作。发达国家通过科学研究推动知识创新和新技术发明,再依靠高职教育系统培养各行各业所需要的专业技能型人才,促进新知识和新技术的传播与应用,从而推动经济平稳增长。发展中(或者欠发达)国家则借助国际的交流合作,快速学习、消化吸收世界前沿的知识和技术,极大的缩短了与发达国家之间的科技差距;并借助高职教育,有效提升本国产业工人的劳动生产效率,提高本国产品和服务的附加值,促进本国的产业进步和经济发展。

该理论侧重阐述技术进步的内生性,强调知识创新和技术技能型的人力资本是知识经济或技术主体源于自身利润最大化而有意识投资的产物[62]。结合本研究,政府、企业、个人及其家庭投资高职教育均能最大化其收益:高职教育能提高国民的文化技能素质,提升经济生产效率,扩大社会就业,增加经济社会的韧性,因此政府对其进行投入;高职教育可为企业的生产、服务、管理等一线提供技能型劳动者,企业对其进行经费投入能使高职教育的人才培养、社会服务、应用型科研等环节更加契合企业的实际需要;高职教育能给学习者个体带来经济和非经济两方面的收益,使个体收益最大化,故个人及其家庭也愿意向其支付费用。

新经济增长理论主张技术进步内生化,将经济发展的核心归结于知识积累和技术进步。因此,作为知识和技术重要载体的人在经济发展中的作用举足轻重。高职教育通过传授劳动者理论知识,促进本国(或地区)的知识积累;依托专业技能训练,带动本国(或地区)的技术进步,从而提高本国(或地区)经济生产各领域的劳动生产率,将理论形态的知识和技术迅速转化为现实生产力,推动经济社会持续向好。

同时,这种以知识和技术为基础的经济发展理论强调知识的积累应用,鼓励高新技术的发明创造,对国家或者地区知识经济的深入发展有重要的推动作用。高职教育不仅能为本国或地区培养一支接受过高等教育的技能型劳动力队伍,促进新技术的传播、应用;还可扎根地方与本地企业一起开展应用型研究,创新生产工艺、改进生产流程或发明新技术等。新经济增长理论肯定了高职教育在促进知识的传播、应用和技术改进升级、创新方面的正向积极作用,为其经费投入提供了坚实的理论支撑。

此外,新经济增长理论还活化出对高层次技术技能型劳动者的经费投资与一国(或地区)经济社会发展之间的良性循环。对知识和专业技能型人力资本的经费投入可提升本地区人口的文化技能素质,推动当地的知识积累扩散、技术的改造升级;反过来,知识积累、技术进步又有力地促进着本地区经济社会环境的改善,提高国民的物质生活水平,而经济社会的发展进步和人民收入水平的提高又继续推动对知识和职业技能型人力资本的投资。

具体到本研究,一国高职教育的经费投入(即高职教育总经费、高职院校生均累计经费、高职院校生均经费)主要通过对技能型人才的培养,有力的促进着该国的经济和社会进步,而该国的经济社会发展又为高职教育的经费投入提供稳固的经济基础,而衡量一国(或地区)经济和社会发展水平的重要指标是一国或地区的人均GDP,因此在后文中解构高职教育的经费投入的影响因素时,会将"人均GDP"作为其解释变量之一。

(四)棘轮效应理论

"棘轮效应"一词最初起源于苏联计划经济体制下,企业每年度的产出指标主要根据上年度的产量来确定,这种绩效产出随业绩增加而不断攀升的倾向就称为"棘轮效应"(ratcheting effect)。后来,经济学家杜森伯里突破古典经济学家所持的消费可逆的观点,提出了棘轮效应理论,该理论认为:消费者个体当期的消费支出,不仅取决于个体的相对收入,还需参考其消费习惯。

棘轮效应理论强调影响个体消费支出的两大重要因素是个体的相对收入、消费习惯。从理论分析的角度审视,相对收入受到该国(或地区)的经济和社会发展情况影响,即受消费者个体生产生活的外部环境性因素限制;而消费习惯受诸多因素的影响,例如生理和社会需要、个人的经历、个人经历的后

二、OECD国家高职教育经费投入研究的理论基础

果等[63]。

为更好地理解消费习惯的影响因素,本书依据消费行为发生的内外部环境来对其进行重新划分并作进一步拓展,将个体的社会需要界定为外部环境性因素,个体的社会需要涵盖民族文化传统、社会福利制度、整体就业环境(含特定群体的就业形势)等因素;把消费个体的生理需求、经历、经历的后效等定义为内部发展性要素,个体的内部需求则涉及某消费品的用户体验、个体消费支出的经费来源等一系列相关要素。换句话说,个体消费支出不仅会被消费者所在国家(或地区)的经济和社会发展水平、民族文化传统等外部性因素影响,而且受某消费品的用户体验、个体消费支出的经费来源等内部性要素所限制。

棘轮效应理论认为影响个体消费支出的两大主要因素是:该个体的消费习惯和其相对收入。从数量统计的角度观察,个体相对收入通常用某一国家人民的物质收入水平来代表,常以"人均GDP"来加以刻画;消费习惯这一概念较为笼统且影响因素颇多,但是消费习惯本身具有短期继承性,在统计分析时,多用"上一统计期此项的消费金额"来加以反映。

回到本研究,高职教育承担着为社会各行业培养高素质技能型人才的重任,对国家的经济发展和社会进步具有重大的推动作用,故对其进行经费投入,不但要依据国家当年的经济发展水平,还要考虑该国上一年度此项的投入,以确保高职教育体系发展的稳定性。

以"棘轮效应理论"作为研究的理论依据之一,在对"OECD国家高职教育的经费投入"开展数量统计分析时可假设:OECD国家高职教育的经费投入受制于该国国民当年的人均GDP以及上一年度此项的投入数额。这一理论为从数理统计视角分析高职教育的经费投入搭建了良好的思维框架,尤其是当因变量无法进一步拆解为可量化的结构性解释变量时,例如剖析高职院校生均经费的主要影响因素时,就可考虑用"棘轮效应理论"构建分析框架,有利于更理性地观察和理解高职教育领域的经费投入行为。

与此同时,棘轮效应理论也主张个体的消费支出会受到消费行为发生的内外部环境的一系列因素影响,因此在对"OECD国家高职教育的经费投入"进行理论分析时,可以从各国高职教育经费投入的内外部环境着手进行阐述,外部环境涵盖一国的民族文化传统(或价值观念)、自然资源禀赋、经济产业结构、社会福利制度、公共负债程度、人口结构、社会整体的就业环境(含青年的就业形势)、劳动力市场中技术技能人才的供需情况、高职教育发展的政策导向、国家目前的经济和社会发展水平等要素;内部环境则体现在高职学习者的

就业表现和收入状况、高职教育的管理机制、课程安排、质量保障、经费来源等环节中。

棘轮效应理论认为个体消费支出的两大重要影响因素分别是个体的相对收入、消费习惯(消费习惯受许多因素所制约),它为本书提供了崭新的数理统计视角和理论分析思路,开阔了研究的观察视角并理顺了分析思路,为后文进一步研究OECD各国高职教育的经费投入铺就了坚实的理论基础。

综上所述,库兹涅茨定理刻画出产业结构演进的大体方向,而高职教育旨在为产业发展提供所需的技能型人才,产业结构演进的大致方向要求高职教育的发展规划需做对应调整。库兹涅茨定理揭示经济发展与产业结构演进间的关系,为后文梳理高职教育发展的内在逻辑奠定了理论基础。

人力资本理论从概念内涵、具体特征(教育经费投入是人力资本发挥其经济效能的物质前提、有数量和质量的规定、收益具有迟效性、投资主体多元[61])等角度具体介绍人力资本投资的计量方式以及投资主体在目的、行为和方式上的差异性,为"OECD国家高职教育的经费投入"的统计分析提供了理论支撑。

新经济增长理论认为经济发展的核心在于知识积累和技术进步,高职教育应根据学习者的能力禀赋,将他们培育成社会各行业所需的高层次技术技能人才,将新知识和新技术转化为优质的产品和服务,以此来促进经济发展和社会进步的和谐共生,造福全社会,因此新经济增长理论肯定了高职教育在经济和社会发展过程中的重要作用,为对其进行经费投入铺垫蓄势。

棘轮效应理论提出制约消费者支出的两大影响因素分别是个体的相对收入、消费习惯,相对简化了本研究的统计过程,为后文具体的统计测量提供了崭新的思路。研究进一步拓展分析思路,从消费行为发生的内外部环境来观察影响消费者支出的要素,开阔理论视野并细化理论分析思路,为后续深入的理论观察铺就更全面和细致的视角。

四种理论相辅相成,翔实阐述了高职教育对于提升公民的文化技能水平,促进人的全面可持续发展,壮大现代产业体系,增加经济发展韧性,推动经济和社会的协同共生等方面的重要价值;四者互相支撑,共同夯实了研究的理论基础,明确了研究的理论视角并为研究的数理统计提供崭新的分析思路,有助于更清晰和透彻地理解OECD成员国高职教育经费投入的变动机理,进而更为全面地活化出各国高职教育经费的投入机制。

基于以上四种理论,本书提出"OECD国家高职教育经费投入"实证研究

二、OECD国家高职教育经费投入研究的理论基础

的分析框架,研究提出三条假设:

(1) 从理论上分析,一国的高职教育总经费应与学习者人数、高职院校生均经费直接关联,即学习者人数越多、高职院校生均(年度)经费越高,高职教育总经费越高。刻画学习者人数的指标有"高等教育毛入学率""高职教育净入学率""高职院校生师比",三者似乎都能从不同角度反映学习者人数。由于OECD成员国众多且总经费影响因素众多,研究并不清楚以上哪个或哪几个指标能对总经费的变异产生影响,故拟将这些变量都放进回归模型,再采用逐步回归的方法,初步遴选总经费的影响因素。

反映高职院校生均(年度)经费的指标除其自身外,一国国民的物质生活水平(即"人均GDP")也能对总经费产生正向促进作用,研究者目前也存在前述困惑,故也会将二者都放入数据模型进行探索性研究。

综上所述,研究假设OECD国家"高职教育总经费"的变动情况可以由该国当年的"高职院校生均(年度)经费""高职教育净入学率""高等教育毛入学率""高职院校生师比""人均GDP"等变量来进行解释。

(2) 从概念内涵看,高职院校生均累计经费应与高职院校生均(年度)经费、高职教育平均年限紧密关联,即高职院校生均经费越高,高职教育平均年限越长,生均累计投入越高。同时,一国国民的物质收入水平、高职学习者人数也能对生均累计投入产生一定的影响,即国民的物质生活水平越高(即人均GDP),生均累计投入很可能越高,二者可能存在正相关;高职学习者人数越多,受制于短期内国家可调动的资源有限,生均累计投入大幅增长的可能性不大,即二者可能存在负相关。此外,OECD国家高职教育办学历程相对较长,办学情况相对平稳,高职教育净入学率、高职院校生师比相对稳定,而高等教育毛入学率一直在持续增长,研究认为一国的高等教育毛入学率可能会对生均累计投入产生影响。

简而言之,研究假设OECD国家"高职院校生均累计经费"的变异情况与该国当年的"高职院校生均经费""高职教育平均年限""人均GDP""高等教育毛入学率"等变量有关。

(3) 从学理上看,高职院校生均(年度)经费受本国经济发展水平、社会文化观念、福利制度、就业形势、高职教育自身的办学实践、高职学习者就业和收益状况等诸多因素影响。与"高职院校生均经费"相对应的一国国民的物质生活水平指标是"人均GDP"。除经济发展水平外,其他因素笼统抽象(但相对稳定,短期内变动的可能性不大),且不能量化为结构性的解释变量,但OECD

国家发展高职教育的历程较长,这些因素对高职院校生均经费的影响已融进本国上一年度此项生均经费。

概而言之,研究假设:OECD国家高职院校生均经费的变动情况可尝试由该国上年度此项生均经费、当年人均GDP等变量来进行解释。

与此同时,本章还提出了本书的理论解释架构,即从高职教育发展的内外部环境着眼分析经费投入的变动情形。具体来说:外部环境涵盖某一国家的民族文化传统、自然资源禀赋、经济产业结构、社会福利制度、公共负债水平、人口的结构性特征、社会整体的就业环境(含青年的就业形势)、劳动力市场中技术技能人才的供需情况、国家高职教育发展的政策导向、国家目前的经济和社会发展水平等因素;内部环境则体现在高职学习者的就业表现和收入状况、高职教育的管理机制、课程安排、质量保障、经费来源等环节中。

依据前述分析框架,研究拟对OECD国家高职教育经费投入的主要影响因素、变动路径进行解析。由于人们对事物的认识规律是从宏观到微观,遵从此规律,本书也首先从高职教育的宏观投入,即高职教育总经费开始分析,因OECD只刊出其成员国1997—2019年总经费的相关数据,且在此期间许多国家的经济社会、高职教育发展都取得了重大进展,故分析此时间段内总经费的影响因素、变动情形等,具有重要的理论和应用价值。本书将主要以该时间段为观测基点展开论述,具体分析见后。

三、OECD 国家高职教育总经费研究

根据《职业教育提质培优计划(2020—2023 年)》中"逐步建立与办学规模、培养成本、办学质量相适应的财政投入制度……鼓励社会力量兴办职业教育,健全成本分担机制……拓宽经费来源渠道",《关于推动现代职业教育高质量发展的意见》中"健全政府投入为主,多渠道筹集职业教育经费的体制"及《关于深化现代职业教育体系建设改革的意见》中"探索地方政府和社会力量支持职业教育发展投入新机制"的政策要求,本章拟对高职教育总经费展开分析。

高职教育总经费是指一国政府、企业和学习者等投向该国高职院校的总体费用。本章首先以投入主体为线梳理 OECD 各国高职教育的经费投入历程,根据各投入主体贡献程度的不同,将其分成四种模式,描述各模式的大体特征并总结其形成原因;然后以 1997—2019 年总经费数据为例,分析各国高职教育总经费的根本性制约因素;接下来以 1997—2019 年相关数据为观测基点,展示各国总经费的变动情形,结合各国的文化传统、经济社会环境等,解析经费变动的根本原因,进而总结高职教育发展投入的基本规律。

文中数据主要来源于《教育概览:OECD 指标》(2000—2022)和联合国教科文组织(UNESCO)数据库。需特别说明的是,截至目前,OECD 未公布 2013、2018、2019 年各国人均 GDP(经购买力平价折算)数据,同时分别发布了两份 2015、2016 年各国人均 GDP 数据,数值略有不同。为确保数值的及时性和准确性,研究中"2015、2016 年人均 GDP"分别摘自《教育概览 2018》和《教育概览 2019》,"2013、2018 和 2019 年人均 GDP"数据摘自 OECD 数据库。

(一)投入主体

OECD 成员国在经济社会进步、高职教育发展等方面总体走在世界的前沿。本章通过解析 OECD 国家高职教育经费的来源结构,探究在不同文化背

景、政治管理体制和经济发展水平下,各投入主体的贡献程度、差异及演变脉络,以期为建立具有中国特色的高职教育经费筹措和投入机制提供参考。

经文献查阅,根据高职教育经费中"政府、企业和学习者"各投入主体贡献程度的大小,可将OECD国家大致分为四类:一是学习者投入为主、政府为辅模式,以韩国、日本和智利为代表;二是政府与企业共同投入模式,以德国为代表;三是政府投入为主、学习者为辅模式,以澳大利亚、美国、加拿大、法国和新西兰为代表;四是政府绝对主导模式,以芬兰、瑞典为代表。

本节以此归类分析为基础,联系各国的文化传统、政治管理体制和经济发展水平等因素,以韩国、德国、澳大利亚和芬兰为典型案例,对各典型模式的基本特征和形成原因分别进行专题探讨。

1. 学习者投入为主、政府为辅模式

为满足经济和产业发展需要,国家注重盘活社会资金来举办高职教育,加速推进高等教育普及化,大力促进人力资源开发。高职院校以私立为主,办学经费主要来源于学习者投入。政府通过设立具体项目来资助和鼓励开展产学合作,引导高职教育服务地方经济发展。

(1) 学习者是办学经费的投入主体

韩国信奉儒家文化,尊崇高等学习,走的是"基于工业需求,调动民间资源扩展教育体系[64]"的发展道路。过去的几十年间,韩国民众对高等教育需求强劲,高等教育规模也快速扩张,其主要原因是高等教育较高的私人回报率,以及随着家庭收入的稳步增长,家中孩童数量的减少等[65]。作为高教系统重要组成部分的高职教育,办学主要由两年或三年的职业学院(Junior/Vocational college)实施。政府对高职教育的经费投入相对较低,因为超过90%的职业学院是私立的,政府往往将支持重点放在公共教育部门[50]。

20世纪60年代以前,韩国高度依赖美国和其他国家的援助[64]。60至70年代,开始发展劳动密集型和出口型工业,积极培育轻工业,依靠低技术工人和简单劳动力增加出口[66]。后来,产业发展重心从轻工业转向重型化工业。产业转型,需要一支熟练的劳动力队伍[66]。

70年代,政府以改组初级学院和职业学校的方式创办职业学院,为产业转型培养熟练的劳动力[66]。80年代初,实行自由竞争的市场经济,国家着力发展技术密集型产业,增加机械、电子和汽车等行业的投资和注重技术开

发[66]。高职教育发展的方向是设立重点行业相关的专业和学院[64]，意在培养接受过高等教育的劳动力。90年代前，教育改革的目标是教育数量增长，之后变为教育质量的改善[66]。

90年代，随着信息时代和知识经济社会的到来，服务业快速发展，社会对高素质人力资源的需求显著增加[66]。私立院校招生占重要地位，例如1993年95.2%[65]的高职学生就读于该类学校。职业学院加强产学合作，努力提高教育质量，培养掌握尖端技术的专门人才[66]。90年代后期，韩国高等教育已进入普及化发展阶段，1997—2019年高职经费占GDP的百分比维持在0.2—0.7之间，并呈下滑趋势；高职教育净入学率超过20%，也呈下滑态势，绝大多数的高职学生就读于私立院校。目前，韩国开设高职课程（Junior College Course）的院校共149所，其中国立2所、公立7所、私立140所（含1所企业学院）[67]。

(2) 政府积极支持高职院校与企业开展合作

政府启动一系列财政资助项目来奖励产学合作成就突出的学校，鼓励其开发和应用满足工业需要、体现地方特色的课程。高校内部成立产学合作部门，以课程定制、行业委托教育、技术转让等来满足行业需求，促进区域经济发展。以永进大学（Yeungjin College）为例，它按照企业设定的就业人数和教学内容，与企业共同开发教材和培养人才。永进大学还在工业区内设立新校区，为多所企业和研究机构提供设施[68]。基于以上各种产学合作实践，学校获得了政府的一些资助。

(3) 模式成因是经济发展推动高职教育快速响应学习者急剧增长的需求

综合对韩国等国高职教育发展投入情况的梳理，可看到：由于文化观念、高等教育的个人回报等因素的激励，国民非常渴望接受高等教育且愿意付费就读。面对如此庞大的教育需求以及产业转型升级对大批高素质技能人才的需要，国家因势利导激发民间的办学热情，推动社会力量开办高职院校，从而拓宽了经费来源渠道，扩大教育资源供给，促进了高等教育的快速发展。因高职教育的经济属性，政府设立一些资助项目来规范和引导院校办学符合区域社会发展需要。这样国家就形成了以社会力量为主体、政府共同参与的办学格局。

2. 政府与企业共同投入模式

高职课程由学校理论学习和企业实践培训两部分组成。学习者在校学习期间由政府资助,企业培训阶段则由企业补贴。高职教育实质是在学校教育、企业培训相结合的"双元制"职教模式上移至高等教育。

(1) 政府投入是经费来源的重要渠道

德国素有重商主义和行业学徒传统,实行联邦、州和市镇三级分权制。高职教育办学主要由职业学院(Berufsakademien)等[46]完成。职业学院由企业需求推动而创建。高职课程由学校基础知识学习和企业操作技能训练构成。高职学生在校时期由各州和地方政府提供公共资金,实训阶段则完全由企业资助[69]。

二战后,联邦德国经济迅猛发展,快速跻身世界前列。为满足经济发展对高级生产、技术人才的需要,教育部门积极响应,例如由原工程师学校和高等专业学校组建高等专业学院(Fachhochschulen)(1998年更名为应用技术大学)。尽管高等专业学院毕业生的应用能力优于大学,但是在具体岗位的操作能力和实践经验上远不如企业自身通过"双元制"培养的人才符合企业实际需求。这样,就业体系就出现了"能力断层"。例如在巴登符腾堡州(以下简称"巴符州"),集聚着众多的大型工业企业,它们对工人的专业技能和职业素质保持特有的敏感。

20世纪70年代初,戴姆勒-奔驰公司向巴符州文化部提交议案,建议将企业培训和大学课程联系起来。这一提议,得到了该地区博世集团和洛伦兹标准电气公司的响应[70]。三家公司与巴符州经济管理学院、当地工商业协会合作,开发出新课程体系,并于1972年向社会公布。1973年,文教官员公开阐述职教发展重点,其一就是创办职业学院(BA),即把"双元制"教学模式引入高等教育[71]。作为试点计划的一部分,1974年巴符州分别在斯图加特和曼海姆地区创办职业学院[72]。随后,其他州陆续创建职业学院,该模式逐步在欧洲范围内得到认可。

(2) 企业补贴是经费的另一来源形式

职业学院将理论学习(教学机构)和实践培训(实训基地)联系起来,公司承担培训成本,并在学生实训和理论学习期间支付学生津贴[73]。德国《联邦职业教育法》规定,津贴金额根据受教育者年龄确定,并随着职前教育的继续每年予以提高,按每月30天进行计算并最晚在当月最后一个工作日支付[74]。

随着科技发展和产业结构不断升级,对技术、管理和服务人才素质要求越来越高。2009年部分职业学院改组为双元制大学(DualeHochschule),可授予学士、硕士学位[75],实现了高职教育办学层次的上移,校企合作仍是其基本模式。

(3) 模式成因表明高职教育协调着国家和企业的发展需要

通过对德国等高职教育经费投入历程的分析,可以看出:国家重商主义文化传统的影响根深蒂固,使企业有力量发起或推动举办高职教育。高职教育可提升学生的知识水平和应用能力,促进经济社会发展,具有极强的社会外溢效益,因此政府举办了高职院校,并在其经费投入上发挥重要作用。其悠久的行业学徒制度,让企业以实训等形式介入学生职业技能的形成过程,确保学生的实践技能符合企业发展需要,并愿意承担实训费用和支付学生津贴。政府、企业二者相得益彰,共同推动产业的发展进步。

3. 政府投入为主、学习者为辅模式

为推动经济社会发展和促进就业,国家大力发展高职教育,培养兼具较高文化素质和精湛技艺的技能型劳动者。高职教育办学由公立高职院校为主,经费主要来源于政府财政性支出和学习者投入。

(1) 政府担负着经费投入的主要职责

澳大利亚的行政管理实行联邦、州(或领地)两级分权,职业教育和培训经费主要由联邦、州政府提供[76]。学习者个人支出占比很小。高职教育由州教育部(或经济部门)负责管理,办学主体是TAFE学院。高职投入主要围绕联邦、州两级政府经费分担的机制,联邦通过资助达到宏观政策目标,州政府作为TAFE学院的主要出资方和具体管理者,力保经费的有效和高效利用[77]。

一是高职发展投入历程。澳大利亚高职教育是在技术教育的基础上发展起来的。二战后,政府推行战后重建培训计划,技术教育得到迅速发展[78]。此外,战后经济大发展带来的工商业快速扩张,移民人口迅猛增长,这都导致对更高层次和更多样化的教育资格、高等教育需求的增加[78]。1961年,总理任命以马丁为主席的高等教育委员会,来研究符合国家资源禀赋和经济发展需求的高等教育未来发展模式[78]。马丁委员会建议:高等教育应更具多样性;技术教育的组织结构和功能需进行改革,以培养高层次技能人才[78]。

经济合作与发展组织国家高职教育的经费投入研究

澳大利亚现代高职教育大致经历生成、快速发展、重构和调整完善四个阶段。

生成阶段(20世纪70年代)。1973年联邦教育部长任命坎甘为技术和继续教育委员会的主席[78]。1974年,委员会提交报告,详细说明TAFE的内涵;委员会的建议涉及联邦对州政府的资助,包括经常性和基本建设支出[78]。其后,技术教育开始以TAFE命名[78]。

快速发展阶段(20世纪70年代至80年代中后期)。新政府上台后,TAFE继续受益,因为它直接参与工业发展,被认为对增强劳动力技能和帮助经济恢复至关重要[78]。TAFE系统快速发展,各州/领地入学人数持续增加,生源结构也发生重大变化[78]。1974—1987年期间,联邦和州政府共同建立和资助技术和继续教育(TAFE)系统,促进其发展[79]。联邦对州/领地的资助,主要是为新TAFE校园和建筑物提供经常性资金[78]。

重构阶段(20世纪80年代后期)。80年代中期,澳大利亚贸易下滑,政府认为国家需要灵活和高技能的劳动力,来开发新技术和开拓市场机遇[78]。1987—1989年TAFE鼓励重构,走向基于能力的培训(CBT),并改变资金安排[78]。为解决就业问题,大多数州将TAFE转向就业教育和培训相结合,即TAFE走向VET(Vocational Education and Training),这些变革是国家经济需求和联邦政府强烈政策干预的结果[78]。1987—1991年,联邦与州政府就TAFE达成正式的资源协议,将联邦政策目标与各州产出的成果联系起来[79]。为满足未来的资源需求,联邦建议它自身承担资助责任[79]。

调整完善阶段(20世纪90年代至今)。90年代,为应对经济社会发展对高技能人才的需求,澳大利亚对职业教育进行了一系列的改革调整,例如成立国家培训总局(ANTA)等,为高职教育发展铺就制度框架[78]。1992—1996年,各州拒绝联邦接管和资助各州TAFE的提议后,联邦和各州共同成立国家培训总局(ANTA)[79]。根据各州短期内职业教育的支出及其后的产出,联邦资助职教经费的增长部分[77]。1997—2004年,ANTA协议分别在1997年和2001年更新;2005—2007年,澳大利亚颁布《劳动力技能化法案》(Skilling Australia's Workforce Act),该法案保留了联邦和州共同资助职教的协议框架[79]。2008—2016年,在新的政府间财政关系协议框架内,联邦和各州达成一系列国家协议以提高具有职业教育资格的劳动力比例[79],从而使两级政府共同资助高职教育,促进其良性发展。

二是财政经费拨款机制。澳大利亚通过政府财政拨款将产业发展要求、高职院校办学产出紧密联系,使得高职教育办学融入经济社会进步和产业发展进程,具体做法(图3.1)如下。

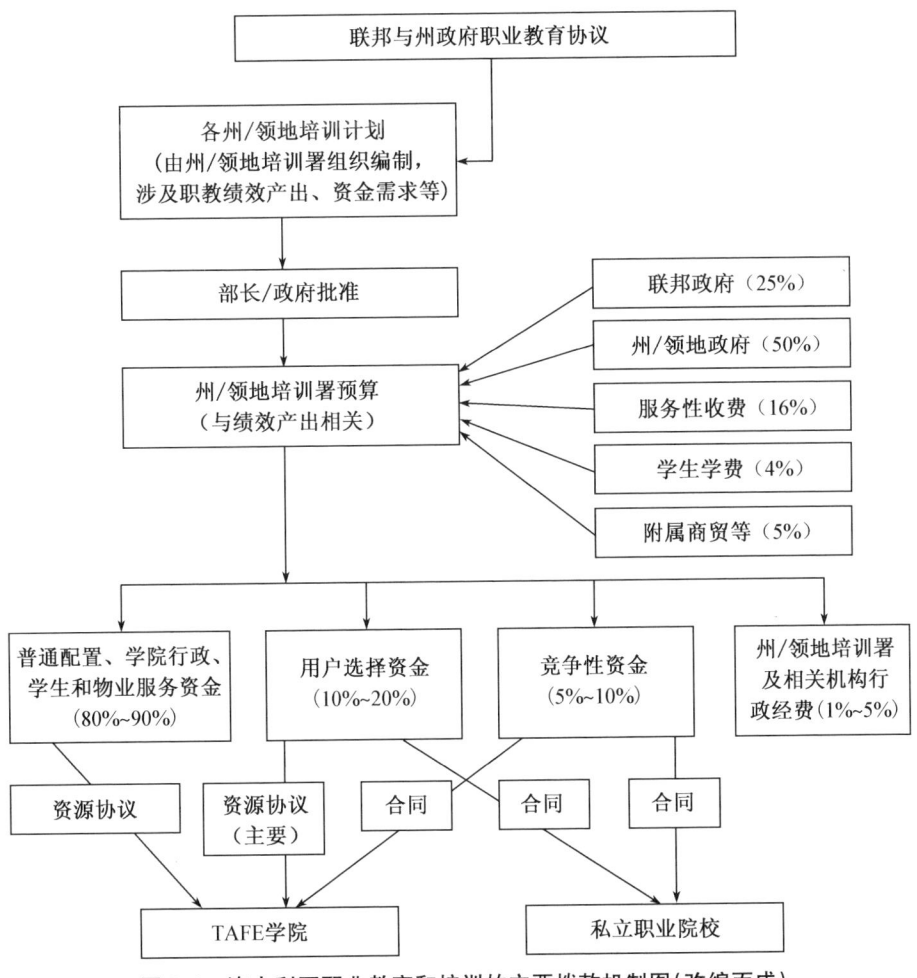

图 3.1 澳大利亚职业教育和培训的主要拨款机制图(改编而成)

首先是联邦和州/领地职业教育协议的签订。根据国家经济和产业发展需求,联邦和州/领地政府签署一项为期三年的《国家技能和劳动力发展协议》,后被《劳动力安置计划协议》(Productivity Places Program agreement)补充[80]。协议规定了一系列国家目标、战略优先项目和各州的教学产出,该协议是联邦为各州/领地职业教育拨款的基础[80]。

然后是州/领地《职业教育和培训年度计划》的编制、提交和审议。州培训委员会综合辖区内政府、行业、职业院校、工会和雇主需求,向教育部长提交

《职业教育和培训年度计划》,内容包括战略性重点项目、办学产出以及相应的资金需求[81]。州政府批准《职教年度计划》后,职教资金的管理和分配权下放到州培训署[81]。州职教资金来源于联邦政府(25%)、州政府(50%)和学生学费(4%)等,重点用于基本办学经费支出[81]。

接着是职业教育资金的划拨。基本办学经费涵盖了TAFE学院需交付的多数职教项目。TAFE学院与州培训署协商确定需交付的教学产出目标,并签订《资源分配和绩效产出年度协议》[81]。目标设定需考虑本地区目前的职教需求、学生(人口学)特征、学院地理位置和基础设施、学院办学水平和产出记录以及政府优先事项等[81]。《绩效协议》详细规定了教学时间、拨款金额[81]。因职教项目本身及交付方式的复杂性和多样性,拨款更多参考学院之前的每小时费用记录和协议内容[81]。具体来说,课程资助水平主要依据预计的教学时间(也称"名义小时")和每小时资金率(取决于课程相对成本)来确定(在农村和偏远地区可补贴部分额外费用)[81]。

最后是绩效产出的监测和问责。国家、州都建立了较完善的职业教育产出报告和问责机制。

国家层面:生产力委员会(Productivity Commission)每年会就政府公共服务提交报告,为各州/领地职业教育和培训提供章节,评估各州/领地TAFE学院的绩效产出[80]。《政府理事会(COAG)改革委员会报告》将描述国家协议中目标的进展情况,教育、就业和工作关系部(DEEWR)需为第三级教育和就业部长理事会撰写《国家职业教育体系年度报告》并公开发布[80]。各州依据统一的《职业教育管理统计标准》,每年向国家职教研究中心(NCVER)提供TAFE学院的课程、招生和财务等信息[80]。职教研究中心还对雇主、学习者满意度和学生学习成果开展系统性调查[80]。统计信息和调查数据一起以财务表格、图表和解释性评论的形式公开出版[80]。

州/领地层面:按照州的立法审计和财务管理要求,州培训署对TAFE学院的财务、非财务信息进行季度性评估[81]。每季度的财务状况和绩效产出评估可影响拨款的调整,当学院财务流动性指标低于容忍值时,州培训部门将进行更加密集的监测(例如每月一次)[81]。

TAFE学院则紧跟资助协议和合同要求,对州/领地培训署负责[81]。

(2)学习者扮演补充角色

除政府财政支出的主渠道外,学习者投入也是澳大利亚高职教育经费的一个基本来源。在公共职教项目中,各州/领地规定学生需分担的经费水平,这些费用约占课程成本的10%—20%,包括学费和消耗品费用等[80]。在各个地区,学生支付的费用金额不完全一样,这是由于各地的计算标准不同,例如按课程学习单元、面授时间或课程层次等[80]。通常,课程层次越高,费用就越多。在私立职业院校中,学生则需为课程内容缴纳全额费用[80]。

(3) 模式成因说明高职教育重在满足国家和学习者需求

根据对澳大利亚等国高职教育经费投入路径的说明,可发现:为适应工商业发展需要,促进经济增长和扩大就业,政府着力发展高职教育,形成了以政府为主导、社会多元参与的办学体制,来满足民众希望接受高等教育的精神诉求,增强其就业竞争力。高职教育能带动经济增长、促进就业,具有很强的正外部性,故政府负担办学的主要费用;同时高职教育可增加学习者的受雇机会,提高其经济收入水平,因而学习者也分担了少量的教育成本。这也表明在澳大利亚等国的高职教育发展进程中,满足国家需要和百姓个人需求的意愿比较强烈。

4. 政府绝对主导模式

根据本国经济和劳动力市场需求,增设职业导向型高职课程,增加高等教育的参与机会,优化人才培养结构,满足经济社会发展对应用型人才的需求。政府承担主要的办学经费,学生免费入学。

(1) 国家"核心资金"占据主体地位

芬兰历来重视教育和培训,社会秉承这样的价值理念:所有公民不论其民族、年龄、财富和居住地,都应享受公平而有质量的教育,因而从幼儿教育到高等教育都是免费的[82]。该国政治上实行中央、市镇政府两级管理。高职办学主体是应用技术学院(polytechnics),经费由政府和地方当局联合资助[83]。

1981年经合组织(OECD)评估芬兰教育政策后,提议在现有大学体系外,增设应用技术学院[84]。当时,芬兰刚刚发起一场大规模的中学后职业教育改革,所以官方认为:在教育体系未来发展方面,该建议是不实用的[84]。八十年代后期,形势发生变化,芬兰职业教育结构不能对劳动力市场快速变化的需求或变化的国际环境做出回应[84]。

芬兰现代高职教育发展大致经历生成、正式确立地位和高层次办学三个阶段。

生成阶段(20世纪90年代初期)。教育部评估当时的情形后,建议设立新型非大学高等教育机构,以应对不断增长的教育需求,也使高等教育系统更加多样化[84]。获立法批准后,1991年改革正式启动[84]。90年代初期,22所临时性应用技术学院得以创建,为后期建立永久性的体系积攒了经验[84]。

正式确立地位阶段(20世纪90年代后期至21世纪初)。第一所永久性的应用技术学院于1996年8月开始运营[84]。2000年8月后,芬兰所有应用技术学院都是永久性的,这标志着其在芬兰高等教育体系的地位正式确立[84]。它们隶属于地方当局和市政联合委员会,也有私立的[84]。2006年及以后几乎全部高职学生就读于公立高职院校。目前,芬兰共有24所应用技术学院[85]。

依照《应用技术学院法案》,学院在教学安排、教师聘任等议题上享有广泛的自主权[84]。教育部指导学院办学的主要方式是双方订立《办学目标和绩效产出协议》(简称《办学协议》),内容涉及学院与地区工商业的联系、经费划拨安排等[84]。

应用技术学院主要收到三种形式的政府资助:核心资金——包括法定资金、对日常运营成本和新建项目的资助,主要由中央政府和地方当局分担;项目资金——用于支持教师的继续教育、国际化、图书馆和信息服务、信息网络和数字化学习环境的发展、职业与招聘服务等;绩效资金——基于效率和成本效益、影响力、国际活动、平等的参与机会及今后运作和更新能力等标准进行发放[84]。此外,也得到一些外部资金,主要来自继续教育服务和研发,约占预算的22%[84]。

90年代后期,芬兰高等教育已进入普及化发展阶段,高职经费占GDP的百分比,1997年为0.3%,1998年为0.2%,1999年为0.1%,其后经费比例极小,2012—2019年趋于零。

办学层次上移阶段(21世纪初至今)。随着科技进步和知识经济的深入发展,芬兰高职教育办学规模已极小,学士、硕士等高层次专业学位教育得到了蓬勃发展。2014年,应用技术学院拨款机制发生了变革,核心资金的责任完全移交给国家。政府分配核心资金(即政府直接拨款)给学院,该资金约占学院预算的88%[86]。国家资金的拨付主要参考以下几方面因素:教学成就、办学质量、研发、国际化、发展潜力、区域影响力及与职业生活的协作[87]。

(2)企业通过校企合作提供办学资助

学院通过咨询、培训和项目研发等服务于当地工商业,同时也可以收取部分服务费用。以坦佩雷应用技术学院(Tampereen ammattikorkeakoulu,简称

TAMK)为例,学院以社会服务(设施租赁和活动承办、咨询和定制培训、实验室服务)及应用型研究为主吸收企业等社会资金,具体措施如下:

一是以设施租赁和活动承办来拉近与企业的距离。学院礼堂、会议室和教室可用作高级研讨会等,周一至周六向外界开放,按小时收取租金;餐厅可承办鸡尾酒会、圣诞晚会或企业员工活动,也可承接别处的餐饮服务[88],聚拢人群。

二是以咨询和定制培训来密切与企业的联系。学院教职工凭借自身扎实的理论知识、丰富的实践经验,为企业发展提供咨询服务。依托学院现有专业,提供相关培训,提升企业员工能力水平;若现有项目不能满足需求,学院可为企业定制培训(时间长度由培训内容决定,两小时到半年不等)[88],加速知识技能、科技成果的传播扩散。

三是以实验室服务来深化校企合作。学院现代化的实验设备、专业化的实验技术人员,可为公司提供高质量的产品开发、分析和测试服务[88]。

四是以应用型研究来强化校企协同创新、知识共享。学院与企业形成高级伙伴关系后,双方共同制定符合企业需要的服务内容[88]。服务内容主要有:学院为企业客户活动、员工培训提供设施等;了解企业需求,研究满足未来需要的产品和服务,为企业难题提供解决方案;评估创意和发明的业务前景,并对其商业推广提出建议;为企业申请外部研发和创新经费,例如来自国家技术创新局和欧盟等的资金;创业学生负责产品销售和市场推广,将企业产品和服务理念快速发展成形(截至目前,学院已孵化创建14家新公司)[88]。企业可依靠跨学科的学生团队,来执行具体的发展任务,并发掘可能的潜在雇员;利用学院信息服务,查找市场数据和产品信息[88]。企业按年向学院支付服务费用[88]。

(3)模式成因在于政府宏观把握高职教育办学方向

结合芬兰等国高职教育费用来源途径的分析,可看出:政府设置高职课程(或院校)以培养技能型劳动者。受传统价值观念影响,政府负担高职教育绝大部分办学费用,既确保每位公民都有机会接受高等教育,又使政府能够从整体上调控和引导高职院校的各项办学活动。但由于高职毕业生直接服务于地方工商业,本地行业、企业对专业人才的素质要求将影响高职院校的办学方向,所以政府在《办学协议》中设有"联系地区工商业"的内容,并将其与经费划拨相结合,推动学院加强与企业交流合作的意图十分明显。正是这些交流合作活动,不仅使院校办学更贴合地方工商企业的需要,而且也获得了部分企业资助,形成更有益的良性循环。

需要特别指出的是,模式二和模式四似乎都是学习者免缴学费,政府和企业承担高职教育办学经费,但二者却有本质的区别:首先是经费投入比例,后者政府承担了绝大部分的办学费用;其次是企业投入形式,后者通过社会服务间接推动高职教育发展,前者则直接参与办学,影响学生专业技能的形成。

综合以上对韩国、德国、澳大利亚和芬兰等 OECD 国家高职经费来源结构的分析,可看出:因各国文化传统、政治管理体制和经济发展水平不同,经费投入主体也就不同。经费投入主体不同根源于办学体制和办学主体的差异。高职教育是直接面向社会的,现实土壤不同,办学体制和办学主体不同,经费模式也就不同,呈现出来的形式也是多元的。从发展的眼光看,成本分担的趋向是存在的,但如何分担的实践路径有所差异,模式不同反映着各国对分担的理解不同。

与此同时,如果把政府财政经费定义为公共性投入,企业、学习者等经费则为社会性投入,顺着高职教育的发展历程,还可看出社会性投入职能的变化:在高职教育创办的初期,社会性投入主要用于弥补国家公共性投入的不足以及调整、完善高职教育的治理结构;中期,社会性投入的主要功能则转换为协调社会各方利益,促进高职院校办学的特色性和差异性;而后期,社会性投入的主要功能则为快速传递社会需求,增强高职教育体系的应变能力。高职教育的持续发展,带动经济产业不断地发展进步,社会物质财富极大丰富,国家财政已有能力支付整个高职教育体系的办学资金,换句话说,公共性投入可以完全挤出社会性投入,但是现实情况并非如此,其根本原因在于:在长期的发展过程中,社会性投入通过资金提供保障其利益诉求及时、便捷和合理的表达,进而使高职院校办学紧密契合经济社会的实际需要;与此同时,高职教育体系已对社会性投入形成路径依赖,高职教育体系借助社会性经费的投入,对社会需求保持敏锐的触角,从而使自身的教学、社会服务、应用型科研深深根植于本国的产业进步和地方经济社会发展实践中,并且随着经济社会的进步,催生出新的学科生长点甚至创新知识生产的模式。

(二)影响因素——以 1997—2019 年数据为例

本节尝试解析 1997—2019 年[①] OECD 国家高职教育总经费的主要影响

---

① 因拉脱维亚、立陶宛和哥伦比亚三国相继加入 OECD,为尽可能地保证研究过程的丰富性以及结论的全面性,本研究在数据统计时,也将这些国家可得的相关经费数据一并加入计算。

三、OECD 国家高职教育总经费研究

因素,活化在高等教育、经济社会发展的不同阶段高职教育的发展路径,展示高职教育发展变迁的主要脉络和战略侧重,为进一步研究总体经费投入机制铺垫。

从理论上看,高职教育总体经费与高职院校生均经费、学生人数直接相关。同时,联系前述理论阐述和前人研究,不难看出:高职教育可以满足人民接受高等教育和差异化发展的需求,能极大地促进高等教育的规模扩张,推动国家经济发展;国家经济进步则会为高职教育发展提供更为稳固的物质支撑,促进其进一步深入发展,故研究假设高职教育总经费也与高等教育毛入学率、人均 GDP 有关。此外,高职教育总体经费一大重要组成部分是教师工资,所以教师的配置和使用情况也对高职教育总体投入产生影响,而衡量教师配置和使用情况的重要指标是高职院校生师比。

综上所述,研究假设一国当年的高职教育总经费与该国高职院校生均经费、高职院校学生人数、高等教育毛入学率、人均 GDP 和高职院校生师比有关。结合具体的指标设置看,反映高职教育总经费的指标是高职教育总经费比重(高职教育总体经费占 GDP 的百分比),学生人数的指标是高职教育净入学率(高职教育净入学率=(一国当年)某年龄群组就读高职教育课程的人数/同龄人口总数)。

本研究以一国当年高职教育总经费的比重为因变量(TY),以高职院校生均经费(X_1)、高职教育净入学率为(X_2)、高等教育毛入学率(X_3)、人均 GDP(X_4)和高职院校生师比(X_5)为自变量。高职院校生均经费(X_1)、人均 GDP(X_4)均按当年的美元价格进行了购买力平价折算,1997—2019 年美元的年度通胀率基本维持在[2%,3%]的区间内[57],通胀水平较低。为简化计算,在数量统计时暂不计通胀因素。

首先,本研究需对 1997—2019 年 OECD 各国高职教育总经费的相关指标进行总体描述,以求了解各国高职教育发展投入的总体情况,故对样本进行描述统计。其次,研究假设一国当年的高职教育总经费比重(TY)的主要影响因素为高职院校生均经费(X_1)、高职教育净入学率(X_2)、高等教育毛入学率(X_3)、人均 GDP(X_4)和高职院校生师比(X_5)五个结构性解释变量,为验证假设,故进行计量回归分析;而后,根据统计模型的各项参数再考虑进一步的数据处理方法。最后,为深入描画不同的高等教育、经济发展水平下,高职教育办学规模的变动情况,进行曲线估计。

1. 总体描述

为细致呈现1997—2019年OECD各国高职教育总经费比重的基本情况,需对其进行描述性统计分析,从而从宏观上初步把握高职经费总体投入的发展概况(表3.1)。

表3.1　1997—2019年OECD国家高职教育总经费投入概况

	样本量	最大值	最小值	均值	标准差
高职院校生均经费(X_1)	451	29 173	1 135	8 924.41	5 068.62
高职教育净入学率(X_2)	583	59.0	0.0	18.7	14.67
高等教育毛入学率①(X_3)	709	148.5	9.0	64.58	20.06
人均GDP(X_4)	784	116 442	5 966	32 967.9	15537.47
高职院校生师比(X_5)	336	86.1	2.0	16.29	12.23
高职教育总经费比重(TY)	381	1.1	0.0	0.21	0.22

附注1:1997年高职教育总经费,与1997—1998学年即1998年高等教育毛入学率、高职教育净入学率和高职院校生师比相对应,按此类推。

高职院校生均经费(X_1)的最大值为29 173美元(2018年英国),最小值为1 135美元(2000年波兰),生均经费的最大值、最小值较为悬殊,均值和标准差也较高,表明各国对高职教育学习者个体的经费投入差异很大。

高职教育净入学率(X_2)是指就读高职课程的学习者人数占该年龄群组人口的比例,主要反映其办学规模。高职教育净入学率最大值为59.0%(2010年智利),反映在此年度智利大幅扩张高职教育办学规模;最小值为0.0%(2012—2019年德国、芬兰等),表明在这些年份德国、芬兰等国几乎不再举办高职教育;均值为18.7%,标准差为14.67%,表明各国高职教育办学规模差异明显。

高等教育毛入学率(X_3)不仅能反映一国高等教育办学的整体规模,还能

---

① 1997—2016年高等教育毛入学率数据摘自联合国教科文组织数据库,而后教科文组织对统计口径进行了调整,不再公布各国该项数据;由于教科文组织一直在持续不断的调整各国毛入学率数据,摘引时间不同,数值也会有所差异;为尽可能保证数据的准确性,本研究中的高等教育毛入学率数据摘引时间为2019年10月2日。2017—2019年高等教育毛入学率数据摘自世界银行数据库,摘引时间为2022年12月8日。

说明该国高等教育所处的发展阶段。根据表3.1所示,高等教育毛入学率最大值为148.5%(2018年希腊),结合该年度各国的高等教育入学率分布情况看,认为:希腊当年吸纳了大量超过常规入学年龄的本国学生;最小值为9.0%(1997年卢森堡),卢森堡高等教育体系并未完全成型,不具有普遍意义,不作重点讨论;毛入学率均值为64.58%,说明各国大体已进入普及化发展阶段;标准差为20.06%,说明各国高等教育的办学规模较为悬殊。

人均GDP可刻画各国国民的经济收入水平。从OECD各国人均GDP(X_4)看,最大值为116 442美元(2019年卢森堡),最小值为5 966美元(1999年土耳其),最大、最小值间的差值、均值和标准差差异都很大,说明国家间经济社会发展水平不均衡。

高职院校生师比(X_5)是通过高职院校(折合)全日制学生除以全日制教师人数计算而得的,能体现师资的配置和使用情况。生师比最大值为86.1(2000年韩国),韩国以如此高的生师比着力推动高职教育的蓬勃发展,为国民经济各领域培养和造就了一大批接受过良好教育及技术培训的技能型劳动者,有力促进了韩国经济的繁荣;最小值为2(2001和2002年冰岛),冰岛的生师比仅为2,冰岛的高职教育办学不具普遍意义,不作重点讨论;生师比的均值、标准差较大,说明各国高职学院师资的配置和使用情况存在较大差异。

高职教育总经费比重(TY)最大为1.1,最小为0.0(2012—2019年芬兰、德国和瑞士等),均值为0.21,标准差为0.22,表明各国高职教育总体经费投入不均衡。

2. 影响因素

假设一国当年的高职教育总经费比重(TY)的变动主要受该国当年的高职院校生均经费(X_1)、高职教育净入学率(X_2)、高等教育毛入学率(X_3)、人均GDP(X_4)和高职院校生师比(X_5)等变量影响,为验证假设是否成立,拟进行归因分析;因高职院校生均经费(X_1)、人均GDP(X_4)的数值与其他变量相差若干个数量级,为消除异方差影响,使模型呈线性,X_1、X_4拟以自然对数形式引入。

研究采用SPSS 18.0对高职教育总经费比重进行逐步回归分析,以遴选高职教育总经费的主要影响因素。经统计分析后,发现:模型4调整后R^2为0.8,表明所选取的自变量能解释高职教育总体投入80%的变异,具有较高的解释力;模型检验结果显示:$p.=0.00$,具有统计上的意义。各模型的参数如下(表3.2和表3.3)。

表 3.2　模型摘要

模型	R	R^2	调整 R^2	R^2 更改	F 更改	$df1$	$df2$	$Sig.F$ 更改	DW 值
1	0.82[a]	0.68	0.68	0.68	237.29	1	113	0.00	
2	0.86[b]	0.74	0.74	0.06	27.07	1	112	0.00	
3	0.88[c]	0.78	0.77	0.04	19.07	1	111	0.04	
4	0.90[d]	0.81	0.80	0.03	14.97	1	110	0.00	0.9

a. 预测变量：(常量)，高职教育净入学率(其中 a 代表 a 模型，下同)。

b. 预测变量：(常量)，高职教育净入学率，转换后人均 GDP。

c. 预测变量：(常量)，高职教育净入学率，转换后人均 GDP，转换后高职院校生均经费。

d. 预测变量：(常量)，高职教育净入学率，转换后人均 GDP，转换后高职院校生均经费，高职院校生师比。

表 3.3　各变量的估计参数

模型		非标准化系数 B	标准误差	标准系数 试用版	t	$Sig.$
1	(常量)	−0.01	0.01		−1.05	0.3
	高职教育净入学率	0.01	0.00	0.82	15.4	0.00
2	(常量)	0.72	0.14		5.11	0.00
	高职教育净入学率	0.01	0.00	0.81	16.8	0.00
	转换后人均 GDP	−0.07	0.01	−0.25	−5.2	0.00
3	(常量)	0.72	0.13		5.46	0.00
	高职教育净入学率	0.01	0.00	0.83	18.45	0.00
	转换后人均 GDP	−0.11	0.02	−0.4	−7.11	0.00
	转换后高职院校生均经费	0.05	0.01	0.25	4.37	0.00
4	(常量)	0.48	0.14		3.46	0.01
	高职教育净入学率	0.01	0.00	0.76	16.42	0.00
	转换后人均 GDP	−0.1	0.02	−0.35	−6.4	0.00
	转换后高职院校生均经费	0.06	0.01	0.29	5.24	0.00
	高职院校生师比	0.00	0.00	0.2	3.87	0.00

a. 因变量：高职教育总经费比重。

根据表3.3所示的变量选择程序看,排除的自变量为高等教育毛入学率(X_3),而被选入的自变量依次为:高职教育净入学率(X_2)、人均GDP(X_4)、高职院校生均经费(X_1)和高职院校生师比(X_5)等。

同时,由表3.2所示的模型4的DW值为0.9,研究推测总经费投入可能存在自相关。为验证假设,研究进一步采用EViews 8.0对1997—2019年OECD国家高职教育总经费比重数据进行归因分析。为使模型呈线性,X_1、X_4拟以自然对数形式引入。运行结果如表3.4(a)和3.4(b)所示,回归模型通过显著性检验($p.=0.00$),调整后R^2为0.8,$DW=0.51$。

表3.4(a) 高职教育总经费的回归分析

变量	系数	标准误	t检验	显著性
C	0.49	0.14	3.52	0.00
$\log(X_1)$	0.05	0.01	4.87	0.00
X_2	0.01	0.00	14.89	0.00
$\log(X_4)$	−0.1	0.02	−6.43	0.00
X_5	0.00	0.00	3.78	0.00

表3.4(b) 高职教育总经费的回归分析

变量	系数	变量	系数
R^2	0.81	因变量均值	0.11
调整R^2	0.8	因变量标准差	0.12
回归系数的标准误	0.06	赤池信息准则	−2.87
残差平方和	0.34	施瓦兹准则	−2.73
最大似然估计值	171.22	汉南-奎因准则	−2.82
F检验	90.45	德宾系数(DW值)	0.51
显著性	0.00		

根据表3.4(b)所示,$DW=0.51$,回归模型存在自相关,根据相关检验,认为该回归模型存在一阶自相关,即一国当年高职教育总体经费投入受本国前一年此项的经费投入的影响。换句话说,OECD成员国由于总体经费的连续投入而形成惯性,使得本年度的高职教育总经费受上一年度此项投入的影响。

结合BG检验结果(表3.5(a)和(b)),辅助回归方程滞后一期RESID(−1)的t检验值显著,滞后二期RESID(−2)的t检验值不显著,表明该模型存在一阶自相关。为了大致描述因变量与各自变量的数量关系,研究采用广义差分法来消除序列自相关。

表 3.5(a)　BG 检验结果

变量	系数	标准误	t 检验	显著性
C	−0.01	0.11	−0.12	0.9
$\log(X_1)$	−0.01	0.01	−1.06	0.29
X_2	−0.00	0.00	−0.98	0.33
X_3	0.00	0.00	0.13	0.9
$\log(X_4)$	0.01	0.01	0.79	0.43
X_5	0.00	0.00	0.73	0.47
$RESID(-1)$	0.6	0.13	4.5	0.00
$RESID(-2)$	0.23	0.15	1.54	0.13

表 3.5(b)　BG 检验结果

变量	系数	变量	系数
R^2	0.35	因变量均值	0.00
调整 R^2	0.3	因变量标准差	0.05
回归系数的标准误	0.05	赤池信息准则	−3.27
残差平方和	0.22	施瓦兹准则	−3.08
最大似然估计值	196.15	汉南-奎因准则	−3.19
F 检验	8.3	德宾系数(DW 值)	1.28
显著性	0.00		

结果显示(表 3.6(a)和(b))：回归模型显著($p.=0.00$)，调整后 R^2 为 0.93，DW 值为 2.25，因样本量为 115，自变量减少三个，$k'=2$，对照德宾-沃森 d 统计量表，$d_l \approx 1.63$，$d_u \approx 1.72$，$d_u < DW < 4-d_u$，即在 5% 的显著性水平下，调整后的回归模型已基本无自相关。

表 3.6(a)　高职教育总经费的广义差分回归分析

变量	系数	标准误	t 检验	显著性
C	0.42	0.24	1.77	0.08
$\log(X_1)$	0.02	0.01	2.85	0.01
X_2	0.00	0.00	6.03	0.00
X_3	0.00	0.00	1.03	0.31
$\log(X_4)$	−0.06	0.02	−2.77	0.01
X_5	0.00	0.00	4.6	0.00
$AR(1)$	0.89	0.03	26.59	0.00

三、OECD国家高职教育总经费研究

表 3.6(b) 高职教育总经费的广义差分回归分析

变量	系数	变量	系数
R^2	0.93	因变量均值	0.11
调整 R^2	0.93	因变量标准差	0.12
回归系数的标准误	0.03	赤池信息准则	−3.52
残差平方和	0.12	施瓦兹准则	−3.33
最大似然估计值	210.31	汉南-奎因准则	−3.44
F 检验	208.86	德宾系数	2.25
显著性	0.00		

根据表 3.6(a),(转换后)高职院校生均经费(X_1)($p.=0.01$)、高职教育净入学率(X_2)($p.=0.00$)、(转换后)人均 GDP(X_4)($p.=0.01$)和高职院校生师比(X_5)($p.=0.00$)均显著,但高等教育毛入学率(X_3)($p.=0.3$)不显著,故 1997—2019 年 OECD 国家高职教育总经费比重的数据模型为:

$$\Delta TY_t = 0.42 + 0.02 \times (\Delta \ln X_{1t}) - 0.06 \times (\Delta \ln X_{4t}) \quad [AR(1) = 0.89] \quad (3-1)$$

即 $TY_t - 0.89 TY_{t-1} = 0.42 + 0.02(\ln X_{1t} - \ln X_{1t-1}) - 0.06 \times (\ln X_{4t} - \ln X_{4t-1}))$①

根据表 3.2 和表 3.3 所示的变量选择程序看,第一个被选入的变量是高职教育净入学率(X_2),在第一阶段(模型 1)即被选入,高职教育净入学率可以解释高职教育总体投入 68% 的变异量($p.=0.00$),以调整后的 R^2 看,具有 68% 的解释力。因此,高职教育总经费的首要影响因素为高职教育净入学率。

由表 3.3 和表 3.6 所示,高等教育毛入学率(X_3)未被选入,原因在于: OECD 国家高职教育发展的时间相对较长,总经费投入的体制机制已较为成

---

① 根据不同时间段的 OECD 国家高职教育总经费数据进行统计分析后,数据模型有所调整,得出的影响因素也略有不同,例如以 1997—2011 年数据为例,得出其主要影响因素为高职教育净入学率、人均 GDP 等(调整后 $R^2=0.65$, $p.=0.00$, $DW=1.1$);对 1997—2015 年数据进行分析,主要影响因素是高职教育净入学率、高职院校生师比等(调整后 $R^2=0.71$, $p=0.00$, $DW=1.46$),而对 1997—2019 年开展分析,结果如上;综合前述分析,研究最后认为:此函数式仅做参考,且高职教育总经费的首要影响因素为高职教育净入学率。

熟,几乎不会因为高等教育规模的扩张而对高职教育总体投入产生影响。

综合表3.2、表3.3所示的统计结果,不难看出:高职教育总经费的首要影响因素为高职教育净入学率。

3. 高职教育净入学率的变动轨迹

如前所示(表3.2和表3.3),高职教育总经费比重的首要影响因素是高职教育净入学率,为进一步展示高职教育总经费的根本性制约因素,有必要对高职教育净入学率的变化轨迹进行细致刻画。

高职教育,作为高等教育领域重要的办学类型,受高等教育发展规律制约;同时,通过技能型人才培养,服务于经济发展,受经济发展规律影响。高等教育领域,主要以毛入学率来描述其发展路径;经济学领域,则主要用人均GDP来进行测算分析。本研究拟以高等教育毛入学率、人均GDP为观测基点,探索高职教育净入学率的变化规律。

(1) 高等教育发展各阶段,高职教育净入学率的变动情形

高职教育净入学率随高等教育毛入学率的变化曲线(图3.2)。高职教育净入学率反映社会对高职教育的需求程度和实际办学规模。根据图3.2可以看到:随着高等教育毛入学率的提高,高职教育净入学率显著增加($R^2=0.2$,$p.=0.00$);并结合(精英教育阶段仅有8条记录,样本数量过少)大众化阶段

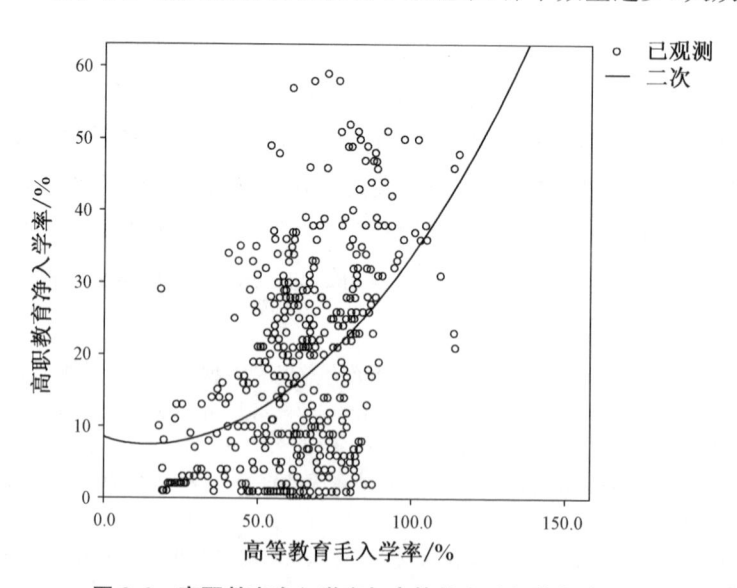

图3.2 高职教育净入学率与高等教育毛入学率关系图

三、OECD国家高职教育总经费研究

曲线($R^2=0.05$，$p.=0.04$)（图 3.3）和普及化阶段曲线($R^2=0.15$，$p.=0.00$)（图 3.4），可看出：相较于大众化教育阶段，普及化阶段的高职教育办学规模大体保持在更高的水平。

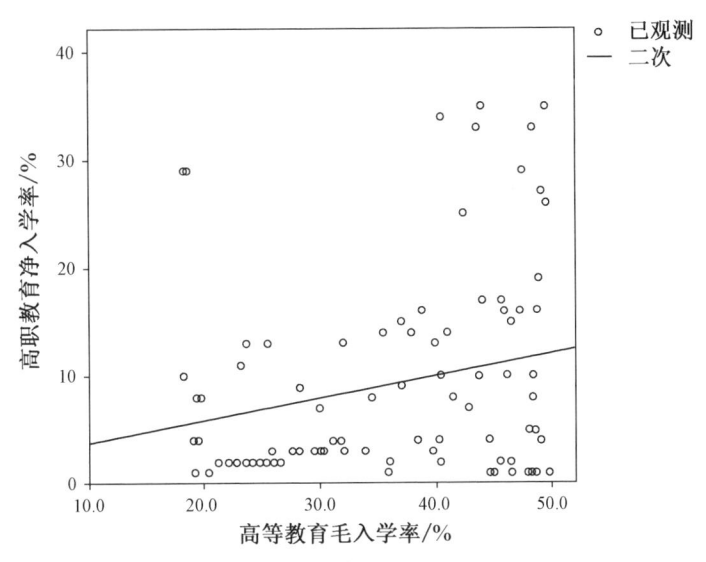

图 3.3 高职教育净入学率与高等教育毛入学率关系图（大众化阶段）

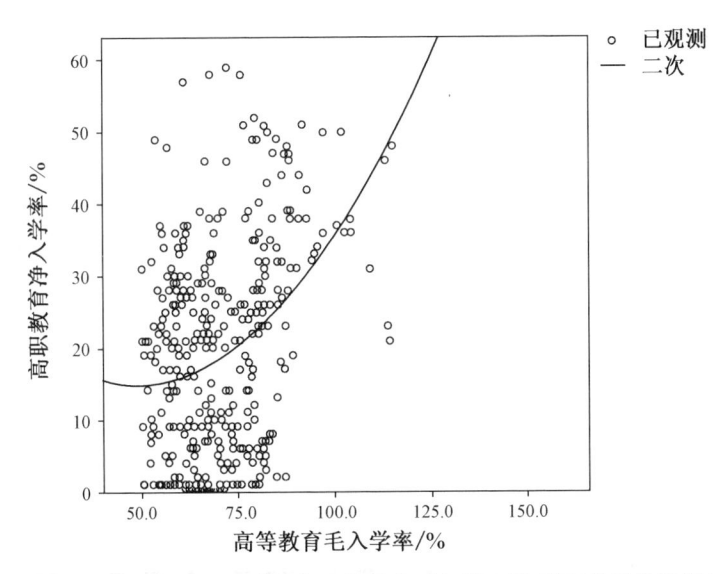

图 3.4 高职教育净入学率与高等教育毛入学率关系图（普及化阶段）

综合观察和分析图 3.2、图 3.3 和图 3.4 所描绘的高职教育净入学率随高等教育毛入学率的变化走势图,不难看出:高职教育净入学率随高等教育毛入学率的增长而逐渐增加,表明高职教育是高等教育大众化、普及化的重要组成部分。

(2) 不同的经济发展水平下,高职教育净入学率的变动路径

高职教育净入学率随人均 GDP 的变化曲线。为凸显经济发展的不同时期,高职教育办学规模的变化轨迹,本研究从高职教育净入学率随(转换后)人均 GDP 的变化情形来加以展示。根据曲线(图 3.5)($R^2 = 0.04$, $p. = 0.00$),表明随着人均 GDP 的增加,高职教育净入学率先增加而后递减。

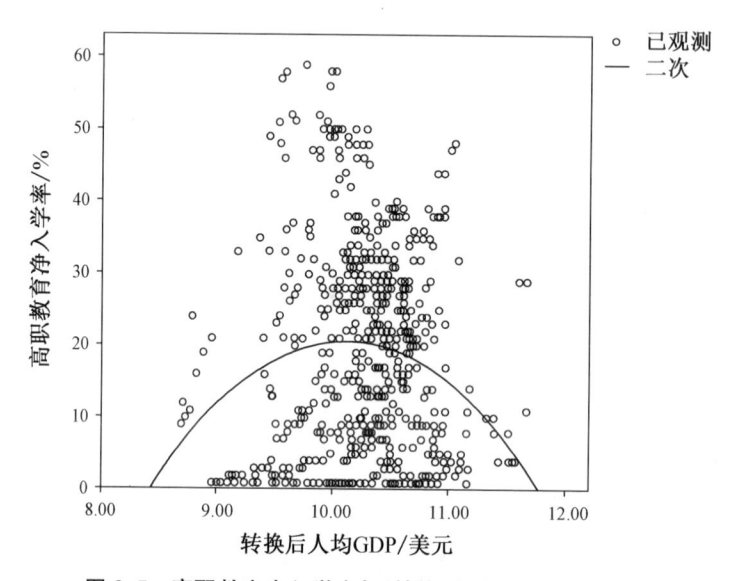

图 3.5 高职教育净入学率与(转换后)人均 GDP 关系图

根据各项拟合系数,该曲线的方程为:

$$Y = -7.373t^2 + 148.947t - 731.629 \quad (3-2)$$

其中 $t = \ln x$, x 代表人均 GDP。

当 $t \in (8.57, 10.1)$,即人均 GDP 处于 $(4\,582.5, 24\,343.01)$ 美元时,函数递增;

当 $t = 10.1$,即人均 GDP 约为 24 343.01 美元时,函数达到最大值;

当 $t \in (10.1, 11.77)$,即人均 GDP 处于 $(24\,343.01, 129\,314.15)$ 美元时,函数递减。

根据图 3.5 所示，人均 GDP 为 24 343 美元时，高职教育净入学率（办学规模）到达顶点，其后随着经济增长（人均 GDP 增加），入学率下降，即人均 GDP 超过 24 343 美元后，高职教育办学规模呈现缩减趋势。人均 GDP 超过 24 343 美元后，各国根据本国人口数量和劳动力年龄结构、经济发展战略和产业需求，大致采取提升办学层次的发展路径，具体形式主要分为以下两类：

一是快速提升，以芬兰为代表。芬兰人口，相对于国土面积来说比较少，年龄结构也较老。1999 和 2000 年，芬兰人均 GDP 分别为 23 429 美元和 25 357 美元，高职教育净入学率极小，则大力发展学士、硕士等高级专业学位。芬兰通过扩大和升级高等职业和技术教育来完成高职教育的转型，改变高等教育人才培养结构[84]，成为知识经济社会的领先者。

二是渐进提升，以德国为代表。德国属外向型经济体，人口出生率低，接受部分外国移民，未来有数量减少和老龄化的风险[72]。1999 和 2000 年，该国人均 GDP 分别为 24 627 美元和 26 139 美元，高职教育净入学率均为 15%，其后每年入学率都超过 10%，2012—2019 年降至零。为缩小东西德合并后的经济社会发展差距，同时提高现有手工业和服务业从业人员的知识技能水平，德国政府以提升劳动力素质以及提高劳动生产率来弥补劳动力数量不足的缺陷。

根据图 3.2 至 3.5 所刻画的不同的高等教育、经济发展阶段高职教育净入学率的变化曲线，并综合部分国家高职教育净入学率为零的办学实践进行理解：

人均 GDP 低于 2 万美元时——伴随科技进步和产业的转型升级，各国经济发展急需一大批接受过高等教育的技能型产业工人。为满足产业部门的人才需求，各国动员社会各方力量，大力发展高职教育。该阶段，高职教育发展的基本职能是人才培养，主要任务是规模扩张，高职净入学率不断攀升，故出现如图 3.5 所示的函数曲线的左端。

人均 GDP 为 2 万—3 万美元时——随着经济的持续发展，国家经济发展逐渐由知识创新、技术应用来驱动。许多国家根据自身经济产业发展策略、人口结构、国际竞争需要等，升级了高职教育，着手发展本硕层次的专业学位教育，故高职教育净入学率开始下滑，如图 3.5 的函数中端所示。

人均 GDP 超过 3 万美元时——随着经济的深入发展，国家经济发展主要依靠知识创新、高新技术的发明、传播和应用。因此，高职院校提升了人才的培养层次，加快发展本硕层次的专业学位教育，积极培育兼具广泛理论知识、精湛专业技能,且富有发明和创新意识的人才,并缩减高职教育招生规模,故其净入学率大幅收缩,如图3.5的函数右端所示。

综上所述,研究认为:高职教育规模缩小的主要考量因素是经济发展水平。经济发展到一定水平,教育系统功能发生变化。教育系统功能将从教授工人技能,使其适应新技术转变为让他们创新工艺和开发新产品[89]。换而言之,高职教育的升级不是高等教育系统内部发展的结果,而主要是由经济发展和科技进步的需求所致,是外力而非内因导致。

综上所述,研究认为:高职教育是高等教育大众化、普及化的重要组成部分;人均GDP在2万—3万美元之间时,高职教育办学规模将呈现缩减趋势;即高职教育的升级主要由经济发展需求所致。

(三) 变动类型

本节尝试解析1997—2019年OECD国家高职总经费的变动状况,探寻数字起伏的根本动因,以便更好地理解各国高职教育宏观投入的机制。

OECD国家以高职总经费占该国当年GDP的百分比来反映其总体投入。为方便观察,研究大致以各国起末年份总经费数值的差值作为衡量标准($TY_{末}-TY_{初}$),若$\Delta TY>0$,后续年份数值整体上超过初始年份且不固定于某一常数,将其归为增长型;反之,为下降型;二者基本持平且该国发展高职教育的历程较久,则为稳定型(此定义方式也适用于高职教育净入学率)。经测算,可将OECD成员国分为三类:一是增长型,以智利为代表;二是稳定型,以法国为代表;三是下降型,以芬兰、德国和瑞士为代表。

鉴于一国的教育经费投入与它所处的文化社会环境、自身发展现状密不可分,本节拟从这两方面对智利、法国和芬兰等典型国家展开深入分析,进而说明高职教育总经费的变动原因,刻画高职教育总经费的投入机制。

1. 追赶产业发展型

智利高职总经费占GDP的比例,1997年为0.2%,其他年份数据如图3.6所示(2001和2013年数据缺失),2015年保持在0.3%,2016—2019年升至0.4%,总体呈现增长趋势。

三、OECD 国家高职教育总经费研究

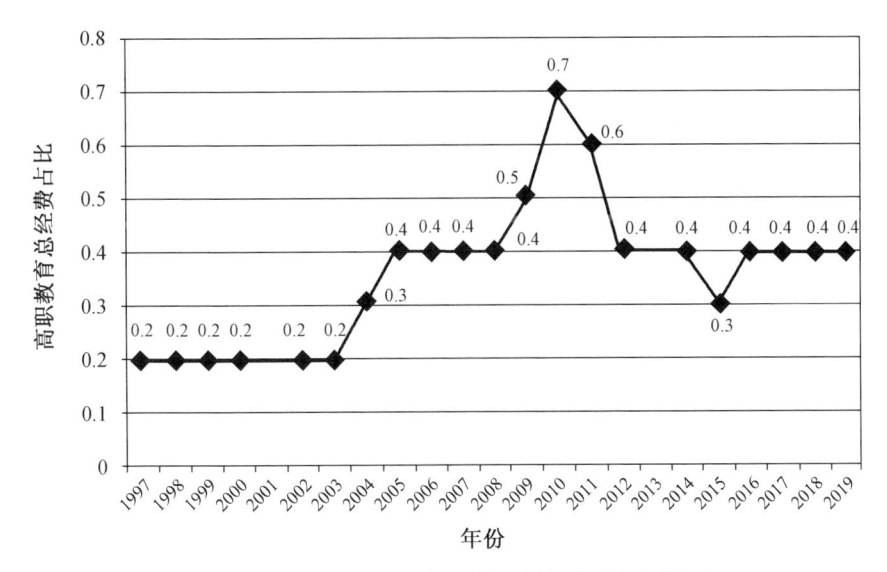

图 3.6　1997—2019 年智利高职教育总经费占比图

（1）经济社会特征

20 世纪末 21 世纪初，智利经济强劲增长，后受全球金融危机影响，经济略有下滑（表 3.7）。人均 GDP 升至 22 927 美元，处于迈入高收入经济体的关键节点。智利推崇市场经济文化，人民高度重视教育，视教育为促进经济增长的重要手段[90]。社会着力扩大学习者的受教育机会，学习者踊跃参与并从中获益。随着经济的快速发展，65 岁及以上年龄人口比例不断增长，人口老龄化已现端倪；社会失业问题有所改善，但青年失业率仍高于 OECD 成员国平均水平，形势依然严峻（见表 3.7）。

表 3.7　1997—2019 年智利高职教育发展的基本情况

	1997	2003	2009	2015	2019
经济增长率[91]（%）	7.5	4.6	−1.0	2.1	0.7
65 岁及以上人口比例[92]（%）	7.2	8.1	9.2	10.6	11.8
15—29 岁青年人既不在职又不在学或在训的比例（NEET）[93]（%）	—	—	23.6	18	
25—64 岁人口中具有高职学历的比例（%）	—	3	10	8	
25—64 岁高职学历人口的就业率（%）	95（M） 71（W）	81（M） 70（W）	88.4（M） 69.1（W）	80	73

(续表)

	1997	2003	2009	2015	2019
25—64岁就业人群高职学历人口的相对收入(高中或中等后非高等教育＝100)	—	—	—	142	—

注：M代表男性，W代表女性，下同。

(2) 高职办学现状

经济和产业进步需要一大批高层次技能型劳动者，以提高劳动生产率，推动经济增长。为响应产业发展需求和缓释社会就业压力，智利大力发展高等教育，2018年智利高等教育毛入学率达到93.1%。高教系统的巨大成就部分得益于高职教育办学规模的急剧扩张，高职教育净入学率整体上显著增长(1999年数据缺失，如图3.7所示)，2016年学生年龄超过25岁的高职教育净入学率约为15%[①]，2019年高职教育净入学率约为26%，其入学年龄为20—31岁，超出OECD国家高等教育常规的入学年龄范围，表明该国高职教育已惠及社会成人。高职教育办学主要由专业学院(IP)和技术培训中心(CFT)来实施，旨在培养接受过高等教育的技术技能人才，以追赶科技和产业发展进程。

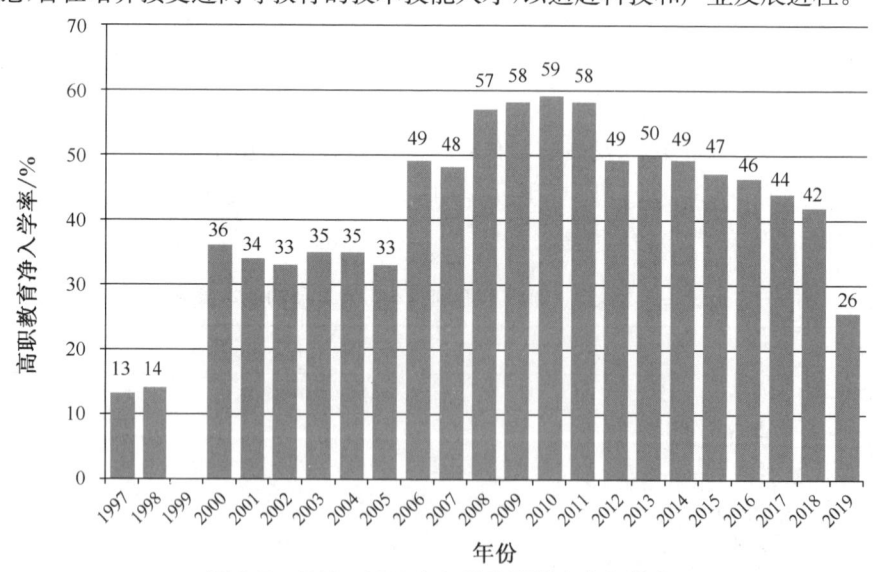

图3.7 1997—2019年智利高职教育净入学率

① 此数值由智利当年总的高职教育净入学率减去学生年龄低于25岁的该项净入学率得出。

三、OECD国家高职教育总经费研究

高职教育系统与产业联系较松散,雇主的参与程度不高,课程体系未对劳动力市场需求做出足够的回应,与产业联系不足[51]。质量保障机制不健全,各职业院校的课程质量参差不齐[51]。公共资金的功能定位不清,财政经费使用尚未有战略性安排[94]。智利高职院校几乎都为私立,办学经费除来源于学习者及其家庭外,还能收到政府的一些财政支持[90]。但是,对财政资金应发挥的作用,国家还没有长远的规划[94]。

据智利雇主联合会介绍,由于教育体系无法与变化着的劳动力市场保持一致,所有的生产部门都缺乏技能型劳动者;而三成年轻人未被雇佣的原因是他们的知识技能与劳动力市场需求不匹配[90]。智利产业发展仍需更多更优质的技术人员[90]。

整体来看,为满足产业发展需求和促进社会就业,并充分考虑到智利的文化传统,政府调动民间资金来举办高职教育,扩大资源供给。因制度设计等因素,产业广泛参与的高职教育体系还未能形成,这使得高职系统还不能准确探知产业(质量和数量)需求的"底",主要表现为:① 技术工人的知识技能与行业企业的要求不完全一致;② 由于高职教育体系还不能及时收到产业对于技术工人数量需求的准确信息,办学主体基于经济理性,因此总体上逐步提高高职教育净入学率,促进社会资源的合理配置。高职教育净入学率大体增长,总经费比例的首要影响因素是高职教育净入学率,故总体投入大致展现增长态势。因此,智利总经费比重增长的根本原因是高职教育追赶产业发展进程,目的是扩大社会就业、拉动经济增长。

2. 产教同步发展型

法国高职总经费占GDP的比例,1997—2000年均为0.3%,2001、2002年回落至0.2%,2003—2019年保持在0.3%(图3.8),经费占比基本平稳。

(1) 政治经济环境

法国文化传统上更偏重古典人文教育。该国实行中央集权制,20世纪80年代以来地方逐渐开始负责执行国家的职业培训政策[95]。九十年代末至今,国家经济增速放缓,老年人口比例超过15%并连续攀升,人口严重老龄化;而外国移民人口增多,这使其社会整合问题变得尤为棘手。年轻人的失业率高于OECD成员国平均水平,青年就业前景不明朗(表3.8)。

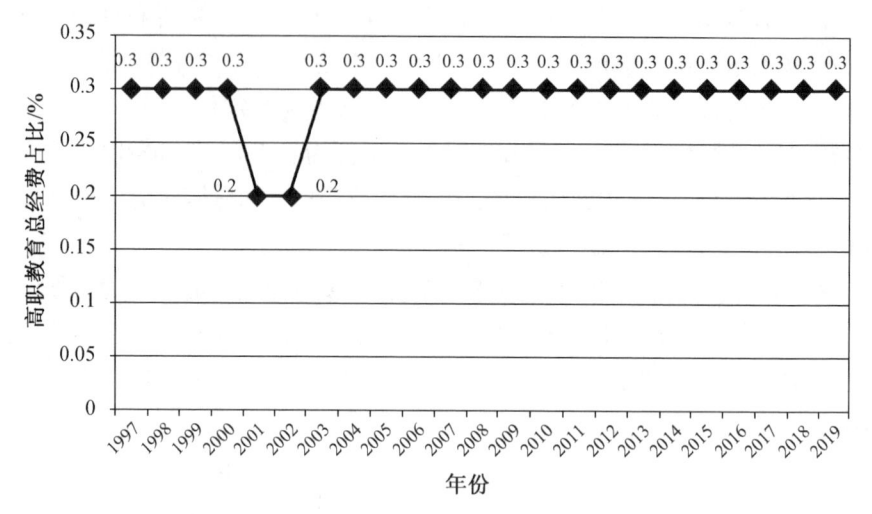

图 3.8　1997—2019 年法国高职总经费占比图

表 3.8　1997—2019 年法国高职教育发展的基本情况

	1997	2003	2009	2015	2019
经济增长率(%)	2.4	0.8	−2.8	1.0	1.9
65 岁及以上人口比例(%)	15.4	16.2	16.6	18.6	20.2
15—29 岁青年人既不在职又不在学或在训的比例(NEET)(%)	17.7	14.1	15.6	17.2	15.4
25—64 岁人口中具有高职学历的比例(%)	10.1	10	12	14	14
25—64 岁高职学历人口的就业率(%)	93（M） 83（W）	89（M） 81（W）	88（M） 82.2（W）	84	85
25—64 岁就业人群高职学历人口的相对收入（高中或中等后非高等教育＝100）	126	125	123	125	—

（2）高职发展概貌

为缓和上述社会矛盾,法国积极发展高等教育,九十年代后期高等教育已进入普及化发展阶段。高教系统的有序运行部分源于高职教育办学规模的平稳扩张,1998 年高职教育净入学率为 21%,2015 和 2016 年均为 29%[①],院校

---

① OECD 在先前的报告中公布了 1999—2002 年法国的高职教育净入学率,而后进行了数据调整认为其不可得,故研究对这些数据暂不予采用。

三、OECD 国家高职教育总经费研究

生师比较为均衡(1997、2004 和 2016 年数据缺失,图 3.9)。社会鼓励支持发展高职教育,毕业生的就业率、收入回报较高。

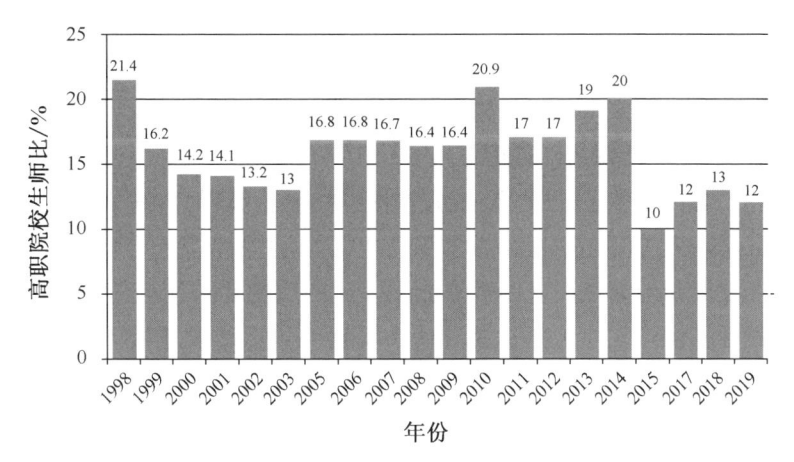

图 3.9　1998—2019 年法国高职院校生师比

法国高职教育主要由高级技术员班(通常附设于技术高中)、大学技术学院(IUT)承办。政府借助法兰西战略办公室(France Stratégie)、各学区产业部门的就业和培训观察站等的信息,宏观把握国家中长期产业发展对技能型人才质和量的要求,并通过各种制度安排确保产教供需对接。

依托社会合作制度,中央和学区共同治理高职教育。教育、高等教育和研究部承担主要监管责任,借助专业咨询委员会(CPC),将工商企业对高职毕业生的知识技能要求具体化为他们取得国家职业技术文凭和职业资格证书需达到的能力标准[96]。专业咨询委员会的作用被《社会现代化法》强化,成员由雇主、政府代表及雇员等构成[95]。各学区设立区域就业和职业培训协调委员会(CCREFP),以便更好地落实国家职教和就业政策;组建区域经济社会理事会(CESR),来解决地方具体的职教问题[95]。

立足产业和区域发展需求,促进教育与产业联动发展。课程设置充分考虑经济需求,在国家、地区广泛开展咨询,以此来确定课程内容。教学大纲由大学和产业界人士共同修订,以教育部决定的形式发布。教学计划和授课方式由教师决定,产业界的管理、技术人员参与教学。教学过程实行严格的考试和淘汰制,学生实习参照《实习章程》,由教师和企业导师进行法定指导并实施监测。高职院校还开展技术培训等多项社会服务,来促进先进技术的转化应用,服务地方经济。

内外部质量评估保障人才培养水平。依据《大学自由与责任法》(LRU)，办学机构应不断加强自身教学质量的管理。此外，院校还需接受高等教育与研究评估署(AERES)的外部评估，评估结果会影响政府的财政拨款。中央和地方政府联合资助高职教育，以前者为主。法国教师属于国家公务员，薪金由国家直接支付。国家与高职机构订立合同（每四年签订一次），细化办学产出和拨款金额，经费计算基础是招生人数。

总体而言，20世纪末21世纪初，法国经济增长低迷，还备受青年失业、外国移民社会融入等问题困扰。为缓解上述压力，法国依靠预测信息精确获知国家产业发展和地方经济建设对技能型人才的质量要求和数量需求，透过内外部质量评估保障人才培养质量，并将质量评估与财政拨款相结合，从而宏观调控招生人数。根据1997—2019年间的高职教育净入学率和院校生师比，可推知该期间法国高职教育净入学率相对平稳（一段时期内经济和产业发展对技术人才的数量需求波动不大），因此经费比重基本保持稳定状态。综上，法国高职总经费比例稳定的深层原因是产教供需紧密对接，二者同步发展，目的是进一步提升经济生产效率和增强经济社会的凝聚力。

3. 引领产业发展型

芬兰高职总经费占GDP的比例，1997年为0.3%，1998年为0.2%，1999年为0.1%，之后比例很小，2012年降至零，2013—2019年趋近于零①，呈下降趋势。

（1）文化社会背景

芬兰经济高度繁荣，民众平等意识较强，认为人人享有平等的受教育机会。该国人口总量偏少，且老龄化程度严重；虽然青年失业率低于OECD国家平均水平，但情况仍不容乐观（表3.9）。20世纪90年代初，芬兰陷入严重的经济衰退。为提振经济，政府推行了一系列改革，例如发展知识密集型的行业和企业[84]。改革后，芬兰经济开始复苏，后受全球金融危机冲击，经济增长乏力。

---

① 据2013—2019年芬兰高等教育系统与本科院校总经费比重的差值求得。

表 3.9　1997—2019 年芬兰高职教育发展的基本情况

	1997	2003	2009	2015	2019
经济增长率(%)	6.3	2.0	−8.1	0.5	1.2
65 岁及以上人口比例(%)	14.5	15.5	16.9	20.2	22.1
15—29 岁青年人既不在职又不在学或在训的比例(NEET)(%)	—	11.6	12	14.3	11
25—64 岁人口中具有高职学历的比例(%)	16.7	17	15	12	8
25—64 岁高职学历人口的就业率(%)	88（M）85（W）	84（M）82（W）	82（M）81.5（W）	82	82
25—64 岁就业人群高职学历人口的相对收入(高中或中等后非高等教育＝100)	121	122	128	124	119

(2) 高职进展情况

为了支撑产业结构的优化升级,芬兰高等教育规模快速扩张,2016 年已高度普及高等教育。高等教育普及化的深入推进一定程度获益于高职教育的良性发展,高职教育已升级为专业学位教育,高职办学规模很小,1997 年芬兰高职教育净入学率为 12%,其后数值极低。

芬兰高职教育办学主体是应用技术学院(polytechnic)。由于企业日益向高素质劳动者聚集的地方迁移,学校不断提升办学层次,培养兼具扎实的理论基础、高超的专业技能和革新意识的产业工人;推行欧洲职业教育与培训学分系统(ECVET),促进学习成果的互认衔接;与当地企业等组成区域创新体系,以应用性研究引领地区工商业发展,增强区域竞争优势,从而吸引和留住企业。

应用技术学院由教育文化部管理和指导。教育委员会(教育部下属机构)联系各部委、研究机构、地方当局、劳动力市场组织共同定量和定性地预测国家未来的人才需求,数量需求整合进《教育与研究发展规划》(每四年更新),质量要求经职业资格委员会细化为学习者获得国家职业资格证书需掌握的知识和技能[97]。教育部再与各院校磋商并签订《办学产出和经费资助协议》,内容涉及学校各领域的学生人数、与地区工商业的联系、国际化、研发活动及资金拨付方式[84]。

产教融合理念贯穿人才培养的全过程。依据《应用技术学院法案》,校方在招生、教师聘任、学位课程和教学纲要等方面享有自主权[84]。学校通常会参考工作经验、兴趣程度等来挑选学生,还聘请产业界专家担任校外讲师[84]。学校主要提供学士、硕士两种专业学位课程,课程设置和专业教学强调与地方工商业、产业发展的联系[84]。

内外部质量控制保障教学质量。应用技术学院内部建立起各自的质量保障体系,以持续改善自身教育服务的质量。学校还需接受芬兰教育评估中心(FINEEC)的外部评估,中心会成员来自应用技术学院、大学及各个行业,评估内容涵盖学校的学位教育、研发创新和区域影响[98]。

办学经费以政府拨款为主。2014年新资助方案开始实行,经费划拨依然关注其区域影响力、与职业界的协作、国际化、研发活动等[87]。校方还举办各种社会服务活动,参与本地企业产品和服务的升级改造、技术创新和产业孵化,争取外部资金。

随着全球市场的进一步开放,劳动力市场的日益全球化及跨国企业的不断涌入,这给高职教育办学带来新的挑战。日益全球化的劳动力市场要求更密切的国家合作,以发展相关的预测模式,进而更准确地测算教育和技能的需求[99];跨国企业要求毕业生能在芬兰本土及其他国家和地区自如地开展商业往来,这些都对高职教育的技能预测机制、课程内容等提出新的要求。

大体来看,为适应产业转型升级的需要,芬兰依托专门的法律,辅以积极的政府引导来规范指导高职院校的办学实践;并考虑到本国人口总数较少、老龄化程度严重,该国上移了高职教育的办学层次;然因年轻人失业状况不容乐观,故仍保有很小入学率的高职教育,以吸纳青年进入教育体系。高职教育净入学率极低,因而总经费比重下滑。如上,芬兰高职总经费比重下降的基本原因是高职教育不仅与产业紧密联系,而且以应用研究引领产业发展,目的是持续提升劳动者素质,增加产品和服务的国际竞争力,助推经济增长。

(四)变动规律

联系以上对智利、法国和芬兰等经合组织成员国高职总经费的投入轨迹及其所折射出的发展路径的分析,不难看出:高职教育发展的粗略脉络是它与产业发展的相对关系。若将此关系进一步细分,可分为追赶期、并行期和引领期三个阶段。为细致刻画各阶段经费投入的变动情况,研究将从发展职能等角度详细论述(表3.10)。

表3.10 高职教育发展的三阶段

	追赶期	同步期	引领期
具体特征	产业要求逐步渗入高职体系	产教供需紧密对接	产教深度融合,高职院校与本地企业协同创新、知识共享
基本职能	人才培养	人才培养、社会服务	人才培养、社会服务、应用性研究
主要任务	扩大教育规模	提升教学质量和相关性 增强办学适切性 强化体系包容性	提升人才培养层次
存在问题	技术工人短缺、技能不匹配	学习者重会轻知	如何吸引国际企业参与技能需求预测、平衡本地与国际企业的技能需求等
应对策略	增大办学规模	增加文化基础知识在学生学业成就考核中的比重	鼓励外国企业参与技能需求预测、促进学习者的国际交流等
总体投入	逐渐增长	相对稳定	降至极少
社会性投入功能	弥补财政性经费的不足、调整和完善高职教育的治理结构	协调社会各方利益,促进高职院校办学的特色性和差异性	快速传递社会需求,促进学科交叉融合增强高职教育体系的应变能力,并催生新的学科生长点
经费投入制度建设	尚未形成清晰的投入机制	将院校办学产出与财政拨款结合(透过质量评估)	在院校办学产出中增加"应用性研究"内容,并将其与财政资助联系;院校也借助其吸收企业经费

1. 追赶期

随着生产技术的进步,产业发展急需大批高素质技能型劳动者。各国动员社会各种力量,积极发展高职教育,大力培育高水平技术技能人才,来满足经济建设需要、追赶产业发展进程。该阶段,高职教育发展重点是数量扩张,经费投入尚未形成清晰的机制。

无论什么时代,教育的器官都密切连着社会体中的其他制度、习俗和信仰,以及重大的思想活动[100]。这意味着高职教育应嵌入整个社会体系中,与国家的政治经济环境、文化传统、人口结构和劳动力市场参与等因素相互支持和促进，共同推动经济社会的发展进步。各因素中，文化传统对高职教育的影响尤为深远，一方面文化传统制约着高职教育的实践路径，另一方面高职教育的发展实践也促使民众反思，进而修正和更新人们观念形态的文化传统。总之，高职教育将与社会各要素形成错综复杂、相辅相成的利益关系，从而深深扎根于社会系统中，发挥强大的经济和社会职能。

作为一种教育形式，高职教育有其相对独立的发展规律。首先，它的根本目的是造就人才，这就要求其应向学生传授文化理论知识和生产生活技能，全面提升劳动者素质。其次，高职教育因产业发展需求而创设，因此兼具经济属性，即要将服务经济产业发展的理念渗透进人才培养的各个环节，这就要求在各环节中能够广泛吸纳产业、企业的力量。各国基于自身独特的文化价值观、政治管理体制和经济发展需求等，努力探索符合本国国情的产教融合制度。在此过程中，产业要求逐渐渗入高职教育的肌理，使高职办学与产业发展同向而行。

这一阶段，高职教育主要以人才培养来满足经济产业发展需要。因与产业的联系不够紧密，产业界对技能型人才的质量要求和数量需求还未充分传导至高职体系中，故社会经济发展的主要瓶颈问题是技能供求的不匹配和技术工人不足。为缓解技术工人不足的社会矛盾，高职教育办学主体基于经济理性，通常会逐渐增加招生人数，稳步扩大教育规模，以提高社会资源的利用效率。理论上说，一国高职总经费与其生均经费、招生人数有关，一定时间内生均经费涨幅不大，其主要影响因素是招生人数。招生人数不断上涨，因此总体投入显现增长势头。

2. 并行期

在不断的改革、调适过程中，各国逐步建立起各具特色的产教融合、财政拨款制度，推动高职教育人才培养与产业需求无缝对接，让高职办学与产业发展同步前行。这一时期，高职教育发展的三大主题是"质量、适切性和包容性"，经费投入上会借助内外部质量评估制度，并将外部评估与财政拨款相结合。

提高质量的关键在于让产业充分参与技能需求预测、质量标准认定环节，促进高职院校办学产出与国家产业进步和地方经济发展需求一致，助力产教融合。各成员国建立健全各种机制，着力吸纳产业等利益相关方共同参与技能需求预测,并以产业需求为导向,制定高职院校人才培养的质量标准,将产业要求贯穿于人才培养的全过程,提升教学质量和相关性。政府动员经济产业部门参与技能需求预测,把未来产业发展对技能人才的(数量和质量)需求传递出来,并借助相应的产业咨询组织,将其素质要求转化为学习者获得国家职业技术文凭和职业资格证书需达到的能力标准,这样既明确了高职院校的办学方向,又使全国范围内的企业雇佣到的技能型劳动者拥有大体一致的文化技能。至于具体的产业咨询组织,各国做法不尽相同,例如法国有专业咨询委员会,而有的国家则依靠产业技能委员会,它是一个由行业、教育者和政府共同参与,但由行业主导的组织,旨在规范和统一专业人才的能力要求[76]。

高职教育体系除应响应国家产业发展的宏观导向外,还需满足各区域经济社会的实际需求,提升体系的适切性。地方经济产业部门参与国家技能需求预测和教育质量标准认定,将各地对专业人才的数量、能力要求充分表达出来,同时让地方参与高职教育的管理,有助于因地制宜的协调实施国家职教政策,增强职业教育服务区域经济社会的能力。在教学环节保留一定的自主权,有利于教师根据本地生产实践的需要,灵活安排课程和组织教学。企业一线人员参与课程教学,使学生及时了解企业发展的最新动态。加强学生的实训管理,促进学生将专业基础知识应用于真实的工作情景。学院还提供技术培训等社会服务,推动生产技术的快速吸收和应用,带动地方经济发展。

伴随高职教育的深入发展,各国高等教育已渐渐进入普及化发展阶段。在普及化阶段,接受高等教育被看作是全体公民的权利和义务。普及高等教育的目的是使高等教育系统中社会阶层、种族和民族的分布合理,实现群体成就的平等[101]。这就要求高职招生更具包容性和多样性,接收更多的社会边缘人口进行高职教育,提升其专业技能素质,改善其就业和收入状况,促进社会的稳定团结。

该阶段高职教育发展呈现的突出问题是,由于行业企业更注重学生的实践性技能训练,而学生的课程教学、学业考评体系多由行业为主设计,学生的文化课成绩不计入其中或比重较小,致使学生忽视理论课程学习。学校必须使学习者为掌握各种技术奠定牢固的知识基础,帮助理解一些科学原理并训练他们有应用这些原理的能力[102]。高职院校应增大专业基础知识在课程学习、学生学业考核中的比重,让学生具有更为深厚的理论基础,使其毕业后能够顺利进入高等教育其他机构并完成相应的课程学习,增强其面对不确定未来世界的适应能力,为学生的全面成才、持续发展奠定坚实基础。

概而言之,产业要求已融进教育的肌理,成为高职教育发展的内生动力。高职教育主要以人才培养、社会服务推动产业进步,产业与高职教育统筹融合、良性互动,因而产业对技能型人才的(质量和数量)要求充分传递出来,具体反映在:一是契合本国国情的产教融合机制大体形成,高职教育供给侧与产业需求侧结构要素全方位融合;二是借助财政资助等手段,控制招生人数,因短期内一国经济社会发展对高职毕业生的数量需求变动不大,高职学习者人数趋于平稳,总体投入也相对稳定。

3. 引领期

随着技术更迭速度的加快、知识经济和全球化趋势的持续推进,社会发展越来越依赖兼具广泛理论知识、精湛专业技能,并富有发明和创新意识的人才,高职院校因此提升了技术技能人才的培养层次,加快发展本硕层次的专业学位教育,高职发展渐渐迈入引领期。此时,高职教育发展的核心议题是"本地化"和"国际化",经费投入机制创新体现为在院校办学产出中增加"应用性研究"内容,并将其与财政资助联系,院校也借助其吸收企业经费。

为引领技术变革和产业进步,高职院校致力于培养一支接受过良好教育和技术培训的劳动力队伍,去创造、分享和应用知识;与企业等其他组织形成有效的创新体系,去挖掘不断增长的全球知识贮存,消化吸收以适应本地需要,并生成新技术[103]。具体来说,高校可以以四种方式来满足社会期望,带动地方经济发展:一是提供受过良好训练的毕业生、高质量研究成果来吸引和留住国际企业;二是在企业生产新产品、提供新服务过程中给予帮助;三是丰富产品和服务,改进生产流程来升级现有产业;四是创新产业并以研究支撑产业链的延伸[104]。

伴随经济全球化的深入推进,全球劳动力市场迅速扩大,技术人员的国际交流和跨国流动日益频繁。在此过程中,人们可能会因为自身的种族、宗教和政治信仰等引发争端和冲突,这就要求技能型人才能够本着尊重多元性、相互了解和平等价值观的精神,对文化差异和文化多元性持理解和宽容的态度[105]。这也意味着高职教育应让学生学会与他人一起共同生活,同时还需培养其在多元文化背景下独立思考、批判性和创造性分析以及妥善解决争议的能力。

经济全球化使得国际企业不断进驻,如何吸引国际企业参与国家技能需求预测、教育质量标准认定,以及怎样平衡本地与国际企业的技能需求,将二者对技术人才的能力要求整合进高职教育体系,这些问题深深地困扰着各国政府。政府可考虑通过税收、补贴等途径鼓励外资企业参与技能需求预测、职业资质认定,向学生传授更多的通用技能以及加强职业院校师生的国际流动等来满足全球化背景下产业提质升级的需要。

总而言之,高职教育以人才培养、社会服务和应用性研究来引领地方经济发展,重塑产业发展格局。高职院校办学符合国家产业发展的宏观导向,并与地方企业协同创新、知识共享,从而使企业牢牢扎根本地,积极参与国际竞争。因产业进步需要更多既有深厚的理论功底,又有高超职业技能、强烈创新意识的产业工人,各国逐渐把高职教育升级为专业学位教育,高职办学规模很小,学习者也极少,所以高职总经费投入很小(高职教育升级为本硕层次的专业学位教育,高职院校也将升格为应用技术学院,对本硕层次专业学位教育的经费投入将计入"本科高校①"类,此时高职教育的学习者人数很少,故其总体投入就很少)。

重新审视高职教育的发展演进历程,还可看出:一是高职教育发展逻辑的变化将会引发其制度变迁,用一种效率更高的制度替代原有制度,动力在于主体——"经济人"的"成本—收益"计算[106]。高职教育制度变迁多以法律和行政命令形式引入和实行,例如法国的社会合作制度,芬兰则依托专门的法律,辅以富有成效的政府引导(既最大限度地保障院校自身的自治性,又使院校的办学产出符合本国产业进步和区域经济社会发展预期)。换言之,高职院校办学将由"他律"走向"自律"(财政资助只是国家引导高职教育发展实践符合本国产业和地方经济社会期望的一种手段)。

二是高职院校开展社会服务先于应用性研发。学院通过社会服务密切与产业、企业的联系,了解国家产业发展的最新动向,洞悉当地企业经营的实际需求,初步建立起各种合作机制,为双方进一步协同创新奠定坚实基础。

三是并非所有国家的高职教育发展都经历前述三个阶段。部分国家根据自身经济产业发展策略、人口结构等,高职教育采取了跨越式的发展战略,例如芬兰基于产业转型升级的政策目标,并切实考虑到人口等制约因素,因而升级了高职教育的办学层次,直接进入引领期。

---

① 对本硕层次专业学位教育的经费投入将计入"Tertiary type A & advanced research programmes (ISCED 1997)"或"Long-cycle tertiary (ISCED 2011)"中。

（五）经验借鉴

OECD 国家高职教育在提升学习者知识技能水平，促进就业和推动经济社会发展方面发挥了重要作用，其在财政拨款机制、社会服务和应用型研究具体形式以及层次升级、发展脉络等方面的经验和做法，值得我们学习和借鉴，具体体现在以下四方面：

1. 相对健全的政府拨款机制

财政拨款机制，具体来讲：

首先，以中央与地方政府职教协议的签署来助推产教融合。中央与各省级政府签订《职教中短期合作协议》，详细规定各地高职教育的办学产出目标以及相应的资助金额，使各地高职教育办学契合国家经济发展战略和产业发展宏观导向。

接着，以地方高职教育年度计划的编制来满足各区域经济社会的实际需求。各省级高职主管部门综合区域内行业、政府、企业家和高职院校需求，编制《高职教育年度发展规划》，翔实阐述该地区本年度高职重点项目、办学产出目标和资金需求等。获政府批准后，经费的管理和分配权下放到地方高职主管部门。

然后，以资金分配来细化高职院校的产出目标。地方高职负责部门与辖区内各高职院校协商确定需交付的教学产出目标，并订立《办学产出和经费拨付协议》。《协议》明确具体课程的课时数和经费拨付金额。由于高职课程本身的复杂性，具体拨款数额还应参照各地经费水平、学院之前的相关费用记录和各协议具体的内容安排（农村和偏远地区特定情况下可适当增加部分费用）。

最后，以监测报告来规范经费的使用。中央相关部门每年在各自的《工作报告》中，为各省高职教育的办学产出提供专门的章节，详细叙述并评估各地高职教育的办学产出，细致展现国家协议中目标的达成状况。国家级职教研究机构每年将各高职院校的课程、招生和财务等信息，以及用人单位、学习者满意度和学生学习成果等的调查数据，向社会公开发布。地方高职主管部门按照相关立法和财务管理要求，对辖区内各高职院校的财务、非财务信息进行季度性评估。根据评估结果,调整经费划拨。各高职院校则遵照资助协议和合同要求,扎实办学。

2. 丰富的社会服务及应用型研究形式

一是社会服务的具体形式,如下:

首先,以设施租赁和活动承办来拉近与企业的距离。学院礼堂、会议室和教室可向社会开放,餐厅可承办酒会或员工活动。

其次,以咨询和定制培训来密切与企业的联系。学院提供专业化咨询和定制培训服务,提升企业员工知识技能水平,加快先进技术的转化应用。

最后,以实验室服务来深化校企合作。高职院校利用设备、人员方面的优势,提供实验室服务,为企业产品的开发、测试等提供便利。

二是应用型研究强化校企协同创新、知识共享。

学院可与企业建立各层次的合作伙伴关系,凭借自身跨学科、专业化的教师和创新性学生团队优势,为企业解决疑难问题;评估创意和发明的业务前景,并对其商业推广提出建议;为企业申请外部研发和创新资金;将企业产品和服务理念快速发展成形等,主动参与企业产品和服务的升级改造、技术创新和产业孵化。企业则按约向学院支付服务费用。

3. 高职教育的升级主要是由经济发展需求所致

高职教育是高等教育大众化、普及化的重要组成部分;人均GDP在2万—3万美元之间时,高职教育办学规模将呈现缩减趋势;高职教育升级主要是由经济发展需求所致。

4. 高职教育发展的大致脉络是它与产业发展的相对关系;若将此关系进一步细分,可分为追赶期、并行期和引领期三个阶段(表3.10)

一是追赶期。伴随科技进步和产业的转型升级,国家经济发展急需一大批接受过高等教育的技能型产业工人,以追赶产业发展进程。为满足产业部门的人才需求,各国大力发展高职教育。该阶段,高职教育发展的基本职能是人才培养,主要任务是规模扩张,经费投入尚未形成清晰的机制。

各国基于自身独特的文化价值理念、政治管理体制和经济发展需求等,努力探索符合本国国情的产教融合制度。在此过程中,因高职教育与产业、企业的联系不够紧密,产业界对技能型人才的质量要求和数量需求还未充分传导至高职体系中,故经济社会会同时出现技能供求的不匹配、技术工人不足现象。

由于高职毕业生能在一定程度上提高劳动生产率,且其就业率、相对收入较高,因此各国积极扩大办学规模,着力增加学习者数量。一国高职教育总经费与其生均经费、学习者人数有关,一定时间内生均经费涨幅不大,其主要影响因素是学习者人数。学习者人数增多,则总体投入显现增长势头。

因总经费增长,所以一些国家的财政性投入难以在短时间内满足高职教育快速发展的需要,故这些国家通常会鼓励企业、学习者等社会力量共同举办高职教育,以弥补财政投入的不足、调整和完善高职教育的治理结构。

依据各国办学体制和办学主体的差异,OECD 国家高职教育经费投入大致形成四种典型模式:一是学习者投入为主、政府为辅模式;二是政府与企业共同投入模式;三是政府投入为主、学习者为辅模式;四是政府绝对主导模式。

二是并行期。随着产业的持续发展,国家经济发展逐渐由知识创新、技术应用来驱动,经济增速趋缓,就业市场对新增劳动力的需求不足,社会就业形势日益严峻,青年失业现象不容忽视。为提高办学质量和促进社会(含青年)就业,国家仍将继续发展高职教育,以持续改善经济生产效率和增强经济社会的凝聚力。

在不断的发展、改革和调适过程中,各国逐步建立起各具特色的产教融合、财政拨款制度,使得高职教育与产业发展同步。这一时期,高职教育主要以人才培养、社会服务推动产业进步,高职教育发展的三大主题是"质量、适切性和包容性",经费投入借助内外部质量评估,将高职院校办学产出与财政资助相联系。

高职教育体系提升办学质量的关键在于让产业参与技能需求预测、质量标准认定。政府动员经济产业部门参与技能需求预测,把未来产业发展对技能人才的(数量和质量)需求传递出来,并借助相应的产业咨询组织,将其素质要求转化为学习者获得国家职业技术文凭和职业资格证书需达到的能力标准,这样既明确了高职院校的办学方向,又使全国范围内企业雇佣到的技能型劳动者拥有大体一致的文化技能。

高职教育体系还需满足各区域经济社会的实际需求,提升体系的适切性。地方经济产业部门参与国家技能需求预测和教育质量标准认定,将各地对专业人才的数量、能力要求充分表达出来,同时让地方参与高职教育的管理,有助于因地制宜的协调实施国家职教政策,增强职业教育服务区域经济社会的能力。

伴随高职教育的深入发展,各国高等教育已逐渐进入普及化发展阶段。这就要求高职招生更具包容性和多样性,接收更多的社会边缘人口接受高职教育,提升其专业技能素质,改善其就业和收入状况,促进社会的团结和睦。

由于产教需求紧密对接,产业对技能型人才的数量需求充分传递出来,因中短期内一国经济社会发展对高职毕业生的数量需求变动不大,政府会依托财政资助等形式,有序开展招生教学,即学习者人数趋于平稳,总体投入也渐趋平稳,总经费渐趋平稳。但企业等社会力量仍会借助经费投入参与高职院校办学,这不仅可使其办学更加贴合企业实际需求,还能使其办学协调社会各方利益,促进院校办学的特色性和差异性。

该阶段高职教育发展呈现的突出问题是:部分国家制度设计的缺陷,导致学习者重视职业技能训练,忽视理论课程学习。高职教育体系应增大专业基础知识在课程学习、学生学业考核中的比重,让学生具有更为深厚的理论基础,促进其继续学习,增强他们面对不确定未来世界的适应能力。

三是引领期。在经济全球化和知识经济背景下,国家经济发展主要依靠知识创新和高新技术的发明、应用。这一时期,经济产业发展对技能型人才的专业素质提出了更高的要求,当然这也导致部分低技能的社会成人和青年就业不足甚至长期失业。与此同时,随着经济社会的进一步发展,人口老龄化现象加剧,劳动力市场中技能型劳工短缺的状况长期掣肘经济发展。

基于以上因素,高职院校提升了人才的培养层次,加快发展本硕层次的专业学位教育,高职发展渐渐迈入引领期。此时,高职教育发展的核心议题是"本地化"和"国际化",高职教育以人才培养、社会服务和应用性研究来引领地方经济发展,经费投入机制创新则表现为在院校办学产出中增加"应用型研究"内容,并将其与财政资助联系,院校也借助其吸收企业经费。

但是,国家仍会保留高职教育这一课程形式(但规模极小),以继续吸引社会成人和青年就读,促进社会(含青年)就业。由于其办学规模极小,即学习者极少,故总经费也极少。

尽管总经费很少,但此时高职教育已以社会服务、应用性研究等服务于区域经济社会,并透过二者继续吸收社会性投资,从而将社会需求快速传递至高职教育体系中,增强其应变能力,并催生新的学科生长点。

这一阶段,经济全球化使得国际企业不断进驻,如何吸引国际企业参与所在国的技能需求预测、教育质量标准认定,以及怎样平衡本地与国际企业的技能需求,将二者对技能型人才的能力要求整合进国家职业资格框架体系,这些问题深深地困扰着各国政府。政府可考虑通过税收、补贴等途径鼓励外资企业参与技能需求预测、职业资质认定,高职院校亦可教授学生更多的通用技能和加强师生的国际交流等来应对这一难题。

重新审视高职教育发展的演进历程,还可看出:

① 高职教育发展逻辑的变化将会引发其制度变迁,高职教育制度变迁多以法律和行政命令形式引入和实行,例如法国的社会合作制度,芬兰则主要依托专门的法律,辅以积极的政府引导。换句话说,国家对高职院校的管理从"他律"走向"自律"。

② 高职院校开展社会服务先于应用性研发。学院通过社会服务密切与产业、企业的联系,洞悉当地企业经营的实际需求,初步建立起各种合作机制,为双方进一步协同创新、知识共享奠定坚实基础。

③ 并非所有国家的高职教育发展都经历前述三个阶段。部分国家根据自身经济产业发展策略、人口结构等,高职教育采取了跨越式的发展战略,例如芬兰基于产业转型升级的政策目标,切实考虑到人口等制约因素,因而在人均 GDP 位于 2 万—3 万美元之间时,升级了高职教育的办学层次,直接进入引领期。

OECD 国家高职教育总经费的投入主体、影响因素及其变动路径等,展示在经济社会、高等教育发展的不同时期,高职总经费投入的总体轨迹和战略考量,为我国高职教育发展的顶层设计、战略规划和宏观投入机制等提供参考。期望借鉴发达国家高职教育发展规律的同时,结合我国劳动力人口数量、年龄结构和经济发展水平,积极探索符合我国实际的高职教育经费投入机制,努力构建中国特色的现代职业教育体系,为我国的现代化建设做出更大的贡献。

与此同时,随着我国职业教育的深入发展,全日制和非全日制职业教育将共同发展,这就要求有相应指标能度量这一时期高职院校学生的生均培养经费。然而,指标应如何设,随着经济社会的发展,学习者个体的总体经费投入将展现怎样的变化趋势,趋势又体现着高职决策者怎样的发展倾向等。基于此,本书将参考 OECD 成员国高职教育发展投入的指标设置经验和相关经费数据,重新审视数据的变动情形,探寻数值变动背后的真正原因。

OECD 用"高职院校生均累计经费"来衡量高职学习者生均总费用,它反映了每名高职学习者(含全日制和非全日制)在学期间全社会对其的总体投入状况。分析 OECD 国家的生均累计投入数据,梳理其变动趋势、影响因素和

三、OECD国家高职教育总经费研究

数量变化关系等,明晰经济社会发展不同时期高职教育的功能演变历程,对我国高职院校开放办学时段、落实高职学习者的经费投入有着直接的参考价值。

从前述分析可知,2012年OECD许多国家的高职教育已升级为本科、硕士层次的专业学位教育,因此OECD在2011年之后已不再公布高职教育经费投入的一些相关数据,例如高职院校的生均累计经费,故该数据的年限分布为1997—2011年,下一步将就此年份内生均累计经费数据展开分析。

四、OECD国家高职院校生均累计经费投入分析
——基于1997—2011年数据的统计与分析

随着我国经济结构的调整和产业的转型升级,对在生产、服务等一线岗位工作的技术技能型劳动者的需求不断增加,技能型人才的培养力度也随之日益加大。技能型人才的培养需要与产业、企业相互渗透、深度融合,职业教育"全日制和非全日制协调发展"成为趋势。这需要在教育经费中体现出来,以利于人才培养工作的有序推进。

按照《现代职业教育体系建设规划(2014—2020年)》中"增加非全日制职业教育在职业教育中的比重,实现全日制职业教育和非全日制职业教育的统筹管理"的战略部署,以及2019年《政府工作报告》中"改革完善高职院校考试招生办法,鼓励更多应届高中毕业生和退役军人、下岗职工、农民工等报考"的工作安排,我国职业教育将采用更加开放、灵活的管理和教学方式,来满足人民群众日益多样化、个性化的教育需求。

在职业教育的体系链条上,培养高层次技术技能型人才的任务主要由高职院校承担。高职院校现阶段以向适龄青年提供全日制教育为主,人才培养成本主要用"生均(年度)经费"来进行衡量。非全日制学习者的加入和增长,不仅让高职院校的学生管理、课程安排和教学组织等不同于以往,而且这部分学生可能会因为种种原因,提前或延迟毕业。因此,这些非传统学习者的学习时间很难再用"学制年限"来量度,这也使得"生均经费"不能再成为衡量高职教育微观投入的唯一参考指标。

然而,应该怎样设置指标来统计该阶段高职学习者个体的培养费用,以促进高职投入更加合理。随着经济社会的发展,学习者的生均培养经费将呈现怎样的变化趋势,趋势背后又隐含着高职决策者怎样的战略意向等。对这些问题的深入研究,将会为我国相关政策议题提供理论参考和实践指导。

四、OECD国家高职院校生均累计经费投入分析

OECD成员国在增强区域经济社会竞争力、培养技术技能型人才方面成绩显著,在高职教育发展投入方面的经验尤其值得深入分析和探讨。1997—2011年间,OECD国家高职院校办学开放、灵活,学习者入学亦是全日制和非全日制并存。OECD采用"平均年限"来描述高职学习者的平均受教育时间,"生均累计经费"来测度高职院校办学的生均总费用。高职院校生均累计经费是指高职课程期间一国平均培养每名高职学习者的总体费用,与高职教育平均年限、生均经费密切相关。平均年限是根据该国每位高职学习者(包括全日制和非全日制)的学习时间计算得出,生均经费则基于全日制折算而成。

本节尝试分析1997—2011年①OECD成员国高职院校生均累计投入的变化情况,力图揭示生均累计投入的内部制约因素以及变动规律,凸显经济社会发展不同时期高职教育的功能演变脉络,旨在为我国制定全日制和非全日制并重发展时期的高职教育投入政策提供分析思路,推进我国现代职业教育体系的兼容惠普,满足全体青年和成人的基本学习需要,进而消除贫困、增加就业和增强社会和睦[107]。

(一)变动情形

1. 投入概况

为充分说明OECD成员国高职院校生均累计经费的变化情况,需要先对1997—2011年间OECD各国高职教育平均年限、高职院校生均经费等相关数据进行描述性统计分析(表4.1)。

---

① OECD只公布了此时间段内各国高职院校的生均累计经费数据。鉴于在发展过程中许多国家的高职教育已升级为本硕层次的专业学位教育,因此2012年OECD撤销了该指标。

表 4.1　1997—2011 年 OECD 国家高职院校生均累计经费投入概况

变量名称	有效值个数	最大值	最小值	均值	标准差
生均经费(X_1)(美元)	252	23 780	1 135	7 110.57	3 187.16
平均年限①(X_2)(年)	244	5.00	1.10	2.38	0.59
高等教育毛入学率②(%)(X_3)	415	113.7	9.0	60.6	18.7
人均 GDP(X_4)(美元)	483	89 732	5 966	27 971.45	11 985.38
生均累计经费(CY)(美元)	147	44 002	6 052	17 227.74	7 652.56

附注 2:1997 财年高职院校生均累计经费,与 1997—1998 学年即 1998 年高等教育毛入学率相对应,按此类推;为方便比较,后者以财年计。

高职教育平均年限(X_2)有效值个数为 244,均值为 2.38 年,标准差为 0.59,说明各国高职学习者平均受教育时间相对均衡,最大值为 5.00 年(1997 年和 2003—2006 年希腊)。接下来将简要介绍 1997 年和 2003—2006 年希腊的经济社会背景、高职教育办学实践,从而来具体说明这些年份平均年限为 5 年的原因:

希腊经济发展长期伴随着贫困、社会排斥、经济不平等问题[108],国家经济的三大支柱产业分别是海运业、侨汇和旅游业,工业基础能力不强,工业总产值占国民经济的比重偏低。

1997 年和 2003—2006 年希腊经济基本保持在较高的增长水平,人均 GDP 也随之大幅增长。人口总量较少,人口结构的明显特征是:人口老龄化程度严重,移民人口快速增长(1995—2005 年,移民人口从 15.3 万增至 76.2 万)[109]。社会(含青年)失业率尽管仍然偏高,但是逐年稳步下降,尤其是 2006 年社会失业率降至 9%[110],青年失业率低至 16.7%[93],社会失业形势得到有效改善。

希腊高职教育课程(EQF 5)主要包括两种:一是公私立职业培训机构提供的 IEK 课程(课程持续五个学期,可连续或分段学习);二是高级专业学校

---

① 1997—2002、2009 年 OECD 部分国家的高职教育平均年限分别是用该国 1995、2008 年的数据来标识的;若全部剔除这部分数据,经相关统计处理后,有效样本数过小。综合考虑平均年限数值本身浮动较小,故研究暂将其纳入数理统计分析。

② 为保证研究中数据的一致性,此处的高等教育毛入学率数据摘引时间为 2019 年 10 月 2 日;但本节主要内容已刊发,当时此项数据的摘录日期是 2016 年 8 月 3 日,二者数值略有不同,使得模型中函数系数也有所差异,但不影响研究结论。

(higher professional schools)提供的高职课程（课程至少需要两年的学习时间,最长五年）,这些学校的运营会受到旅游部、文化部等的监督[55]。高职课程是短期模块化课程,通常不超过120个学分[111]。高职教育课程以公共资助为主,例如IEK课程资金75%来自欧洲社会基金(ESF),25%来自希腊国家预算;根据希腊宪法,高等教育是公立的,完全由国家免费提供[112],故高级专业学校也主要接受公共财政资助。

1997年和2003—2006年希腊高职净入学率较高,平均年限为5年,生均经费略有收缩（2006年数据缺失）。高职学生均在公立机构参与课程学习,学习形式基本为全日制。从高职毕业生的就业率和相对收入数据看,他们的就业表现和收入状况良好。

综合来看,1997年和2003—2006年希腊经济社会持续快速发展,但备受产业结构不合理、社会贫困、社会排斥、经济不平等、人口老龄化、移民人口的社会融入、社会（含青年）失业等问题困扰。希腊工业基础能力不强,工业不能吸纳足够多的劳动力就业,造成该国社会失业率很高,青年失业率更是长期保持在高位。而人口老龄化则又将导致未来一段时期内劳动力供给不足,制约经济发展。

为扩大社会就业、支撑经济增长,希腊扩大高职净入学率,略微削减生均经费,同时将平均年限调整为5年,旨在吸纳更多的民众参与高职课程学习,以此来化解人口老龄化对经济社会的不利影响。这些举措,不仅可提升社会公众（含青年）的文化技能素质,增强他们的就业能力,改善社会就业形势;而且能提高其收入水平,缓解社会贫困;又能均衡社会收入差距,一定程度上改善经济不平等现象;还能为经济建设培养和储备大批的高层次产业工人,推动经济增长;也能将社会移民等有效地整合进教育系统,使其快速融入劳动力市场,有助于消除社会排斥,增强经济社会的凝聚力,维护社会稳定。

综上所述,1997年和2003—2006年希腊高职教育平均年限为5年的根本原因是为了促进经济增长、维护社会稳定,以后者为主。

平均年限（X_2）最小值为1.1年（1997年意大利）,同上,本节将分析其具体原因：

意大利制造业发达,中小企业数量众多,主要生产中等技术含量的消费品;服务业快速发展,已成为国家经济的重要产业。1997年经济增速为1.9%[91],人均GDP为21 265美元,为近二三十年来该国经济发展的黄金时期。该国人口总量偏少,老龄化程度严重。社会（含青年）失业率长期居高不下,就业形势极其严峻(1997年意大利社会失业率为11.3%,青年失业率25.7%)。

高职课程主要由高等技术学院(Higher Technical Institutes,简称 ITS)提供,具有高中学历的个人(包括成人)均可报读[54]。课程由国家教育部(MIUR)、地区和自治省份、社会伙伴共同规范[113],且以政府资助为主。课程为期4个学期,最长不超过6个学期[54]。学生学完全部课程,通过最后考试后,可获高级技师证书;凭此证书,学习者可直接进入劳动力市场,或通过学分认证参加大学课程学习[54]。

1997年,高职净入学率为1%,平均年限为1.1,生均经费为5 206美元。学生主要在私立院校(在私立院校的学生比例为55.2%,公立院校为44.8%)就读,且均以全日制形式参与课程学习。高职毕业生的就业表现和相对收入良好(1997年就业数据缺失,暂以2003年数据代表,2003年就业率为87%(M,M代表男性),74%(F,F代表女性));1997、1998年高职毕业生收入数据缺失,暂以1998年相关数据反应,1998年25—64岁人群中高等教育学历人口的相对收入为127(高中和高中后非高等教育=100)。

概而言之,1997年意大利经济迅猛增长,同时还备受人口总量较少、老龄化程度严重、社会(含青年)失业等问题困扰,使得雇佣市场对新增劳动力的需求强劲。基于本国的人口结构性特征、高职学习者的就业情况,政府保留一定规模的高职教育,并将生均经费投入保持在较高的水平上,以鼓励和吸纳民众进入高职教育体系学习。与此同时,平均年限下调至1.1年,极力缩短技能型人才的培养时间,将其迅速投放劳动力市场,满足经济发展和产业进步的需要,这样既可缓解社会(含青年)的就业压力,又为经济的快速发展提供有力的人才支撑。因此,研究认为1997年意大利高职教育平均年限为1.1年的根本原因是,助力经济增长,维护社会安定,以前者为主。

高等教育毛入学率(X_3)有效值个数为415,最大值为113.7%(2011年希腊),均值为60.6%,标准差为18.7%,说明各国高等教育发展规模差距较大。

人均GDP(X_4)、高职院校生均经费(X_2)和生均累计经费(CY)均以当年的美元价格进行了购买力平价折算。人均GDP有效值个数为483,均值为27 971.45美元,标准差为11 985.38,反映各国国民收入水平差异很大;生均经费有效值个数为252,均值为7 110.57美元,标准差为3 187.16,生均经费差异较大。

生均累计经费(CY)有效值个数为147,最大值为44 002美元(2001年意大利),2001年意大利高职院校生均累计经费很高的根本原因是：

2001年意大利经济增长率1.8%,人均GDP为25 377美元,经济发展势头良好。社会失业率为11.8%,青年失业率25.7%,社会就业状况极其不乐观。为缓解社会(含青年)就业压力,2001年意大利将高职院校生均经费上调至13 456美元,平均学习年限增至3.3年。

如前,该国高职教育课程大致由政府资助,增加生均经费,延长平均学习年限,意在吸引更多的公民就读,进而缓解社会(含青年)就业压力,维护社会的和谐稳定。从理论上分析,生均累计经费应与生均经费、平均学习年限二者直接相关；生均经费很高,平均学习年限较长,生均累计经费当然也就很高。因此,2001年意大利高职院校生均累计经费很高的主要原因是为了维护社会稳定。

生均累计经费最小值为6 052美元(2001年匈牙利),2001年匈牙利社会的物质基础较为薄弱,人民的收入水平相对较低,故当年培养每位高职学习者的生均总投入也较低(详细分析见后)。

生均累计经费(CY)均值为17 227.74美元,标准差为7 652.56,结果表明1997—2011年期间OECD各成员国高职院校生均累计经费投入差异较为明显。

2. 变动情形

为了进一步阐述1997—2011年OECD成员国高职院校生均累计经费的变动状况,研究接下来对其投入情形进行具体展示。因时间跨度较大,生均累计投入(CY)的数值起伏较为复杂,本研究将一国首末年份生均累计经费的差值作为界定标准,若$CY_{初}-CY_{末}<0$,则为增长型,反之则为下降型(此定义方式也将用于界定生均经费、平均年限的变动情形)。经观测分析,本书选取有代表性的趋势和国家如下：一是增长型,以法国、匈牙利(1998年才将高职教育引入公共教育体系,故数据有所滞后)、德国、韩国和西班牙为代表。此外,匈牙利生均累计投入的增长走势较法国平缓(图4.2)；二是下降型,以瑞士为代表,进一步分析见后。

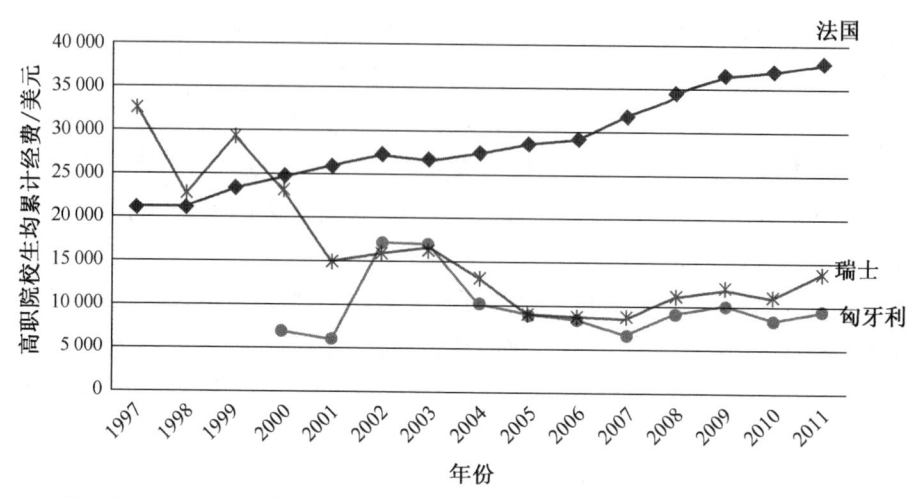

图 4.2　1997—2011 年匈牙利、法国和瑞士高职院校生均累计投入的变动趋势图

（二）影响因素

从学理上看，高职院校生均累计经费与高职教育平均年限、生均经费存在关联。高职教育的发展投入也与该国高等教育系统规模、人民物质生活水平密不可分，并且从 1997—2011 年 OECD 各国数据也可看出，生均累计投入与高等教育毛入学率呈中低度负相关，与人均 GDP 则呈中低度正相关（表 4.2）。因此本研究假设高职院校生均累计经费（CY）的变异可由高职教育平均年限（X_1）、高职院校生均经费（X_2）、高等教育毛入学率（X_3）和人均 GDP（X_4）四个结构性变量来进行解释。

表 4.2　OECD 国家高职院校生均累计经费与高等教育毛入学率、人均 GDP 的相关性

	高等教育毛入学率	人均 GDP
生均累计经费	－0.28**	0.38**

注：*.在 0.01 的水平（双侧）上显著相关。

研究采用 EViews 8.0 对 1997—2011 年 OECD 国家高职院校生均累计经费数据进行归因分析。为使模型呈线性，CY、X_1 和 X_4 以自然对数形式引入。运行结果如表 4.3(a)和(b)所示，回归模型通过显著性检验，调整后 R^2 为 0.99，$DW=0.44$。

四、OECD国家高职院校生均累计经费投入分析

表4.3(a) 高职院校生均累计经费的回归分析

变量	系数	标准误	t检验	显著性
C	−0.48	0.16	−2.97	0.00
$\log(X_1)$	1.01	0.01	73.46	0.00
X_2	0.36	0.011	48.76	0.00
X_3	−0.00	0.00	−1.02	0.31
$\log(X_4)$	0.04	0.02	2.31	0.02

表4.3(b) 高职院校生均累计经费的回归分析

变量	系数	变量	系数
R^2	0.99	因变量均值	9.63
调整R^2	0.99	因变量标准差	0.49
回归系数的标准误	0.05	赤池信息准则	−3.02
残差平方和	0.27	施瓦兹准则	−2.89
最大似然估计值	160.64	汉南-奎因准则	−2.97
F检验	2 272.91	德宾系数(DW值)	0.44
显著性	0.00		

根据其残差分布图(图4.3),残差项连续为正和连续为负[114],表明该回归模型存在自相关。结合BG检验[115]结果(表4.3),辅助回归方程滞后一阶的t检验值显著,表明该模型存在一阶自相关。

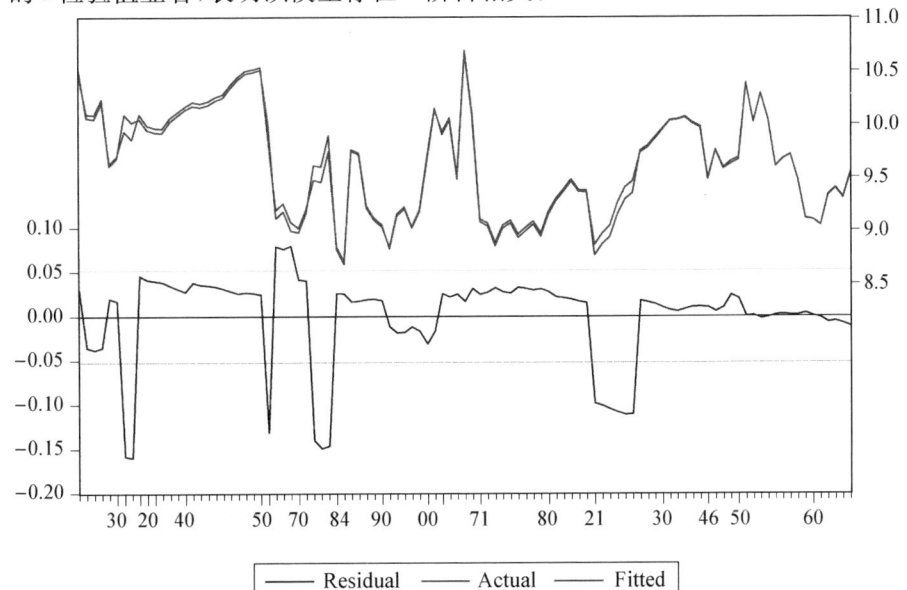

图4.3 高职院校生均累计经费回归分析的残差图

表 4.4(a)　BG 检验结果

变量	系数	标准误	t 检验	显著性
C	0.01	0.12	0.05	0.96
$\log(X_1)$	−0.00	0.01	−0.3	0.77
X_2	−0.01	0.01	−1.04	0.3
X_3	−0.00	0.00	−0.26	0.8
$\log(X_4)$	0.00	0.01	0.28	0.78
滞后一阶	0.74	0.1	7.14	0.00
滞后二阶	0.03	0.12	0.21	0.83

表 4.4(b)　BG 检验结果

变量	系数	变量	系数
R^2	0.45	因变量均值	−0.00
调整 R^2	0.41	因变量标准差	0.05
回归系数的标准误	0.04	赤池信息准则	−3.57
残差平方和	0.15	施瓦兹准则	−3.39
最大似然估计值	191.03	汉南-奎因准则	−3.5
F 检验	12.87	德宾系数(DW 值)	1.7
显著性	0.00		

根据表 4.4 所示,$DW=0.44$,结合残差分布图,说明回归模型存在自相关;参照 BG 检验结果(表 4.4),认为该回归模型存在一阶自相关,即高职院校当年的生均累计经费受该国前一年此项的生均累计投入影响。简而言之,OECD 各国由于高职院校生均累计投入的连续性而形成惯性,使得本年度生均累计经费受上一年度生均累计投入的制约。

为了准确揭示生均累计经费与各自变量的内在联系,研究采用广义差分法来消除序列自相关。结果显示(表 4.5):回归模型显著,调整后 R^2 趋近于 1,DW 值接近 2,即在 5% 的显著性水平下,调整后的回归模型已基本无自相关。t、F 统计量也均达到理想水平。

四、OECD国家高职院校生均累计经费投入分析

表4.5(a) 高职院校生均累计经费的广义差分回归分析

变量	系数	标准误	t检验	显著性
C	−0.05	0.45	−0.12	0.9
$\log(X_1)$	0.99	0.01	87.43	0.00
X_2	0.29	0.01	29.37	0.00
X_3	−0.00	0.00	−0.17	0.86
$\log(X_4)$	0.03	0.04	0.72	0.48
$AR(1)$	0.88	0.04	20.74	0.00

表4.5(b) 高职院校生均累计经费的广义差分回归分析

变量	系数	变量	系数
R^2	1	因变量均值	9.62
调整R^2	1	因变量标准差	0.49
回归系数的标准误	0.03	赤池信息准则	−4.33
残差平方和	0.06	施瓦兹准则	−4.17
最大似然估计值	205.36	汉南-奎因准则	−4.27
F检验	6 087.69	德宾系数(DW值)	1.74
显著性	0.00		

根据表4.5所示的各变量间数量关系,1997—2011年OECD国家高职院校生均累计经费的数据模型为:

$$\Delta\ln CY_t = -0.05 + 0.99 \times (\Delta\ln X_{1t}) + 0.29 \times (\Delta X_{2t}) \quad [AR(1)=0.88] \tag{4-1}$$

即 $\ln CY_t - 0.88\ln CY_{t-1} = -0.05 + 0.99 \times (\ln X_{1t} - 0.88\ln X_{1t-1}) + 0.29(X_{2t} - 0.88X_{2t-1})$。

按照表4.5所示,对1997—2011年OECD国家高职院校生均累计经费(CY)进行归因分析,(转换后)生均经费($p.=0.00$)、平均年限($p.=0.00$)均显著,回归系数分别为0.99和0.29;高等教育毛入学率($p.=0.86$)和(转换后)人均GDP($p.=0.48$)均不显著,说明生均累计经费的影响因素主要是高职院校生均经费(X_1)和高职教育平均年限(X_2)。

高等教育毛入学率(X_3)和人均GDP(X_4)不显著的原因是:从理论上分析,生均累计经费的增加值($\Delta\ln CY$)与高等教育毛入学率增量(ΔX_3)相关度极低;人均GDP的确是高职教育发展投入重要的物质基础,但是模型中还存在另一变量——生均经费,生均经费的影响要素之一也是人均GDP。换句话

说,人均GDP对生均累计投入增长的促进作用已经通过生均经费进行了有效传递,因而出现表4.5所示的统计结果。据此,研究认为:生均累计经费存在投入惯性,其首要影响因素是该国此项的生均经费。

(三)变动类型

依据上述研究,生均累计经费的主要影响因素是高职院校生均经费、高职教育平均年限。根据1997—2011年这二者的变动情形,研究将OECD成员国分为三种类型(图4.4):一是平均年限缩短、生均经费增长形成的生均累计投入增加的国家,以匈牙利、韩国为代表;二是平均年限延长、生均经费增加引起的生均累计投入增加的国家,以法国、德国和西班牙为代表;三是平均年限缩短、生均经费减少造成的生均累计投入降低的国家,以瑞士为代表。

	平均年限延长、生均经费降低 国家	平均年限延长、生均经费增长 国家(法国、德国和西班牙等)
	平均年限缩短、生均经费降低 国家(瑞士等)	平均年限缩短、生均经费增长 国家(匈牙利和韩国等)

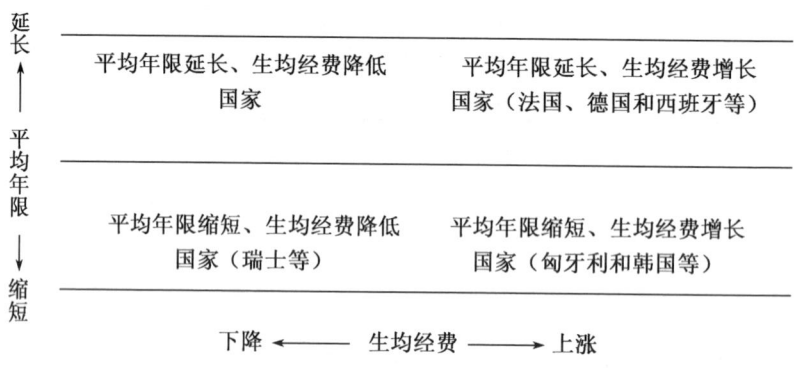

图4.4 OECD国家高职院校生均累计经费的变动类型图

鉴于一国高职院校的经费累计投入受制于该国的政治经济环境、高职教育办学实践等,为更好地说明生均累计投入的变动情形,彰显其变动机理,挖掘数据变动背后的根本动因,本研究接下来将以匈牙利、法国和瑞士三国为典型案例,对其进行深度解析。

1. 平均年限缩短、生均经费增加、生均累计投入上涨

匈牙利高职教育的平均年限,在2000—2006年时均为2年,2007—2009年小幅下滑至1.84年,随后有所上涨,2010和2011年为1.85年;大体看,1997—2011年平均年限略有下降(图4.5)。

四、OECD 国家高职院校生均累计经费投入分析

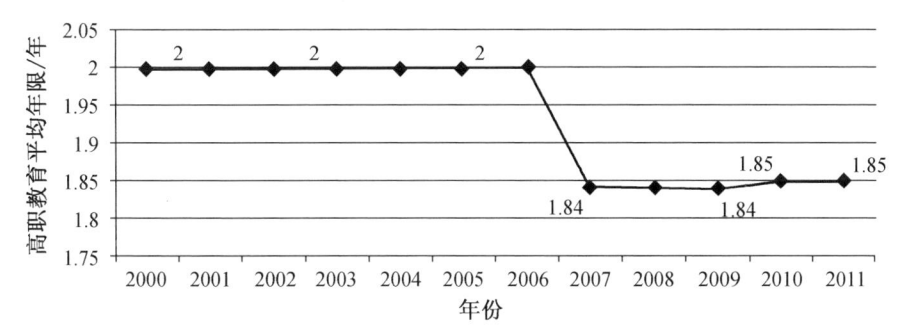

图 4.5　1997—2011 年间匈牙利高职教育平均年限的变动情况图

该国高职院校的生均经费,2000 年为 3 474 美元,2001 年经费数值有所降低(3 026 美元),其后两年经费投入大幅上涨,分别升至 8 691 美元和 8 427 美元,随后的各年份经费数值有所回落,2011 年生均经费为 5 213 美元;总体看,生均经费投入呈现增长趋势(图 4.6)。

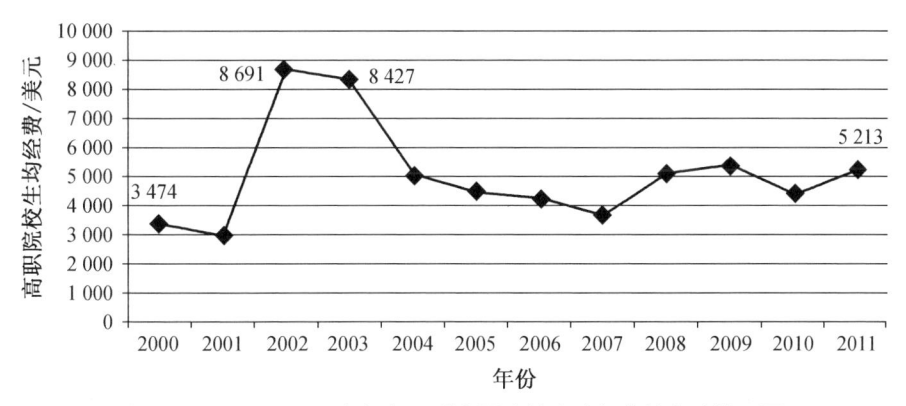

图 4.6　1997—2011 年间匈牙利高职院校生均经费的变动情况图

国家高职院校的生均累计经费,2000 年为 6 949 美元,2001 年该项数值有所降低,2002 年和 2003 年生均累计投入剧增,后续各年份数值略有起伏,2011 年生均累计经费达到 9 664 美元;整体来看,匈牙利生均累计经费投入处于增长态势。

(1) 政治经济背景

二十世纪八十年代中后期以来,匈牙利政局变动,经济体制由计划经济向市场经济转轨。截至 1997 年,市场经济体制已基本确立。该国工业基础较强,制造业在其中扮演了举足轻重的作用。服务业(含旅游业)发展较快,是国民经济的重要部门,该行业吸纳了绝大多数的劳动力。

经济合作与发展组织国家高职教育的经费投入研究

1997—2011年,匈牙利经济总体持续增长,人均GDP从9 875美元增至22 413美元,从中高收入经济体逐渐成长为中等发达国家。2006年末,由于不断增长的财政赤字、国债和各种紧缩措施,经济在全球金融危机来临前已陷入停滞状态;受全球金融危机冲击,2009年经济萎缩6.8%;2010年出口大幅增长,带动经济复苏[116]。各地区的经济社会发展差异很大,许多地区仍旧不发达。在某些行业、职业和地区,技术工人短缺(和工人技能不足)已经阻碍了经济的发展[116]。

该国人口总量较少,老龄化程度严重,社会失业形势严峻。人口总量偏少,生育率非常低,并且仍在持续下降;65岁及以上人口占比不断上升,2011年已经超过16%,人口严重老化;劳动年龄人口比例略有上升,为经济的持续发展奠定了良好的人力资源支撑,但是该年龄阶段人口总量开始减少[116],预计未来若经济形势向好,就业市场中劳动力供给很可能会偏紧,技术工人也会相应不足。匈牙利社会大量民众失业,2011年社会失业率高达11%;年轻人也未能幸免,其失业率尽管有所下降,但依然处于较高水平,青年失业形势极不乐观(表4.6)。

表4.6 1997—2011年匈牙利高职教育发展概况

	1997	2003	2009	2011
GDP年度增长率(%)	3.1	4.1	−6.6	1.9
人均GDP(美元)	9 875	15 112	20 154	22 413
人口总数(百万)	10.3	10.11	10.0	10.0
生育率	1.4	1.3	1.31	1.21
劳动年龄人口比例(%)	67.9	68.6	68.7	68.6
65岁及以上人口比例(%)	14.6	15.4	16.5	16.8
移民人口数(百万)	—	—	—	—
社会失业率(%)	—	5.9	10	11
15—29岁青年人既不在职又不在学或在训的比例(NEET)(%)	23.7	18.8	17.7	18.5
高等教育毛入学率(%)	30.1	60.1	63.7	61.5
25—64岁高职学历人口的就业率(%)	—	84(M) 82(W)	82.2(M) 81.2(W)	79
25—64岁就业人群高职学历人口的相对收入(高中或中等后非高等教=100)	—	144	134	127
25—64岁人口中具有高职学历的比例(%)	—	—	1	1

注:M代表男性,W代表女性,下同。

（2）高职办学实践

科学技术的不断进步和经济产业的深入发展，要求劳动者具有更高层次的学历和职业资质。为提振经济，匈牙利政府积极扩张高等教育办学规模，以培养和造就更多接受过高等教育和技能训练的产业工人，来提高劳动生产率。

1997—2011年，匈牙利毛入学率从30%增加到64.5%，高等教育已处于普及化发展阶段。高等教育的极大发展部分受益于高职教育事业的大力推进。截至2011年，该国高职教育净入学率已升至16%，入学人数显著增长，办学的规模效应日益凸显。政府设置高职项目，旨在向学习者提供能快速适应劳动力市场需求的短期模块化培训，结业时授予他们更高水平的职业资格[117]。

中央和地方各界共同治理高职教育，推动其有序发展：国家经济部（NGM）负责监督高职教育的运行，县级发展和培训委员会（MFKB）提交职教规划，商会（MKIK）也发挥重要作用等[116]。此外，社会合作伙伴也积极参与其中[118]。

高职课程持续四或五个学期，包含实践性培训[117]，学习者可以通过全日制、非全日制两种方式参与课程学习。高职课程只能由学院（fiskola）或大学（egyetem）提供，但其培训部分（实际上一半情况是）在高校的监督下，基于合作协议在中职学校（SZKI）中完成[117]。毕业生不仅可获相应的职业资质，进入劳动力市场；还可借助学分转换，将学分转换为同一专业领域学士学位课程的学分[117]，进入普通高校继续深造。

匈牙利正在开发职业资格框架体系，质量保证机制在逐步完善：国家职业和成人教育学院已建立职业教育和培训质量保证体系（EQAVET），匈牙利商会（MKIK）也对职业教育办学质量负责[118]。

高职教育由政府财政经费和社会资助，以前者为主：高职课程可以由中央、地方政府、教会、商业实体或基金会提供，这些机构按照生均费用标准接受国家资助，企业实训则由职业培训费或国家雇佣基金来进行资助[118]。

2000—2011年，匈牙利高职教育净入学率不断提高，高职教育规模快速扩张（图4.7）；高职院校生均经费不断攀升，2002和2003年，生均经费暴增至8 691美元和8 427美元，反映匈牙利发展高职教育的急迫性；平均年限由2年缩短为1.85年，全日制学生比例下降，非全日制学生比例上升，2011—2012学年高职学习者平均年龄为23岁。因生均经费增加，平均学习年限略有缩减，生均累计经费的主要影响因素为生均经费，故生均累计经费投入呈现增长趋势，且增长走势较为平稳。

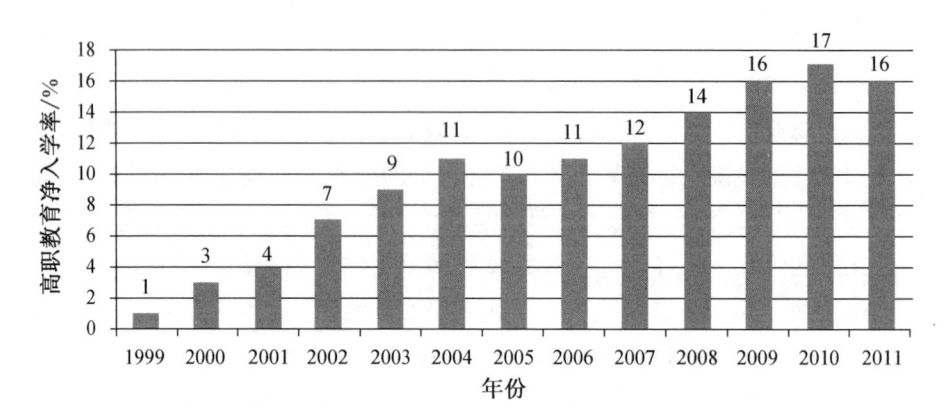

图4.7 1997—2011年间匈牙利高职教育净入学率的变动情况图

因高职课程与劳动力市场需求有相当的联系,高职毕业生的就业率、收入状况良好。尽管高职毕业生就业率相当高,然而就业群体中具有高职学历的人口比例极低,这或许是经济领域中其他地方市场扭曲或制度失灵产生的错误信号误导的结果[119]——匈牙利普通高校(5A)学生有更好的社会声誉和更高的薪资[117]。

(3) 小结

20世纪末21世纪初,匈牙利政局变动,经济发展跌宕起伏,但是已初步确立起以制造业、服务业为支柱产业的市场经济体制,然而该国劳动年龄人口中高职学历人口比例偏低,某些行业、职业和地区技术工人的不足制约了其经济增长。

与此同时,该国人口总量偏少,生育率很低,人口老龄化程度严重,劳动力人口不足,政府只能扩大高等教育办学规模,尤其是在公共教育体系中增设高职教育课程,并扩大高职教育办学规模,为高度专业化的工作培养技能型劳动者,满足劳动力市场需求,提振经济。

为推动经济的持续增长,匈牙利政府着力完善高职教育管理的体制机制,由国家经济部门牵头,调动中央和地方各界的力量参与高职课程办学;改善课程设置,加强其与劳动力市场的联系并完善高职毕业生的升学机制,努力吸引更多的学生就读;逐步提高高职教育净入学率,增加高职学习者的参与机会;增加高职院校生均经费,以求吸引更多的高职学习者;平均年限由2年减少至1.85年,缩短技能型人才培养周期,旨在更多更快的造就技术技能型劳动者,以填补就业市场中技能型劳工的需求缺口,带动社会(含青年)就业,释放经济

四、OECD 国家高职院校生均累计经费投入分析

增长潜力,促进经济增长。

2. 平均年限延长、生均经费增加、生均累计投入增长

法国高职教育的平均年限,1997—2001 年为 2.8 年,2002 年下滑至 2.77 年,2003—2011 年增加至 3 年;总体看,1997—2011 年该国平均年限处于增长趋势(图 4.8)。

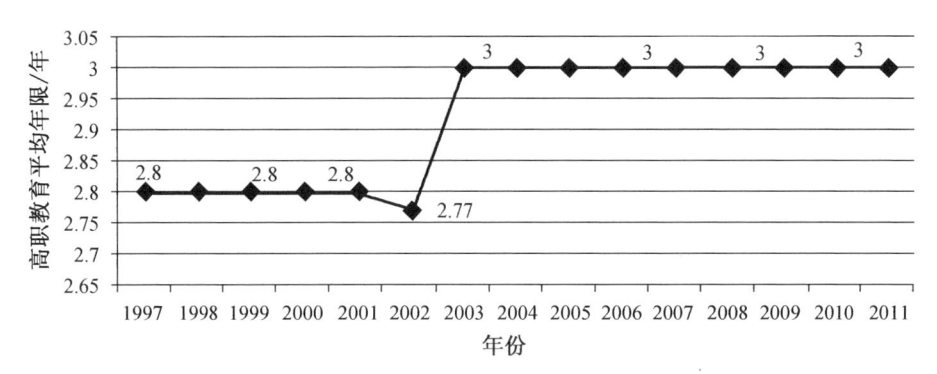

图 4.8　1997—2011 年间法国高职教育平均年限的变动情况图

该国高职院校的生均经费,1997 年为 7 683 美元,后续年份经费投入略有起伏,2011 年为 12 554 美元;大体看,1997—2011 年该国生均经费投入不断增加(图 4.9)。

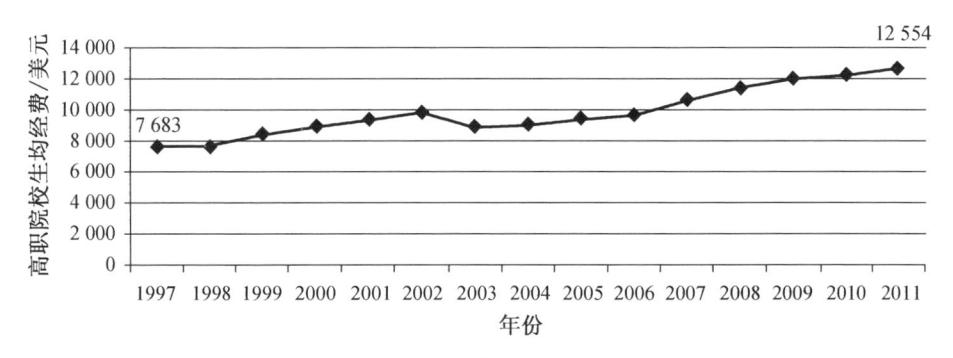

图 4.9　1997—2011 年间法国高职院校生均经费的变动情况图

国家高职院校的生均累计经费,1997 年为 21 265 美元,随后各年份经费投入稳步增长,2011 年升至 37 662 美元;整体看,该国生均累计经费投入逐渐增加。

(1) 经济社会背景

法国拥有悠久的重商主义传统,推崇人文主义教育。它是西欧重要的工业化国家,社会福利制度完善,人们物质生活水平很高。该国工业基础雄厚,钢铁业、汽车业和建筑业是国民经济的三大重要行业。服务业发展迅猛,是法国经济的支柱性产业,吸纳了七成的从业人员。近年来,法国着力发展高新技术产业,知识创新和专业技能已成为国家经济增长的重要源泉。

20世纪90年代末21世纪初,法国经济大体低速增长(表4.7),人均GDP由21 293美元增至36 391美元,国民物质收入水平不断提高。2000—2007年底,该国经济年均增长率为2.1%;2008年,特别是2009年,受金融危机冲击,经济遭受二战以来最为严重的萎缩;2010和2011年,经济开始恢复;同时因欧元区主权债务危机影响,经济增长仍较为缓慢[120]。

表4.7 1997—2011年法国高职教育发展概况

	1997	2003	2009	2011
人均GDP(美元)	21 293	28 373	33 724	36 391
人口总数(百万)	59.8	62	64.5	65.1
生育率	1.7	1.9	2.0	2
劳动年龄人口比例(%)	65.2	65.0	64.9	64.5
移民人口数(百万)	—	0.2	0.2	0.2
社会失业率(%)	12.3	8.5	9.1	9.2
高等教育毛入学率(%)	53.9	53.5	54.9	57.9

法国人口总量较多且连年增长,老龄化程度严重,移民人口数不断增长。该国是欧洲大陆第二大人口大国,人口结构的显著特征是较高的生育率、较低的死亡率及大批外国移民,人口总量日益增长[96]。65岁及以上人口比例连续攀升,劳动年龄人口比例略有下滑,移民人口数不断上升,劳动力市场中各类人才的供给相对宽裕。社会失业率高,其中青年失业尤为突出,2011年15—24岁人口的平均失业率为22.1%[120]。

(2) 高职办学现状

为促进社会就业尤其是青年就业,法国稳步发展高等教育,1997—2011年间毛入学率从53.9%升至57.9%,处于普及化发展阶段。高等教育事业的稳步推进离不开高职教育的平稳发展,1998年高职教育净入学率为21%,其后各年份数据略有缺失,研究暂以该国高职院校的生师比(图 3.9)从侧面加以刻画。高职教育的进一步发展为法国社会培育了一大批高素质的技能型劳动者,从而有力地推动了经济产业向前发展。

依托社会合作制度,中央和地方共同管理高职教育,增强高职教育服务国家和区域经济社会的能力:(国家)教育部负责制定职业教育政策,并代表国家开发和授予职业资格[121]。(地方)为更好地协调实施国家职教政策,区域就业和职业培训委员会(CCREFP)成立,以促进不同机构间的合作[95]。其次,区域经济和社会理事会(CESR)是地区政策制定者的咨询机构[95]。为了进行必要的分析,各地区还需依靠区域就业和培训观测站(OREF)[95]。

高职办学主要由大学技术学院(IUT)、高级技术员班(STS)等实施,高职教育文凭和证书对应职业资格Ⅲ级(EQF 5 级),学制两年[48]。因增设高职文凭的初衷是使学生融入就业市场,故课程内容根据经济需求来编排,由国家、地区共同协商确定课程定位和组织具体内容[48]。高职课程由学校教育和职业培训组成。为确保办学成效,国家在课程框架内定义了进度规则并在办学机构中实行学习者淘汰机制,即第二学年学生升学与否取决于其在前一年中持续评估的学习成果[48]。

法国高职教育办学质量由内部评估和外部评估共同保障:依据《大学自由与责任法》(LRU)所强化的高校自治原则,管控高校教学质量的首要责任在于办学机构本身,这使得内部评估成为国家教学质量保障体系的重要组成部分[122]。高职机构主要接受高等教育与研究评估署(AERES)的外部评估,外部评估是在国家总体框架内,评估机构的自身定位、办学目标、办学过程是否存在功能失调及改进措施等[122]。

高职教育经费主要由国家和地区行政管理机构提供:国家负责支付教师和其他教育指导人员的工资,地方当局承担投入和业务活动资金[121]。

学员从大学技术学院毕业获大学技术文凭(DUT);从高级技术员班结业获得高级技师证书(BTS)[48]。法国社会对高职毕业生的能力认可度较高,25—64 岁人口中具有高职学历的比例较高,高职学历人口的就业率、相对收入也较高(见表 4.6)。高职毕业生继续学习一年,考核合格后,可获得职业学士(Licence pro)。

1997—2011 年,法国高职教育净入学率一度高达 21%;提高高职院校生均经费投入,平均学习年限由 2.8 年延长至 3 年,因生均经费和平均年限都在增长,故生均累计投入显现增长态势。

（3）小结

简而言之,法国经济低速增长,同时还需面对人口总量增加、移民人口整合、青年失业等社会问题。由于法国的经济发展主要由知识创新和专业技能应用驱动,经济增速较低,雇佣市场对新增劳动力的需求疲软,青年失业形势极为严峻;然而人口总量增加,其中移民人口数不断增长,这使得移民人口的社会整合问题成为困扰法国经济社会发展的重要议题。

为促进青年就业和移民人口的社会融入,法国扩大高职教育的招生规模,增加高职院校的生均投入,接纳更多的学习者更新知识和技能;平均年限由2.8年增加到3年,延长高职学生的课程学习时间;并畅通毕业生的升学通道,让更多的学习者留在教育体系内,推迟其进入就业市场的时间,缓解社会就业压力,这样不仅使学生有更深厚的知识技能储备和更高的职业资质,而且有助于降低社会暴力、政局动荡的风险,维护社会和谐稳定。

与此同时,1997—2011年匈牙利和法国高职院校的生均累计投入都呈增长趋势。据上述分析还可看出:尽管匈牙利、法国的生均累计投入同处增长趋势,但表现形式略有不同,高职教育发展的战略目标也就有所不同。前者旨在促进经济增长,后者意在维护社会稳定。

3. 平均年限缩短、生均经费下降、生均累计投入降低

瑞士高职教育的平均年限,1997—2001年为2.2年,2003—2011年缩减至2.19年;总体看,1997—2011年该国平均年限处于下降趋势(图4.10)。

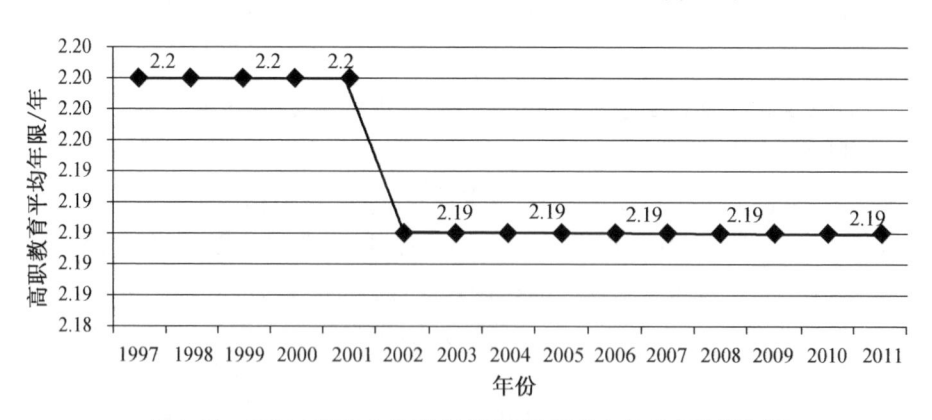

图4.10 1997—2011年间瑞士高职教育平均年限的变动情况图

该国高职院校的生均经费,1997年为14 825美元,随后各年份经费投入

尽管有所起伏,但是总体不断下滑,2011年降至6 371美元;整体看,1997—2011年瑞士生均经费投入持续下降(图4.11)。

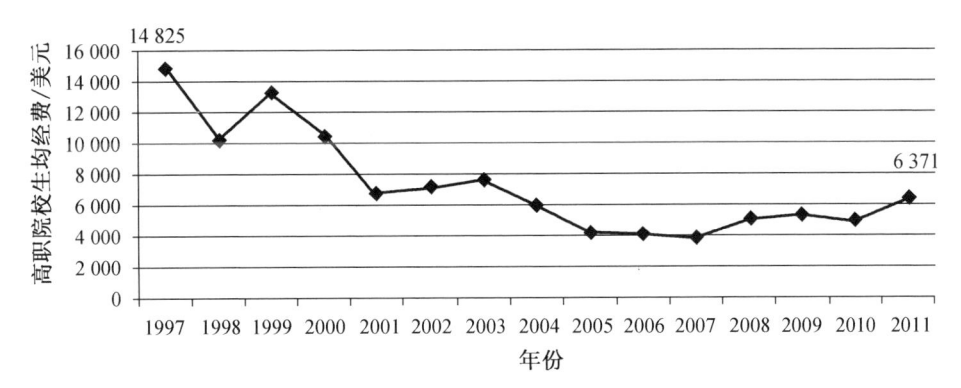

图4.11 1997—2011年间瑞士高职院校生均经费的变动情况图

瑞士高职院校的生均累积经费,1997年为32 420美元,后续各个年份经费略有起伏,但总体有所回落,2011年下降至13 932美元;总体来看,这一时期该国生均累计经费投入连续降低。

(1) 经济社会背景

瑞士社会稳定,人民物质生活水平很高,其在竞争力、创新能力等多项指标表现上位居世界前列。国家矿产等自然资源匮乏,主要工业原料依靠进口;重视农业生产,着力发展工业,机械制造业、制药业为国家支柱性行业;服务业快速发展,其中银行业、旅游业是瑞士重要的经济部门。该国对内实行自由经济政策,对外倡导自由贸易。

九十年代后期以来,瑞士经济整体平稳增长,人均GDP从25 902美元增加到51 582美元,属于高度发达的经济体。市场小而开放,已紧密融入欧洲和全球贸易网络:2009年外商对内直接投资存量占瑞士GDP的94%,2010年与欧盟的贸易额占贸易总额的68%,贸易集中于少数的高端小众市场[123]。市场的开放性和服务的专业性是瑞士经济发展的核心优势,这也在一定程度上造成了该国经济的脆弱性[123]。

瑞士人口总量较少,生育率水平总体有所上升,但是依然很低;65岁及以上人口比例超过17%,老龄化程度严重(表4.8);移民人口比重较大,移民人口数持续增加,从而使人口总量逐年增加,劳动年龄人口比例整体有所上升,这预示着未来瑞士的经济发展仍然有人口红利可以挖掘。社会失业率很低,社会就业形势良好;青年失业率低于OECD组织平均水平,年轻人的就业较为充分。

表 4.8　1997—2011 年瑞士高职教育发展概况

	1997	2003	2009	2011
GDP 年度增长率(%)	2.2	−0.1	−2.2	1.9
人均 GDP(美元)	25 902	33 217	44 773	51 582
人口总数(百万)	7.1	7.3	7.7	7.9
生育率	1.5	1.4	1.5	1.5
劳动年龄人口比例(%)	67.4	67.8	68.1	67.9
65 岁及以上人口比例(%)	15.0	15.7	16.7	17.0
移民人口数(百万)	—	0.1	0.1	0.1
社会失业率(%)	—	—	—	4.4
15—29 岁青年人既不在职又不在学或在训的比例(NEET)(%)	10.2	11.4	10.7	—
高等教育毛入学率(%)	35.3	45.6	52.9	55.5
25—64 岁高职学历人口的就业率(%)	97(M) 85(W)	95(M) 84(W)	95.3(M) 88.8(W)	92
25—64 岁就业人群高职学历人口的相对收入(高中或中等后非高等教育=100)	137	141	138	141
25—64 岁人口中具有高职学历的比例(%)	9.0	10	11	11

(2) 高职办学现状

科学技术的日新月异和知识经济的深入发展,需要大批高素质专业化的技术技能型劳动者。为进一步推动经济产业的发展进步,瑞士逐步提高高等教育毛入学率,1997—2011 年间毛入学率从 35.3%升至 55.5%,办学规模有序扩张。高等教育事业的持续深入发展部分归因于高职教育的稳步推进,1998 年高职教育净入学率为 15%,后续各年份有所起伏,但是总体不断增长,2011 年净入学率高达 23%(图 4.12)。高职教育的健康发展为瑞士经济社会培养和造就了一大批掌握扎实专业技能的产业工人,为社会的繁荣稳定提供了坚实的人力资源支持。

瑞士高职教育体系由专业教育和培训、联邦 PET 文凭考试和 PET 高级文凭考试组成,由联邦、州和行业组织联合管理。具体而言,高职教育管理遵

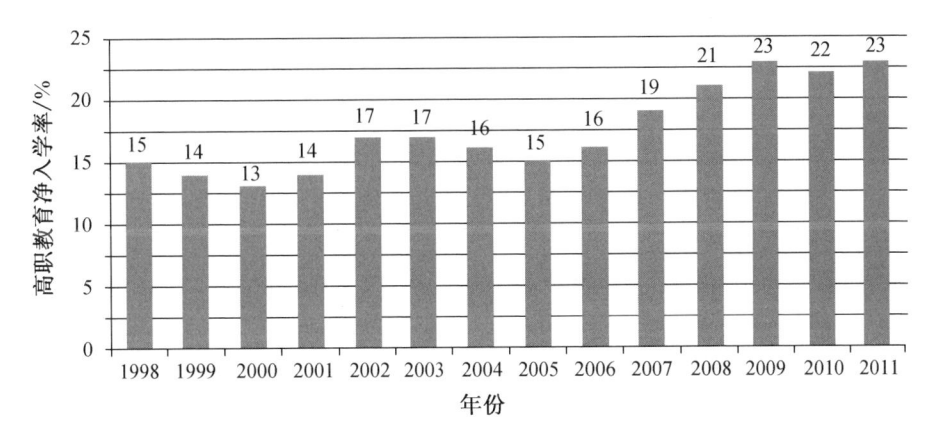

图 4.12 1997—2011 年间瑞士高职教育净入学率变动情况图

照《联邦专业教育培训法(VPETA)》执行,由联邦、各州和行业组织共同管理,即在联邦立法的基础上,行业组织编排和审定课程内容,州则负责具体的课程教学[124]。

专业教育和培训主要在专业教育与培训学院(PET 学院)内完成[49]。专业教育课程分为全日制和非全日制两种形式,全日制课程含实训,学习时间两年;非全日制则至少三年,旨在向学习者提供在某一专业领域执行技术、管理任务所需的职业技能[49]。

联邦 PET 文凭考试和 PET 高级文凭考试由行业组织(OdA)举办,这些考试高度关注劳动力市场的需求,并与专业实践直接相关[49]。备考课程主要以非全日制形式提供,持续 3 至 4 个学期,按照学习领域的不同,备考课程可在夜间、周末或工作日开设[49]。

内外部质量评估合力保障高职毕业生的专业素质达到产业部门的能力要求:内部评估作为联邦认证程序的一部分,PET 学院必须提供有关其质量保证和质量体系发展的相关信息,联邦 PET 文凭考试和 PET 高级文凭考试的规定由 SERI 负责批准,并监督考试[125]。《联邦经济事务部(FDEA)关于认可专业学院课程最低要求的规定》明确了 PET 学院的外部评估要求[125]。

瑞士高职教育主要由政府、学习者和雇主共同承担办学经费:专业教育课程以公共资助为主,具体为联邦向州一次性支付 PET 资助费用,各州再与 PET 学院签订含总体经费预算的服务协议,PET 学院负责调配资源并对费用支出负责[126]。联邦 PET 文凭考试、PET 高级文凭考试的备考课程费用主要由学习者和雇主承担[126]。

瑞士25—64岁人口中具有高职学历的比例很高,高职学历人口的就业率也很高(表4.8)。完成高职课程后,学习者可申请进入应用技术大学或大学继续学习[127],为其多元发展提供可能。由于瑞士经济严重依赖外商投资,多数投资商(荷兰、美国、法国或英国)并不熟悉该国高职教育体系,因此不太愿意让员工参加备考或专业学院课程,也更喜欢为其所熟知的大学或应用技术大学的毕业生[123]。

1997—2011年,瑞士高职教育净入学率始终保持高速增长,高职院校生均经费大幅削减,平均年限也由2.2年缩短为2.19年,全日制高职学生比重较小,非全日制学生比重较大,且2011—2012学年高职学生平均年龄为28岁,高于OECD认可的高等教育新生常规入学年龄18—24岁,说明该时期瑞士高职学习者已经以社会成人为主。因生均经费不断下降,平均学习年限也有所缩减,故生均累计投入出现下滑趋势。

(3) 小结

综合来看,瑞士经济持续快速增长,同时还需化解自然资源匮乏、人口总量少、人口老龄化严重、经济发展高度依赖外商投资等一系列因素对经济社会的不利影响。

由于自然资源匮乏,国家着力发展机械制造业、制药业、银行业等高端制造业和现代服务业来带动经济发展;然而人口总量偏少、人口严重老化,促使国家积极发展高等教育,努力推进高职教育来提高国民的文化知识素质和职业技能水平,以提升本国产品和服务的国际竞争力,增强产品和服务的溢价能力,从而推动国家经济的持续增长和人民物质生活的不断改善。

但是,在技术进步和经济全球化背景下,瑞士经济发展高度倚重外商投资,这就需要高职教育体系不断革新来适应生产方式变革,以应对不断加剧的全球竞争及满足外资企业的人才需求,巩固本国在全球产业链中的地位。

瑞士将联邦PET考试、PET高级文凭考试证书等同于高职文凭,保障劳动者基本的文化素质和专业技能;并完善高职毕业生的升学制度,拓宽继续深造的渠道;提高高职教育净入学率,接收更多的社会成人升级知识和技能;人才培养时间缩短,生均经费锐减,表明该国这一阶段并不鼓励此课程形式。联系该国产业发展和劳工市场的需求状况,本研究认为:瑞士此举目的在于督促学习者继续升学,进一步提高劳动者的专业知识和职业技能水平,以增强其在全球产业体系中的国际竞争力。

综合以上对匈牙利、法国和瑞士等国高职院校生均累计投入变动状况的剖析,不难看出:高职教育的主要功能经历一系列的演变,从刺激经济增长到维护社会稳定再到促进学生升学。当然,这些功能并不是截然分开的,只是在经济和产业发展的不同时期,着重点不同而已。同时也因各国的政治、经济和人口等因素的差异,高职教育的功能发展可能出现跨越。

(4)经验借鉴

通过分析1997—2011年OECD成员国高职院校的生均累计经费数据,发现:生均累计经费存在投入惯性,其首要影响因素为该国此项的生均(年度)经费;生均累计投入都呈增长趋势的国家,实现路径不同,发展高职教育的目标侧重亦有所不同;经济社会发展的不同阶段,高职教育主要功能渐进式地从刺激经济增长到维护社会稳定再到促进学生升学。

为建设全日制和非全日制协调并举的现代职业教育体系,让高职教育办学更具包容性,使高职教育成为农村转移劳动力、下岗工人、老少边穷地区人民、残障人士和妇女等提升科学文化知识和生产生活技能的重要课程形式,我国可考虑在现有指标体系内,加入高职教育平均年限、高职院校生均累计经费两项指标,以此来衡量高职学习者的平均学习时间和生均总成本。

OECD国家高职院校生均累计经费的影响因素和变化情况等,反映高职教育多样化发展时期高职院校生均总成本的变动情形,可为我国高职教育全日制和非全日制并重发展阶段的经费投入提供借鉴。参考国外发达国家高职经费指标设置等已实施且行之有效的经验,有助于丰富中国特色现代职业教育理论体系,为大众提供更方便、灵活和个性化的职教学习形式,为实体经济培育更多具有专业技能和工匠精神的高水平技术人才,促进产业的优化升级和带动扩大就业,为保持经济的中高速增长做出应有的贡献。

尽管OECD仅公布了1997—2011年高职院校的生均累计经费数据,但是各国政府仍然发展高职教育(即使发达国家也保有较小规模),以促进社会就业、维护社会稳定,高职院校生均经费是反映高职教育微观投入非常重要的参考指标,因此OECD公布了1997—2019年间生均经费的数值,本书接下来将会对这一时期的生均经费数据进行解析,以期为我国相关的经费投入机制建设提供参考和借鉴。

五、OECD 国家高职院校生均(年度)经费投入分析
——以 1997—2019 年数据为例

2019年年初,我国政府启动"高职院校百万扩招"计划,随后教育部、财政部联合推进"双高计划",着力推动建设一批高水平的高职学校和专业群,加快培养高层次技术技能人才。为使上述政策规划更好的落地实施,同时贯彻落实《国务院关于加快发展现代职业教育的决定》中"完善经费稳定投入机制",以及《国家职业教育改革实施方案》中"健全经费投入机制……地方政府要按规定制定并落实职业院校生均经费标准"的工作部署,我们大致需要思考:随着经济社会的进步,高职院校生均经费投入可能会怎样变化,其主要影响因素有哪些;社会经济发展的不同阶段,生均经费的投入情况大体如何等。高职院校生均经费是指一国平均每年向每位高职学习者投入的培养经费,它反映每位学习者能够享有的资源,是衡量高职教育微观投入的重要参考指标。

经合组织(OECD)成员国教育、经济发展水平均很高,本章从变动情形、影响因素、整体状况等方面分析 1997 至 2019 年 OECD 国家高职院校的生均经费投入数据,以期为各地完善高职院校生均经费投入机制提供理论参考和经验借鉴,也为我国建设有中国特色的高职教育微观投入机制建言。

(一)变动情形

1. 投入概况

本章需先对高职院校生均经费相关指标的数值分布作简要介绍(表5.1),以便初步了解其投入概貌。

五、OECD国家高职院校生均(年度)经费投入分析

表5.1 1997—2019年OECD国家高职院校生均经费投入概况

	样本量	最大值	最小值	均值	标准差
高等本科学校生均经费(美元)	526	58 665	3 252	13 852.61	7 280.25
滞后一期的高职院校生均经费 (AY_{t-1})(美元)	424	29 173	1 135	8 718.77	4 857.74
高职院校生均经费(AY_t)(美元)	451	29 173	1 135	8 924.41	5 068.62

附注:1997财年高职院校生均经费,与1997—1998学年即1998年高等教育毛入学率、高等教育净入学率和高职院校生师比相对应,按此类推;为方便比较,后三者均以财年计。

本科高校生均经费是衡量一国本科高校微观投入的重要参考指标。本科高校生均经费的最大值为58 665美元(2019年卢森堡),最小值为3 252美元(2000年波兰),最大值是最小值的数倍,均值、标准差极大,突出反映了各成员国本科校生均经费投入水平的差异性。

滞后一期的高职院校生均经费(AY_{t-1})是指一国上一年度此项的生均投入。AY_{t-1}的最大值均为29 173美元(2019年英国),最小值为1 135美元(2000年波兰),最大值、最小值较为悬殊,均值和标准差也较高,表明上一年度各国对高职教育学习者个体的经费投入差异很大。

当年高职院校生均经费(AY_t)的最大值、最小值相差很大,均值和标准差也较高,表明当年各国对高职教育学习者个体的经费投入不甚均衡。

2. 变化情形

为大致说明各国生均经费的变动情况,本章拟对其投入情形进行具体描述。因所涉时间段较长,生均经费(AY)的数值涨落较为复杂,研究将一国首末年份高职院校生均经费的差值作为界定标准,若$AY_{初}-AY_{末}<0$,为增长型,反之则为下降型。经计算分析并兼顾数据的完整性,OECD成员国主要为增长型,以澳大利亚、德国(2010年数据缺失)、捷克、智利(2001和2013年数据缺失)、西班牙、法国、日本和韩国等国为代表。

为了更好地理解上述国家生均经费的变动情形,研究将这些国家再作细分,把生均经费大体稳定增加的国家界定为平稳增长型,以澳大利亚、法国和日本为代表(图5.1);把生均经费略有收紧的国家定义为缓慢增长型,以德国为代表(图5.2);末期生均经费显著增长的国家定义为急剧增长型,以捷克为

代表(图5.3);把生均经费变动幅度较大的国家定义为波动增长型,以智利为代表(图5.4);把后期其有所回落的国家界定为起伏增长型,以西班牙、韩国为代表(图5.5),进一步分析见后。

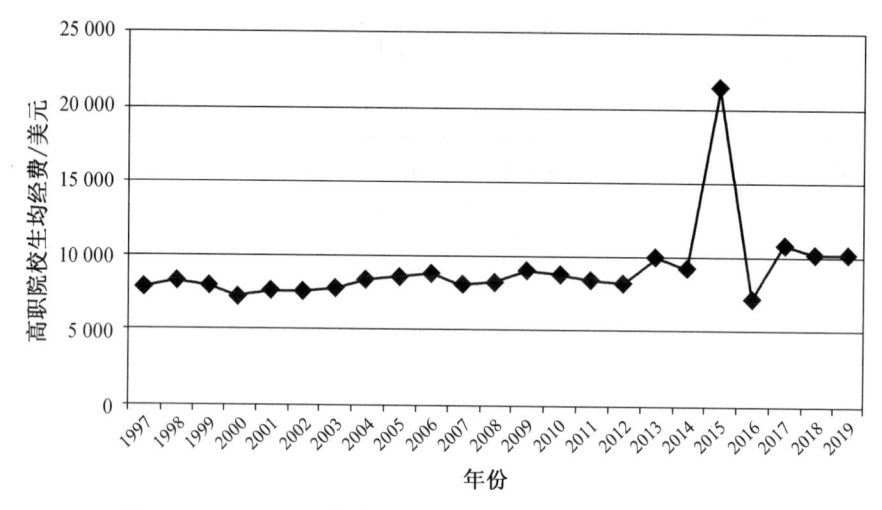

图 5.1　1997—2019 年澳大利亚高职院校生均经费的变化趋势图

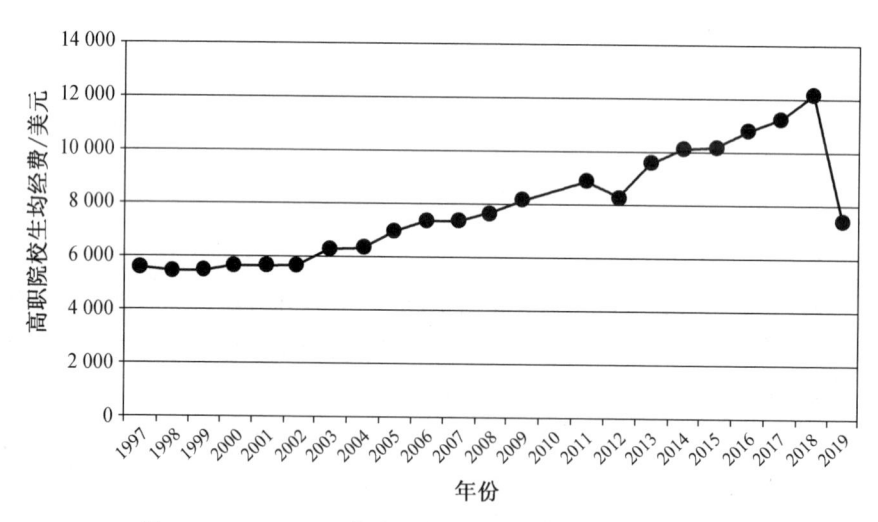

图 5.2　1997—2019 年德国高职院校生均经费的变化趋势图

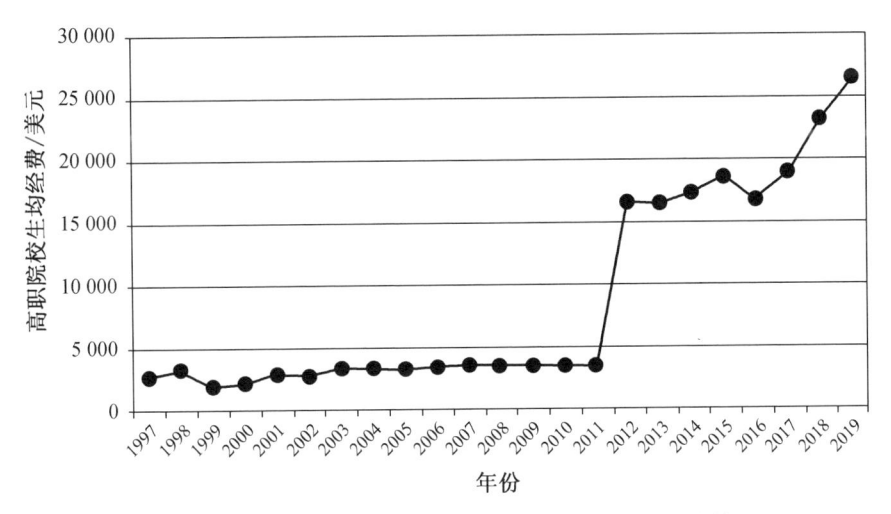

五、OECD国家高职院校生均(年度)经费投入分析

图 5.3　1997—2019 年捷克高职院校生均经费的变化趋势图

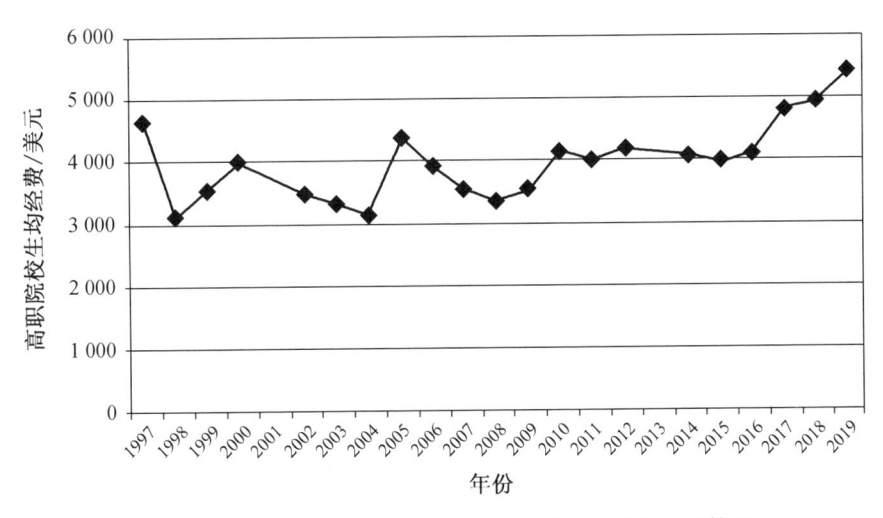

图 5.4　1997—2019 年智利高职院校生均经费的变化趋势图

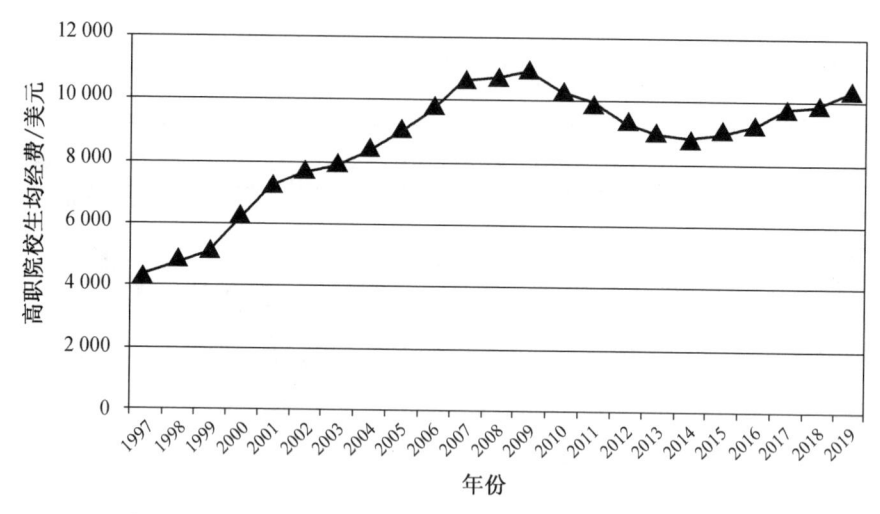

图 5.5　1997—2019 年西班牙高职院校生均经费的变化趋势图

（二）变动类型

因一国高职院校的生均经费投入与高职教育发展的内外部环境密切联系，为活化生均经费的变动脉络，揭示其背后的主要影响因素，本章结合 OECD 各国高职教育发展的经济社会环境、高职教育办学的具体实践，从理论上对其深度解析。研究接下来拟从上述角度对澳大利亚、德国、捷克、智利、西班牙等典型性国家生均经费的变动情况进行分析，以期更具体的刻画生均经费的主要影响因素。

1. 缓慢增长型

澳大利亚高职院校的生均经费，1997 年为 7 852 美元，随后各年份经费数据变动基本平稳，2015 年骤增到 21 290 美元，2016 年回落至 7 200 美元，2017—2019 年均保持在 1 万美元以上。整体看来，1997—2019 年澳大利亚高职院校的生均经费投入大体缓慢增长（图 5.1）。

（1）政治经济背景

澳大利亚是典型的移民国家，实行联邦、州（或领地）两级分权制。农牧业发达，矿产资源丰富，因此农牧业、采矿业是其传统行业。20 世纪 70 年代以来,国家一直在对经济结构进行调整,积极发展服务业、旅游业,故这两个行业发展很快。近年来,澳大利亚政府努力发展高新技术产业,行业竞争力不断增强。九十年代,受益于亚太经济体对铁矿石等自然资源的庞大需求,澳大利亚经济快速发展,经济增长率一直保持在较高水平。2008年全球金融危机袭来,国际大宗商品价格回落,矿产资源价格下滑,但是其服务业、旅游业发展迅猛,成为国民经济的支柱性产业,国家经济结构实现顺利转型,从而使得经济平稳健康发展。1997—2019年,该国人均GDP从22 582美元增长至52 632美元,属高度发达的经济体。

澳大利亚人口总量较少(表5.2),且生育率偏低,预示未来数十年内人口大幅增长的可能性不大;2019年65岁及以上人口比例为15.9%,人口严重老化,因而政府实行技术移民等政策(例如189技术移民签证要求:申请人身体健康、本科学历以上以及年龄在45岁以下),大力吸引接受过优质教育、掌握精湛技艺的年轻人,这也使得移民人口不断增多,劳动年龄人口比重持续攀升,劳动力资源基础雄厚。澳大利亚社会失业率逐年下滑,基本控制在5%—8%之间,社会失业状况得到有效缓解;青年失业率尽管显著下降,但是其数值仍然较高,青年的就业形势依然严峻。与此同时,土著居民与托雷斯海峡岛民的社会融入情况不容忽视。此外值得关注的是,澳大利亚劳动力市场更青睐拥有更高学历的劳动者,本科学历是入职的基本要求[128]。

表5.2 1997—2019年澳大利亚高职教育发展的基本情况

	1997	2003	2009	2015	2019
经济增长率 (%)	4.2	3.1	2.0	2.3	1.9
人均GDP(美元)	22 582	31 100	39 971	47 454	52 632
人口总数[129](百万)	18.4	19.7	21.7	23.8	25.4
生育率[130]	1.8	1.8	2.0	1.8	1.7
劳动年龄人口比例[131](%)	66.6	67.1	67.5	66.2	65.4
65岁及以上人口比例(%)	12.1	12.7	13.3	14.9	15.9
移民人口数[132](百万)	—	0.1	0.2	0.2	0.2
社会失业率[110](%)	8.4	5.9	5.6	6.1	5.2
15—29岁青年人既不在职又不在学或在训的比例(NEET)(%)	16.0	12.6	12.3	11.8	10.4
高等教育毛入学率(%)	—	—	—	121	114.2

(续表)

	1997	2003	2009	2015	2019
25—64岁高职学历人口的就业率(%)	92(M) 78(W)	86(M) 74(W)	88.3(M) 75.4(W)	82	81
25—64岁就业人群高职学历人口的相对收入(高中或中等后非高等教育=100)	103	107	111	107	116

(2) 高职发展实践

为促进经济的快速发展和改善青年失业状况等,高等教育体系不断扩张,2019年澳大利亚毛入学率达到114.2%,结合当年该国高等教育新生的国籍和年龄分布情况分析,研究认为该年度澳大利亚高等教育体系吸纳了大量的外国学习者和超过常规入学年龄的学生。高等教育体系的快速发展部分得益于高职教育的发展完善。20世纪60年代开始,高职教育大致经历生成、快速发展、重构和调整完善四个阶段(详见第三章)。九十年代末以来,澳大利亚高职教育发展处于调整完善阶段,法律法规逐步完善,制度框架进一步确立,以切实保障学习者权益和持续提升办学质量。

法律法规进一步健全,以促进学习者的积极参与,例如颁布《土著居民教育法(定向援助)》,旨在为土著居民提供更为公平的学习机会;实施《海外学生教育服务法》,该法案明确规定了向海外学生提供课程的教育机构的资质、义务以及教育机构违约时的处置方式[47]。

制度框架的完善和应用,推动办学质量不断提升,例如推行职业资格框架体系(AQF),将职业教育资格证书与学术文凭等值互通,促进高职毕业生的多元发展;引入国家培训框架(NTF),确保公私立职教机构提供的教育服务满足行业和企业的需要、学习者个人所获技能和职业资格在全国范围内通用等[78]。高职学习者的修业年限约为1—3年,毕业生的就业及收入状况良好。

2019年澳大利亚高职教育净入学率为21%,高职学习者毕业时可获得文凭、高级文凭或副学士学位,既可直接就业,也可通过学分转换进入普通高校学习。因高职教育相关数据不全,本章尝试从某TAFE学院学习者的课程参与方式等角度侧面粗略反映高职教育的办学概貌。以堪培拉领地下辖的TAFE学院——堪培拉技术学院(CIT)为例,它与澳大利亚国立大学(ANU)、堪培拉大学(UC)等普通高校签署有学分转换协议,例如它可授予国立大学（ANU）工程、科学学科的副学士学位，并保证其符合条件的毕业生进入国立大学进行相关学位课程的学习（将学习者在 CIT 的学习成果通过学分转换换算为澳大利亚国立大学相关学位课程一年的学分）[133]。

（3）小结

1997—2019 年期间，澳大利亚经济持续快速增长，同时也面临着人口总量偏少、生育率低、人口老化、社会成人失业、青年就业不足、不利人群社会融合等一系列问题。经济的持续快速增长，不仅急需大量掌握深厚的专业理论知识，具有高超职业技能的更高层次（不低于本科学历）的劳动者，而且需要稳定和谐的社会环境。人口总量偏少、生育率低、人口老化表明未来一段时间内技能型人才的数量供给可能面临短缺，进而制约经济发展；社会成人失业、青年就业不足、不利人群社会融合等因素则可能引发社会动荡，影响社会稳定。

兼顾高职学习者的就业、收入状况，澳大利亚政府着力发展高职教育，以吸引更多的社会成人、青年、不利人群就读，从而大幅降低社会（含青年）失业率，促进不利人群的社会融入，维护社会的和谐稳定；并且政府还完善高职毕业生的升学机制，拓展学习者的成才空间，促进其多元化发展，进而为经济社会造就更多更高水平的应用型劳动者，为经济的持续繁荣提供充沛优质的人力资源。

根据澳大利亚的产业需求，劳动力市场更青睐拥有本科学历以上的技能型劳动者。鉴于该国人口的结构性特征，国家推行了技术移民等政策，此举不仅可在短时间内向就业市场投放大批量的高水平技术应用型人才，而且能缓解劳动力市场对更高层次技能型劳动者的渴求，支撑经济产业的快速发展。但是，这也加剧了技术技能人才之间的竞争，因而该国高职院校生均经费缓慢增长，促进学生学习的意图十分明显。

综上所述，澳大利亚人口的结构性特征、成人的就业状况、青年就业情况、不利人群的社会整合程度、技术移民政策、经济发展前景、劳动力市场中技能型劳动者的供求关系等因素共同导致该国高职院校生均经费缓慢增长，其中后者为最主要因素。

2. 平稳增长型

德国高职院校的生均经费，1997 年为 5 623 美元，随后各年份数值大致逐步增长（2010 年数据缺失），2012 年经费投入略有回落，2013—2018 年再次稳步上升，2019 年降至 7 459 美元。大体看，尽管生均投入总体平稳增长，但存在收紧的倾向（图 5.2）。

（1）政治经济背景

深受西欧重商主义思想影响，德国行业学徒制传统悠久。九十年代，东西德合并，但是东德各州的经济社会发展水平远不及西德，国家区域经济社会发展不平衡。该国自然资源匮乏，经济增长主要依靠机械制造、汽车业的外贸出口。德国产品技术先进、做工细致、品质精良、经久耐用，在国际市场上享有盛誉，这与其"双元制"职业教育体系密切相关。20 世纪末 21 世纪初，德国经济总体平稳发展，受 2008 年全球金融危机影响，经济遭受重创，后凭借传统的出口市场和国内私人消费[134]，经济迅速稳定回升，人均 GDP 从 22 049 美元增加到 55 651 美元，为高度发达经济体。

自 2006 年以来，人口总量一直稳步下降，2013 年及其后几年，由于外国移民（含难民）的不断涌入，这一趋势发生了逆转。这些移民（含难民）较为年轻，且文化层次和专业技能水平偏低[134]。生育率虽上升，但是仍然很低；65 岁及以上人口比例不断上升，2019 年已达 21.7%，老龄化程度严重；劳动年龄人口比例持续下降，表明新增劳动力供给的动力不足。德国人口结构在过去数年间发生了显著变化，已经导致全国范围内技能型劳工严重不足[69]。失业率大幅下滑，基本控制在 4% 左右，社会就业秩序井然；青年失业率远低于 OECD 国家平均水平，年轻人的就业状况良好（表 5.3）。

表 5.3 1997—2019 年德国高职教育发展概况

	1997	2003	2009	2015	2019
经济增长率(%)	1.9	−0.7	−5.6	1.2	1.1
人均 GDP(美元)	22 049	27 619	36 048	48 099	55 651
人口总数(百万)	82.0	82.5	81.9	81.7	83.1
生育率	1.4	1.3	1.4	1.5	1.5
劳动年龄人口比例(%)	68.2	67.4	65.9	65.7	64.7
65 岁及以上人口比例(%)	15.7	17.7	20.5	21.0	21.6
社会失业率(%)	9.7	9.8	7.2	4.4	3
移民人口数(百万)	—	0.2	0.2	0.7	0.6
15—29 岁青年人既不在职又不在学或在训的比例(NEET)(%)	14.3	12.9	11.6	8.6	8.2
高等教育毛入学率(%)	—	—	—	69.6	—

五、OECD国家高职院校生均(年度)经费投入分析

(续表)

	1997	2003	2009	2015	2019
25—64岁高职学历人口的就业率(%)	93(M) 81(W)	84(M) 77(W)	88.9(M) 83.7(W)	90	88
25—64岁就业人群高职学历人口的相对收入(高中或中等后非高等教育=100)	108	128	130	151	133

(2)高职发展实践

经济的持续发展要求高度熟练的劳动力以适应全球化和科技发展的挑战并创造新的增长机会[135]。为了促进经济的持续增长及维护社会的繁荣稳定,德国致力于扩大高等教育办学规模,以提高人口的专业技术水平来增强本国产品和服务的溢价能力,提振经济。

截至2018年,德国高等教育毛入学率达到73.5%,处于普及化发展阶段。由于高等教育办学规模日益扩大,高职教育也得到了长足的发展,1997—2011年高职教育净入学率从14%升至22%;2012—2017和2019年净入学率降至零,2018年为1%(图5.6),高职教育办学规模极小。高职教育已升级为本、硕层次的专业教育,积极培育更高水平的产业工人,以提高劳动生产效率来支撑经济的持续繁荣。

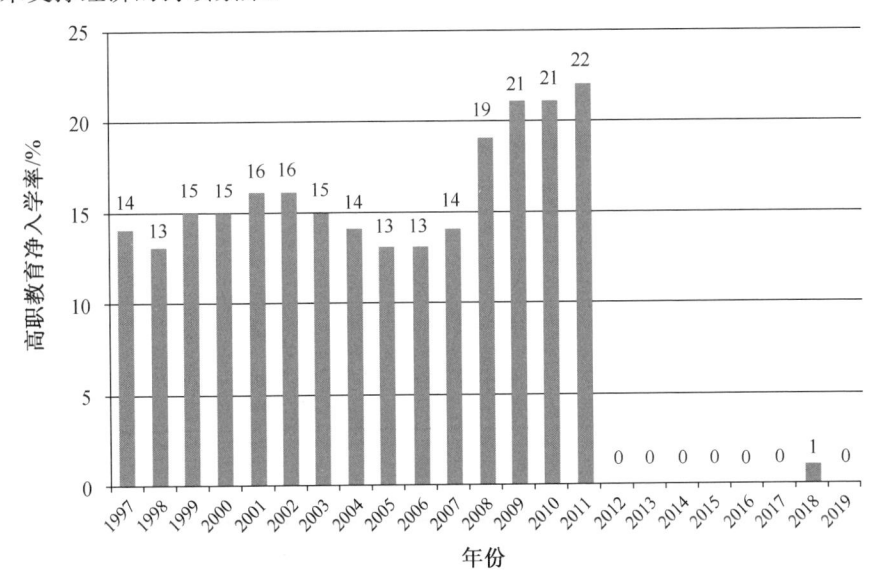

图5.6 1997—2019年德国高职教育净入学率

高职教育体系由联邦政府、州共同治理,从而确保高职教育办学切合社会各界的需求。联邦政府内,相关机构有:联邦教育研究部(BMBF)、联邦经济技术部(BMWi)、联邦职教培训学院(BIBB)及其他主管部委等;州级管理机构包括各州的教育文化事务部、职教培训委员会、雇主、工会和地方政府。

高职教育主要由职业学院承办,学生可以根据自身实际,灵活的选择学习方式(全日制或非全日制)。职业学院将理论学习(教学机构内)和实践培训(实训基地内)连接,学校教育、企业培训基本持平(50:50)[46],组成"双元体系",然而现存职教模式中企业培训后评价学生成绩的是行业考试(Chamber exam),学校的文化成绩并不计入其中,这使学生忽略理论学习,进而影响其进入高等教育其他机构学习的成效[136]。

根据联邦经济和劳工部规定,职业学院需接受内外部质量评估。外部评估由认证机构或专业中心负责,而认证机构或专业中心则需联邦劳工局认可,这些认证的期限为三年,可以是国家、地区或者行业的认证[69]。若职业学院及其课程通过认证,他们可获得公共财政资助。职业学院办学经费由政府、企业等提供:"双元制"职业学院由州、地方政府提供办学经费,而全日制职业学院完全由州政府资助;公司承担培训成本,并在学生实训和理论学习期间支付学生津贴[54]。随着知识经济的深入发展和国际竞争的日益激烈,职业学院已升级为双元制大学(Duale Hochschule,简称 DH),致力于培养兼具良好的职业操守、深厚的理论功底、高超的专业技能和强烈创新意识的产业工人,同时授予本科、硕士层次的专业学位。

1997—2019 年,高职教育净入学率趋近于零,因 2012 年高职教育入学人数出现调整,本章将该时间段分成 1997—2011、2012、2013—2019 年三段进行说明。

1997—2011 年,高职净入学率有所上升,生均经费逐步增长。根据相关可得数据,研究倾向于认为:此举意在提升现有从业者的知识技能水平,以及均衡东西德各州的经济和社会发展水平;2012 年,高职净入学率首次调整至零,原因在于德国政府上移了高职教育的办学层次,积极培养本科、硕士层次的专业技术人才;2013—2018 年,由于外国移民(含难民)的不断涌入,他们较为年轻且文化技能层次偏低,为了提升他们的就业技能,增加其雇佣机会,德国继续增加了高职院校的生均经费投入。2019 年,高职学生平均年龄为 28 岁,生均经费有所回落,督促学习者升学的意向十分明显。25—64 岁人群中高职学历人口的就业率、相对收入较高,高职毕业生可参加双元制大学等的课程学习[43],考核合格后能获得本科、硕士文凭。

（3）小结

概而言之,德国经济稳步增长,同时还需解决生育率偏低、人口老龄化、青年失业、外国移民(含难民)的社会整合、劳动力市场中技能型劳动者短缺等社会问题。综合考虑上述因素和高职学习者的就业、收入状况,德国政府一方面大规模升级高职教育,培养本科、硕士层次的技术应用型人才,持续提升劳动者素质,以提高劳动生产率来增加本国产品和服务的国际竞争力。另一方面,德国保有很小规模的高职教育,稳步提高高职院校生均经费,以吸引更多的青年、外国移民和难民就读,从而大幅降低青年失业率,促进外国移民(含难民)的社会融入,增强经济社会的凝聚力;后期,小幅收缩生均投入,督促学习者升学。除了以上两项措施,还完善高职学生升学制度,拓宽毕业生继续深造的渠道,三者共同发力不断增加高素质技能型劳动者的社会存量,缓解劳动力市场中技能型劳动者短缺的状况,促进经济的持续增长、维护社会的安定有序。

因此,德国的人口结构、青年就业状况、经济发展需求、劳动力市场中技能型劳工的供求关系、弱势群体的社会融入等共同推动该国高职院校生均经费平稳增长。

3. 急剧增长型

捷克高职院校的生均经费,1997年为2 675美元,1997—2011年缓慢上涨,2012—2019年迅猛增长,2019年已升至26 489美元。大体来看,1997—2019年期间捷克高职院校的生均经费投入呈现急剧增长势头(图5.3)。

（1）政治经济环境

捷克工业经济传统悠久[137],工业基础雄厚,外贸出口在经济中占据举足轻重的地位。在共产主义政权时期,重工业得到了极大发展;20世纪80年代末以来,国家政局变动,经济发展模式向市场经济转轨的同时,产业结构发生了显著变化:农业和重工业在经济中的比重下降,而服务业的比重增加,商业服务发展尤为迅速;制造业所占份额明显高于欧盟28国平均水平(从增加值和吸纳就业角度看)[137]。2008年全球金融危机沉重打击了该国建筑业和制造业[137],经济增速下滑,随后开始逐渐恢复。1997—2019年,捷克经济总体表现良好,人均GDP从13 087美元攀升至42 866美元(表5.4),捷克从中等收入国家一跃成为高收入经济体。

捷克的人口总量较少,近年来生育率有所回升,但是仍然很低;65岁以上人口比例持续上涨,2019年已经超过19.8%,老龄化程度严重,三者共同反映出(依据目前情况)数年后人口总量很大可能会明显减少。劳动年龄人口比例略有下滑,且移民人口数量一直保持在较低的水平,表明未来该国劳动力市场有可能会出现劳动力不足,技能型劳工短缺的尴尬局面。社会失业率逐年下降,基本控制在4%左右,就业状况总体健康;青年失业情况有所好转,但仍不容乐观。与此同时,劳动力市场长期短缺技能型劳动者[137]。

表 5.4 1997—2019 年捷克高职教育发展概况

	1997	2003	2009	2015	2019
经济增长率(%)	−0.5	3.6	−4.5	5.5	3.0
人均GDP(美元)	13 087	17 284	25 614	33 493	42 866
人口总数(百万)	10.3	10.2	10.5	10.5	10.7
生育率	1.2	1.2	1.5	1.6	1.7
劳动年龄人口比例(%)	68.8	70.7	70.8	66.6	64.3
65岁及以上人口比例(%)	13.6	13.9	15	18.1	19.8
移民人口数(百万)	0.01	0.06	0.04	—	—
社会失业率(%)	4.8	7.8	6.7	5.1	2
15—29岁青年人既不在职又不在学或在训的比例(NEET)(%)	15.5	16.9	12.8	12.2	9.8
高等教育毛入学率(%)	23.7	43.7	63.9	63.7	—
25—64岁高职学历人口的就业率(%)	—	—	—	88	89
25—64岁就业人群高职学历人口的相对收入(高中或中等后非高等教育=100)	150	126	120	112	117

(2)高职发展实践

为了缓解人口总量不足、青年失业等因素对经济社会的不利影响,以及满足劳动力市场对技术技能型人才的需求,该国积极发展高等教育,以推动经济社会的繁荣稳定。1997—2018年,捷克高等教育毛入学率从23.7%增至65.6%,高等教育进入普及化发展阶段。高等教育发展的巨大成就部分归因于高职教育的平稳发展。高职教育不仅是高等教育的重要组成部分,还是职教和培训体系的有机部分。捷克职教和培训体系发展历程较长,且高度重视质量,这既使学习者能接受到优质的职业教育,又让职业教育极具吸引力[138]。

捷克高职教育由中央和地方共同管理,具体机构包括国家教育部(MŠMT)、地方管理当局(krajský úřad)、学校管理者等[139]。此外,社会合作伙伴也能对高职教育体系施加影响[139]。

高职教育办学主体是高等专业学校(VOŠ),其创建于1995—1996年间,主要为19—21岁的青年学习者提供3—3.5年的高职课程[53],以培育具有扎实文化基础,能胜任高要求专业任务的实践型人才。高职课程的组成部分之一是实践培训(在工作场所进行),其持续时间约为一年,学习者可在此期间准备论文或完成某一项目[140]。

国家教育部和学校检查局(CSI)共同保障高职教育的办学质量,前者主要以教育目标和教学内容的形式;后者则将评估标准发布到高等专业学校,每年进行检查,学校检查局还开展特定类型学校或问题的专题调查[139]。

高等专业学校运行费用主要来源于国家教育部的公共财政预算和创办方的经费投入[139]。公共财政预算资金(仅限用于直接支出和运营成本)的拨付基于既定的学校类型、学习领域而设定的人均标准费率[139]。

随着科技进步、产业发展,高等专业学校已转型升级为应用技术学院。2004年第一所此类学院(College of Polytechnics Jihlava)开始创办,学院以提供学士学位课程为主,也开展相关研究及其他创造性活动[140]。若能获得认证,它们也可开设硕士学位课程[140],这些课程都属专业学位教育。由于经济的持续增长和国际竞争的日益加剧,2012年捷克政府调整了高职教育的发展战略,将高职教育升级为本、硕层次的专业学位教育,目前高职办学规模已极小。

因2012年捷克高职教育发展政策出现变化,本章以此为界将1997—2019年分为两段展开叙述。1997—2011年,高职教育净入学率略有下滑,生均经费小幅上涨;2012—2019年,净入学率很小(图5.7),生均经费急剧增长,并超过同期本科院校的生均投入。25—64岁人群中高职毕业生的就业率、收入状况较好,他们可继续参加本科、硕士课程学习,通过相应考核后,获得本科、硕士学位。

(3)小结

捷克经济快速增长,同时亟需化解本国的人口结构(人口总量偏少、生育率较低和老龄化意味着国家未来很可能会面临劳动力短缺、技能型劳工数量

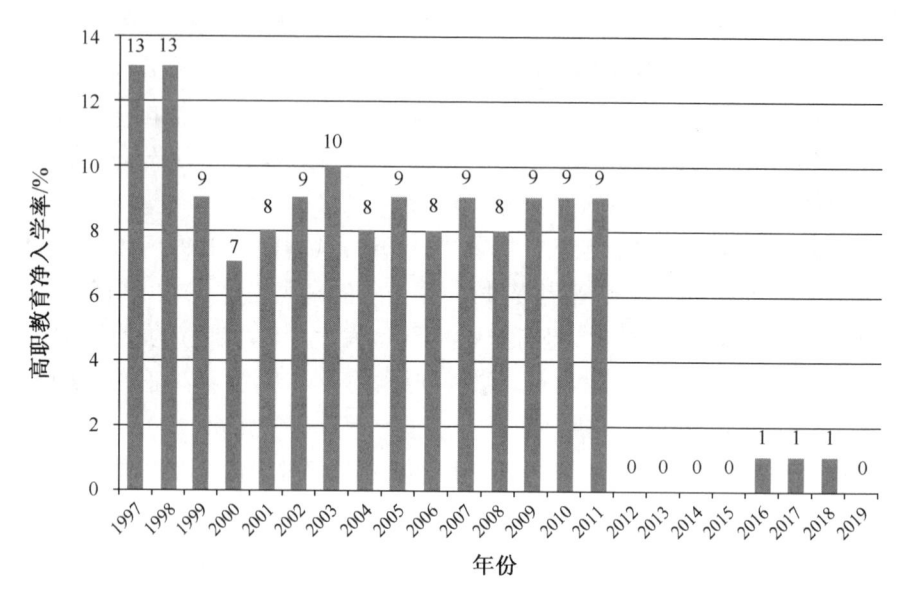

图 5.7　1997—2019 年捷克高职教育净入学率

不足的困境,掣肘经济增长)、青年失业现状(青年人长期失业或就业不足,不但影响他们的工作积极性、社会参与度,而且可能引发社会动荡)、劳动力市场中技术工人长期不足等对经济社会的不利影响。

为回应经济社会的发展需求,捷克积极创办应用技术学院,将高职教育升级为本、硕层次的专业学位教育,进一步提升技能型人才的劳动生产效率;此外考虑到高职毕业生的就业、收入等情况,该政府只保留了极小规模的高职教育,极大地增加高职院校生均经费,并拓展高职学习者的升学渠道,以期吸纳更多的青年就读。这样一来既有效改善了青年的失业状况,又为经济和社会发展培养了大批接受过高等教育的技术工人,缓解了雇佣市场中技术技能型人才供给不足的矛盾,满足了经济产业发展需要,促进了经济增长。

如前所述,捷克的人口结构、青年失业状况、经济发展需求、劳动力市场的供求关系、高职教育发展政策等,特别是后两者直接促使该国高职院校生均经费急剧增长。

4. 波动增长型

智利高职院校的生均经费,1997 年为 4 616 美元,后续年份的经费投入剧烈波动,2011 年及其后相对平稳,2019 年该项经费数值为 5 412 美元;总体来看,1997—2019年智利高职院校的生均经费投入呈现波动增长(图5.4)。

(1) 经济社会环境

智利拥有丰富的铜矿石资源,因而采矿业是其支柱产业。20世纪70年代至80年代,该国军政府过度追捧新自由主义经济思想,对内广泛开展私有化改革,其中就包括职教领域;对外实施出口导向型发展战略,大量出口铜矿石等自然资源。中国等新兴经济体的迅速崛起导致对铜矿石等自然资源的需求强劲,加之过去数年间国际铜价不断上扬,智利经济蓬勃发展(表5.5)。2008年受全球金融危机冲击,国际铜价下滑,拖累智利经济增长,国家经济增速开始放缓。据可得数据,智利人均GDP从9 681美元(2002年)飙升至25 117美元,成功跃升为高收入经济体。但是,智利产业结构单一、经济增长过度依赖自然资源出口,产业优化升级之路依然任重道远。

表5.5 1997—2019年智利高职教育发展的基本情况

	1997	2003	2009	2015	2019
人均GDP(美元)	—	11 696	14 578	22 834	25 117
人口总数(百万)	14.8	15.9	16.9	18.0	19.1
生育率	2.2	2.0	1.9	1.7	1.6
劳动年龄人口比例(%)	64.4	65.9	68.4	68.8	68.7
移民人口数(百万)	—	—	—	—	—
社会失业率[108]	6.1	9.5	9.7	6.3	7.2
高等教育毛入学率(%)	32	43.9	67.9	87.2	—

智利人口总量较少,且生育率连续下降,已跌破国际公认2.1的关口,表明未来该国人口总量的补给能力不足;其中劳动年龄人口(15—64岁)的比例持续上涨,人力资源相对丰富,同时也反映出整个社会的就业压力在增加。高等教育的回报率很高,大学生的收入几乎是中学毕业生的四倍[90]。随着科技的不断进步,出口产业发展需要一大批接受过高等教育的技术工人。为满足人们对接受高等教育的渴望,以及科技和产业发展需求,20世纪80年代智利开始创办高职院校,积极发展高职教育。

(2) 高职发展现状

为支撑本国的经济增长和促进社会就业,20世纪90年代末以来智利大幅增加高职教育净入学率(图3.7),显著扩张办学规模,2007年高职院校生师比为74.2,师资的配置情况亟待改善。高职教育旨在使学习者具有扎实的专业理论知识、娴熟的职业技能。尽管高职毕业生的就业率较高,薪资收入相对丰厚,但是目前智利高职教育还未形成清晰的发展思路,主要体现在其与产业、劳动力市场的联系、质量保障机制和公共资金的使用上(详细见第三章第三节)。1997—2019年间,高职教育净入学率显著增加。高职院校的生均投入,1997—2011年间波动较大,2011年之后相对平稳,总体看经费投入有所起伏;并且根据首末年份经费投入的差值,研究认为智利的生均经费总体在增长。

(3) 小结

简而言之,20世纪末21世纪初,智利经济快速增长,同时还需直面人口总量偏少、生育率下滑、人口老龄化、劳动年龄人口比例增长、成人失业、青年就业不足等社会性发展难题。经济快速增长,意味着产业发展需要数以百万计训练有素的技能型劳动者,来胜任社会各行业的专业技术岗位。人口总量偏少、生育率降低、人口老龄化反映出今后数年内技能型产业工人的供给可能会不足,进而制约经济深入发展;劳动年龄人口比例不断上涨则折射出整个社会的就业压力在持续增加;社会成人失业、青年就业不足不仅表明现有人力资源并未充分有效利用,而且还可能累积社会矛盾,增加社会的不稳定因素。

考虑到民众的学习意愿、科技进步和经济发展需求、社会(含青年)就业压力、高职学习者的就业和收入状况等,智利政府大幅扩张高职教育办学规模,积极培育技术技能型人才,着力吸引社会成人、青年参与,帮助其形成良好的道德价值观念,重点提高他们的就业能力,这些举措既显著提高了社会公众的科学文化素质和专业技能水平,又有效改善了社会成人、青年的就业状况,有利于经济的快速发展和社会的安定有序。

但是,一方面由于文化传统、制度设计等因素,高职教育体系并不能确切知晓国家技术工人缺口的具体数值,产业部门又普遍反映技能型劳工不足;另一方面,高职教育办学实体主要为私立院校,不排除其中一部分办学的初衷仍是逐利(高职院校在既定的办学条件下扩张教育规模,增加招生人数,从而可收取更多的学生学费,谋取到更多的经济利益),二者效应叠加,导致整个社会侧重关注办学规模,对生均经费投入的重视不足,造成其剧烈波动甚至下降。

综上所述,智利本国的人口构成、社会成人失业状况、青年就业情况、经济发展情况、高职教育发展规模,尤其是后者直接导致该国高职院校生均经费投入波动上升。此外,还需认识到:智利国民的物质生活水平已发展到较高的阶段,但是高职院校的主要经费来源依然是学习者学费,公共资助很少,这不仅会削减民众的社会福利,而且会限制部分低收入群体接受高职教育,进而影响他们的就业机会、经济收入,导致社会贫富差距进一步拉大,加剧社会冲突、政局动荡的风险。

5. 起伏增长型

西班牙高职院校的生均经费,1997 年为 4 301 美元,1997—2009 年经费投入稳步增加;2010 年及其后经费数值有所降低,2019 年升至 10 368 美元。总体来看,1997—2019 年该国高职院校的生均经费投入基本保持增长势头,但略有起伏(图 5.5)。

(1) 经济社会环境

支撑西班牙经济发展的主要产业分别是建筑业、制造业和旅游业,工业产值占 GDP 的比重较高。该国劳动力市场机制比较僵化,用工缺乏灵活性[141],按照西班牙现行的用工制度,企业如果要解聘长期雇员,将会赔付他们一大笔资金,这使得企业更倾向雇佣临时工,并在临时工合同到期之际,解聘他们再招聘新的临时工。此外,在经济不景气、用工需求不足时,临时工会被优先解聘。而临时工的主体又多是年轻人,这样就造成青年失业率长期保持在高位。这一机制还严重打击工人的工作积极性,影响劳动生产率的提升。

西班牙长期推行高福利政策,不断出台保护失业人群的政策措施[142],过度保护失业群体,助长他们找工作时的"惰性";同时,高福利政策导致政府和企业将大量资源用于给付民众福利,对研发、创新的投入明显不足,制约经济的持续增长,从而使得经济发展无法带动更多的社会(含青年)就业,进而无力进一步改善社会(含青年)的就业状况和提高民众的福利水平。1997—2019年,西班牙经济大体显著增长,人均 GDP 从 15 990 美元涨至 41 759 美元,人民生活条件明显改善。受全球金融危机和欧洲主权债务危机(2009 年爆发)的冲击和拖累,经济增速下滑,后凭借日益增长的国内需求[143]经济逐渐回暖,截至 2015 年,西班牙经济已恢复到危机前的增长水平(从经济活跃度、创造就业角度看)[143]。尽管经济在持续复苏,但是西班牙经济发展仍存在隐患,例如国家公共债务(以欧元计价)高等[143]。

西班牙为欧盟第五人口大国,近年来生育率尽管有所上升,但是依然很低,2019 年仅为 1.2;65 岁及以上人口比例明显上升,已经超过 15%,人口老龄化程度严重。人均预期寿命为83.5岁,在欧盟(28国)中居于首位[144]。劳动年龄人口比例略有下滑,移民人口数较少,预计未来适龄劳动力极有可能出现短缺。社会失业率很高,就业形势极为严峻,青年失业率长期居高不下,年轻人的就业前景堪忧(表5.6)。

表5.6 1997—2019年西班牙高职教育发展概况

	1997	2003	2009	2015	2019
经济增长率(%)	3.7	3.0	−3.8	3.8	2.0
人均GDP(美元)	15 990	24 812	32 146	34 815	41 759
人口总数(百万)	40	42.2	46.4	46.4	47.1
生育率	1.2	1.3	1.4	1.3	1.2
劳动年龄人口比例(%)	68.6	68.6	68.5	66.3	65.9
65岁及以上人口比例(%)	15.8	16.9	16.7	18.6	19.5
移民人口数(百万)	—	—	0.3	0.3	0.3
社会失业率(%)	18.4	11.5	17.9	22.1	14.1
15—29岁青年人既不在职又不在学或在训的比例(NEET)(%)	23.2	15.0	22.6	22.8	18.3
高等教育毛入学率(%)	52.8	66.1	75.9	86.5	—
25—64岁高职学历人口的就业率(%)	95(M) 78(W)	88(M) 72(W)	80.8(M) 70.4(W)	79	79
25—64岁就业人群高职学历人口的相对收入(高中或中等后非高等教育=100)	97	104	107	—	105

(2) 高职发展现状

为了促进经济的持续增长、扩大社会(含青年)就业,西班牙政府积极发展高等教育事业,推进人力资源的开发与利用。2018年,该国毛入学率为92.9%,高等教育处于普及化发展阶段。高等教育事业极大发展的同时,高职教育也得到了快速发展,1997—2019年高职教育净入学率从9%升至22%,为经济建设和社会发展培养了大量的实践型人才。

中央和地方共同管理高职教育体系,以使其办学符合国家和区域经济社会发展的需要。高职教育以高级职业培训的形式展开,通常以以下两种形式进行:一是在学校的模块化学习(与职业能力,或与就业环境,工作培训和指导关系更普遍的模块);二是公司内部的在职培训[56]。因此,管理高职教育的具体机构有国家教育和职业培训部、国家劳动、移民和社会保障部、地方政府和地方教育部门、工会和劳工组织等。

高职课程大约持续1—2年,旨在帮助年轻人就业,或作为对那些已在某领域工作的人进行继续培训的一种手段,并向学员提供接受大学课程的渠道[56],学习者可以以全日制或非全日制形式参与。学生学完全部课程,通过所需考试,可获得高级技师证书;持此证书,毕业生可直接进入劳动力市场或者参与大学本科课程学习[145]。

教育部职业培训总局与自治区合作,正在积极创建西班牙职业培训质量保障参考框架(符合欧洲质量保障参考框架)和启动职业培训质量网络[146]。

办学经费主要来源于政府财政拨款。学校举办的高职教育以教育部和地区教育主管部门资助为主。每个地区的资助金额通过多边协议确定,从而确保了地区间的一致[56];公司内部的在职培训费用大体来自国家预算(以培训费形式,它属于私人公司必须支付的社会保障缴费的一部分),国家公共就业服务部(SEPE)和地方也有所贡献[56]。

由于全球金融危机和欧债危机的负面效应,2010年西班牙大幅削减了政府财政预算,高职教育领域也受到波及,故本章以此年份为界将1997—2019年拆成两段加以描述。1997—2009年,高职教育净入学率大幅增长,生均经费显著增加;2010—2019年,净入学率小幅增长(图5.8),生均经费略有增加。25—64岁人群中高职学历人口的就业率、相对收入较高。

(3) 小结

整体而言,虽然西班牙经济不断向前发展,但其劳动力市场用工机制、高福利政策、社会(含青年)失业、人口生育率低和老龄化、公共负债等问题严重困扰社会。且长期推行的高福利政策、市场用工机制,使得经济产业发展无法有效吸纳足够多的社会成人和青年就业,从而使得社会(含青年)失业率很高,严重危及社会稳定。与此同时,人口生育率低、老龄化程度严重又可能导致未来劳动力市场出现适龄劳动力不足、技工短缺的现象,进而制约经济发展;此外,高福利政策造成公共负债很高,鉴于金融危机和欧债危机的负面影响持续蔓延,2010年国家不得不紧缩政府财政支出,以偿还巨额的公共债务。

联系高职学习者的就业和收入状况,政府多样化高职教育的办学形式,以满足社会成人和青年个性化、差异化的学习需求,进而促进社会就业。1997—2009年政府扩大高职教育办学规模、增加高职院校生均经费,以吸引大量的

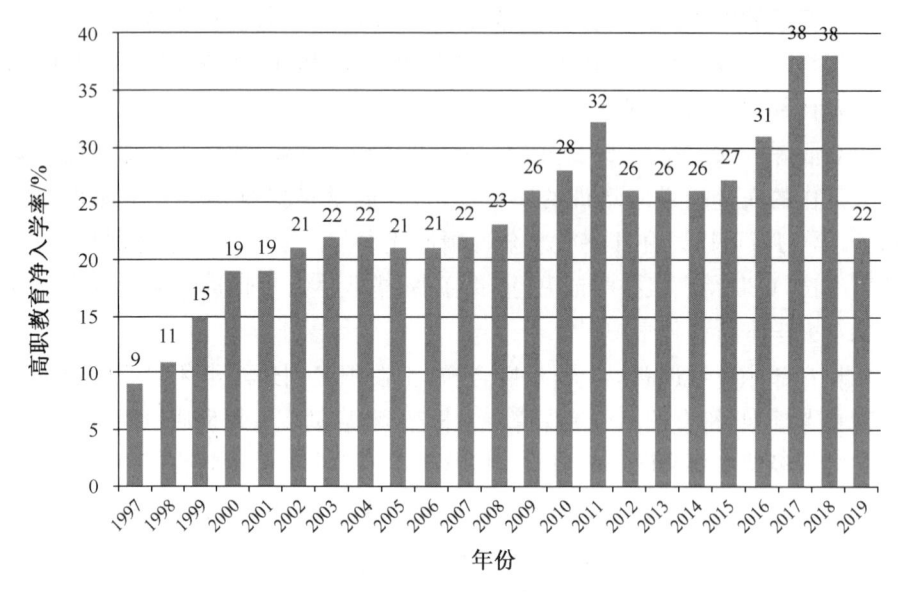

图 5.8　1997—2019 年西班牙高职教育净入学率

青年及社会成人就读,提高其就业能力;2010—2019 年,因国家公共债务的压力,政府略微削减生均经费,但仍在扩张办学规模(扩张速度有所减弱),意在尽可能多地吸纳青年及社会成人参与高职课程学习;此外还完善高职学生多样化成才渠道,使他们有机会接受更高层次的教育。借助以上举措,西班牙政府不仅为经济社会培养了一支训练有素的技能型劳动力队伍,而且在一定程度上减轻了社会(含青年)就业的压力,维护了社会的和谐稳定。

综上所述,西班牙的人口构成、高福利政策、劳动力市场用工制度、社会(含青年)失业形势、经济发展情况、公共负债状况等,特别是后两者直接导致该国高职院校生均经费呈起落式的增长。

(三) 影响因素

通过阐述澳大利亚、德国、捷克、智利、西班牙等国的发展实际来对 OECD 国家高职院校生均经费的主要影响因素进行理论梳理后,不难看出:生均经费的影响因素主要有高职教育办学规模、国家高职教育发展政策、边缘人群的社会融入情况、劳动力市场中技术技能人才的供求关系、公共债务水平、当前经济的发展情况、人口结构性特征、青年就业状况、社会成人的失业形势、民族文化传统、社会福利制度、劳动力市场用工制度、技术移民政策、国家产业发展的政策导向和资源禀赋等,其中人口结构性特征(尤其是人口老龄化)、青年就业状况、当前经济的发展情况这三项基本是各成员国共有的。

从理论角度论述后,为了使我国各地区在完善高职院校生均经费投入机制、制定高职院校生均经费标准的实际操作中找准着力点,还有必要从数理统计的角度对其深入剖析。重新审视OECD成员国生均经费的变化趋势图(图5.1至5.5),可发现:一国当年的高职院校生均经费(AY_t)大致是在本国上一年度此项生均经费(AY_{t-1})的基础上,随当年经济发展水平的涨落情况而呈现起伏状态。

本章研究的时间段是1997—2019年,属OECD成员国高职教育发展过程中的一个片段,从系统论的角度看,一国社会对人口、青年就业等因素的考量已融进该国上一年度此项生均经费中。因研究的是高职教育的微观投入,而衡量"当前经济发展水平"的微观指标多用"人均GDP"来表示,故研究设想:一国高职院校当年生均经费(AY_t)的变异情况是否可由该国上年度生均经费(AY_{t-1})、当年人均GDP(X_t)等变量来进行解释。

本节接下来将探讨研究设想的理论基础,并尝试从数理统计的视角解构OECD国家高职院校生均经费的影响因素。研究选取棘轮效应理论建立分析框架。该理论由经济学家杜森伯里提出,指居民消费支出不仅受到即期收入的影响,还应考虑前期消费支出的大小[147]。因此,本研究假设:一国高职院校当年生均经费(AY_t)的变化情形可以由该国上年度生均经费(AY_{t-1})、当年人均GDP(X_t)两个变量来进行解释。

为了验证假设,研究选用SPSS 18.0对OECD国家生均经费数据进行探索性归因分析,为减弱异方差,使模型呈线性,AY_t、AY_{t-1}和X_t以自然对数形式代入;为方便计算,令$m_1 = \ln AY_{t-1}$,$m_2 = \ln X_t$。运行结果显示:模型通过显著性检验($p. = 0.00$),调整后的R^2为0.75,表明选取的两个自变量能解释因变量75%的变异,模型具有良好的解释力;$DW = 2.14$,接近2,说明回归模型残差序列基本无自相关(表5.7),各变量参数(表5.7)如下。

表 5.7 模型摘要

模型	R	R²	调整 R²	R² 更改	F 更改	df1	df2	Sig. F 更改	DW 值
1	0.86ª	0.74	0.74	0.74	1 143.2	1	396	0.00	
2	0.87ᵇ	0.75	0.75	0.01	15.94	1	395	0.00	2.14

a. 预测变量：(常量)，转换后滞后一期的高职院校生均经费。
b. 预测变量：(常量)，转换后滞后一期的高职院校生均经费，转换后人均 GDP。
c. 因变量：转换后高职院校生均经费。

表 5.8 各变量的估计参数

模型		非标准化系数		标准化系数	t	显著性
		B 之估计值	标准误差	Beta 分布		
1.	(常量)	1.2	0.23		5.2	0.00
	转换后滞后一期的高职院校生均经费(AY_{t-1})	0.87	0.03	0.86	33.81	0.00
2.	(常量)	0.09	0.36		0.26	0.79
	转换后滞后一期的高职院校生均经费(AY_{t-1})	0.79	0.03	0.78	24.27	0.00
	转换后人均 GDP(X_t)	0.18	0.04	0.13	3.99	0.00

根据表 5.8 所示，1997 年至 2019 年 OECD 国家高职院校生均经费的数据模型为：

$$\ln AY_t = 0.79\ln AY_{t-1} + 0.18\ln X_t + 0.09 \qquad (5-1)$$

由表 5.7 所示，回归模型显著，证明研究的理论假设成立。根据表 5.7 所示的变量选择程序看，第一个被选入的变量是滞后一期的高职院校生均经费(AY_{t-1})，在第一阶段(模型 1)即被选入，它可以独立解释高职院校生均经费(AY_t)74% 的变异量($p.=0.00$)；第二个被选入的变量是人均 GDP(X_t)，能解释因变量 1% 的变异量($p.=0.00$)，符合被选入的标准，因此模型 2 共有滞后一期的高职院校生均经费、人均 GDP 两个变量，总计可以解释因变量 75% 的变异量，故 OECD 国家高职院校生均经费的主要影响因素为滞后一期的高职院校生均经费(AY_{t-1})、人均 GDP(X_t)等。

结合表 5.8，$\ln AY_{t-1}$ 的回归系数为 0.79，即假定其他变量不变的情况下,平均说来 $\ln AY_{t-1}$ 变动 1 个单位,$\ln AY_t$ 将变动 0.79 个单位,表明上一年度高职院校生均经费投入(AY_{t-1})具有极佳的解释力;其次为 $\ln X_t$,回归系数为 0.18,同理,平均来看 $\ln X_t$ 变动 1 个单位,$\ln AY_t$ 将增加 0.18 个单位。因此,OECD 国家高职院校生均经费的首要影响因素是上年度此项生均投入。

(四)整体状况

由表 5.7 可知,OECD 成员国高职院校生均经费与人均 GDP 存在较强的关联性。为详细说明经济发展的不同阶段、生均经费的总体投入情况,本节拟从绝对数值和相对比值的角度,开展研究。

1. 绝对数值

(1) 基本情况

为细致刻画经济发展的不同时期生均经费的投入状况,研究首先将人均 GDP 分为以下三个阶段,分段进行描述性统计分析(表 5.9)。

表 5.9 经济发展各阶段 OECD 国家高职院校生均经费的总体情况

经济发展水平	变量名称	有效样本数	最大值	最小值	均值	标准差
2 万美元以下	生均经费	58	8 691	1 135	3 902.24	1 341.06
2 万—3 万美元	生均经费	157	27 938	2 549	7 525.11	3 705.65
3 万美元以上	生均经费	239	29 173	2 707	10 952.49	5 279.73

由表 5.9 可知,人均 GDP 不足 2 万美元时,OECD 国家高职院校生均经费的最小值为 1 135 美元,最大值为 8 691 美元。

(2) 变动路径

本节拟进行曲线估计,以此来活化经济发展的不同时期高职院校生均经费整体的变化路径。将生均经费、人均 GDP 分别取自然对数后,控制其他变量,拟合二者的变化曲线。曲线(图 5.9)($R^2 = 0.42$, $p. = 0.00$)(函数式为 $M = -0.295 t^2 + 6.947 t - 31.258$,其中 $M = \ln Y_C$, $t = \ln x$,Y_C、x 分别代表高职院校生均经费、人均 GDP)表明随着人均 GDP 的增加,生均经费总体呈现增长趋势。

结合各国经济发展实际,1997至2019年期间OECD国家人均GDP整体稳步增长,依据表5.7可知,高职院校生均经费的主要影响因素为本国上年度此项的生均投入和人均GDP,相当于生均经费是在其初始费用的基础上一直累加,故出现了图5.9所示的变动曲线。

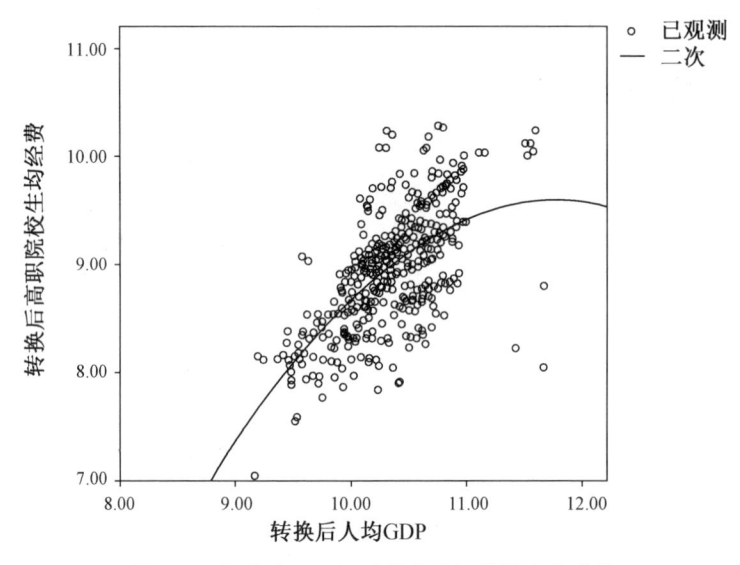

图5.9　经济发展不同阶段生均经费的变化曲线

从图5.9可看出:生均经费总体随人均GDP的增长而逐渐增加。联系各国的经济社会背景、高职教育办学实际,研究认为生均经费投入随人均GDP的增长而提高的根本原因是:20世纪90年代末至今,OECD成员国经济快速发展,经济发展越来越依赖于知识创新和职业技能应用,而人口老龄化、青年失业等问题严重危及经济的持续发展和社会的安定有序。基于此,各国政府着力发展高职教育(即使发达国家也保有较小规模),增加生均经费投入,丰富课程学习形式,以此来吸引更多的青年人参与高职教育,塑造其道德品行,提升知识技能,促进就业,改善民生;同时畅通高职毕业生的升学渠道,促进技能型人才的全面可持续发展,这样不仅提高了民众的道德文化素质和专业技能水平,而且为经济发展提供和储备了更多的高素质劳动者以及技术技能型人才,有效维护了社会的繁荣稳定。

2. 相对比值

为了深入反映高职院校生均经费的增长情况,本小节试着透过其与该国同期高等本科学校生均经费的相对比值,占本国当年人均GDP比例的视角,从侧面加以说明。

(1) 职本生均经费指数

本章将高职院校与本科高校生均经费比值的平均值界定为"职本生均经费指数"。直观地看,本科高校生均经费应与高等教育毛入学率、人均GDP都存在关联。但根据统计结果(表5.10)看,它与人均GDP高度相关,与毛入学率的关联度较低。

因高职院校生均经费、本科高校生均经费都与人均GDP关联度高,而与高等教育毛入学率相关度低,本章在分析二者比值时只考虑其随人均GDP的变化情况。

表 5.10 本科高校生均经费与高等教育毛入学率等的相关性

	高等教育毛入学率	人均GDP
本科高校生均经费	−0.02	0.89

注:**. 在0.01水平(双侧)上显著相关。

为形象展现职本生均经费比值与人均GDP的变化关系,令 $t = \ln x$(x代表人均GDP),拟合二者的变动曲线(图5.10)。根据曲线($R^2 = 0.03$, $p. = 0.00$),发现随着人均GDP的增长,平均比值(y_1)先增长而后递减。代入各项拟合系数,函数方程式为:

$$y_1 = -0.199\, t^2 + 4.057\, t - 19.988 \qquad (5-2)$$

经计算,$t \in [8.33, 10.19)$,即 $x \in [4\,146.42, 26\,635.49)$ 美元时,函数递增;

$t \approx 10.19$,即 $x \approx 26\,635.49$ 美元时,函数达到最大值 0.69;

$t \in (10.19, 12.06]$,即 $x \in (26\,635.49, 172\,818.99]$ 美元时,函数递减。

与此同时,人均GDP为10 000美元时,$t = 9.21$,将t值带入函数式(5-2),算出对应的函数值约为0.5;人均GDP为20 000美元时,$t = 9.9$,算出函数值为0.67,因此人均GDP为1万—2万美元时,职本生均经费指数处于0.5—0.67之间。

人均GDP为2万—3万美元时,职本生均经费指数达到最大值0.69;

人均GDP超过3万美元时,职本生均经费指数下滑,且高职院校生均经费的增长率整体上稍低于同期本科高校经费涨幅。

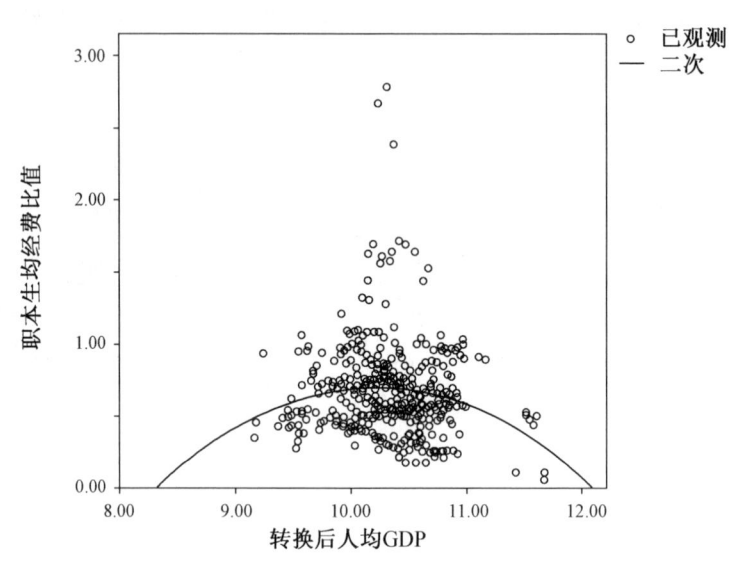

图 5.10　职本生均经费比值与(转换后)人均 GDP 的变化关系图

由图 5.10 可得知：人均 GDP 为 26 635.49 美元时，平均比值达到最大值。仔细分析，研究认为：人均 GDP 未及 26 635.49 美元时，高职院校的实验器材购置、实训基地建设和维护等耗资巨大，使其生均经费的涨幅整体上略高于同期高等本科学校经费涨幅，函数值渐渐增长；人均 GDP 高于此值后(人均 GDP 为 2 万—3 万时，高职教育办学规模开始缩减，高职院校逐步升级为应用型本科高校)，知识创新和专业技能成为经济发展的重要引擎，各国逐渐加大对本科高校的研发投入，进而推高了本科高校的生均经费，从而使比值呈现递减趋势。

因此，研究认为：人均 GDP 为 1 万—2 万美元时，职本生均经费比值整体围绕 0.5—0.67 区间数值上下浮动，高职院校生均经费的涨幅大体高于同期本科高校经费涨幅；人均 GDP 为 2 万—3 万美元时，职本生均经费比值总体以 0.69 为基准起伏；人均 GDP 超过 3 万美元时，高职院校生均经费增长率整体稍低于同期高等本科学校经费涨幅。

(2) 生均经费指数

学界将生均经费占人均 GDP 比重的均值定义为"生均经费指数"，研究则将高职院校生均经费占该国当年人均 GDP 比重的均值界定为"高职院校生均经费指数"。

五、OECD国家高职院校生均(年度)经费投入分析

研究尝试绘制高职院校生均经费占该国当年人均GDP的比例随人均GDP的变动曲线(步骤同上,图5.11),以清晰展示二者的共变关系。根据曲线($R^2=0.03$, $p.=0.00$),可以看出随着人均GDP的增长,平均比例值(y_2)先增长而后下滑。函数方程式为:

$$y_2 = -0.057\, t^2 + 1.15\, t - 5.532 \qquad (5-3)$$

经测算,$t \in [7.9, 10.09)$,即 $x \in [2\,697.28, 24\,100.79)$ 美元时,函数递增;

$t \approx 10.09$,即 $x \approx 24\,100.79$ 美元时,函数达到最大值0.27;

$t \in (10.09, 12.27]$,即 $x \in (24\,100.79, 213\,202.99]$ 美元时,函数递减。

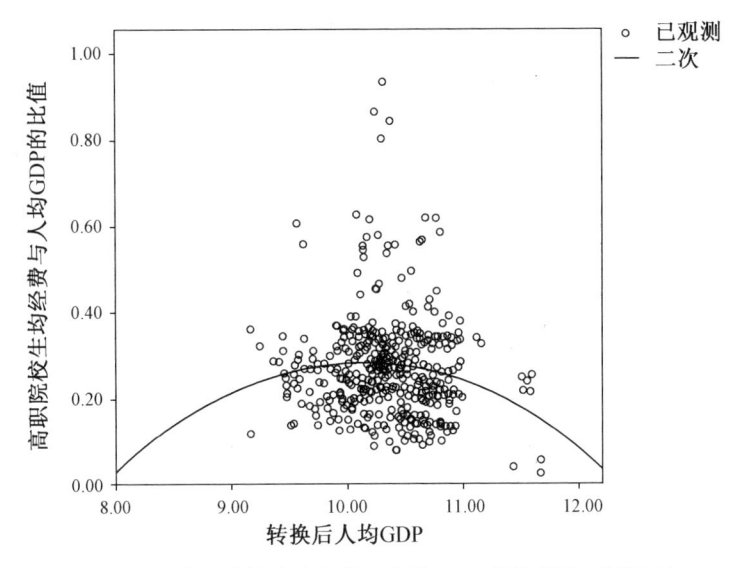

图5.11 高职院校生均经费与人均GDP的比值和(转换后)人均GDP的变化关系图

同理,人均GDP为1万美元时,将对应的t值带入函数式(5-3),算出相应的函数值为0.23;人均GDP为2万美元时,算出函数值为0.27;因此人均GDP为1万—2万美元时,高职院校生均经费指数处于0.23—0.27之间;

人均GDP为2万—3万美元时,生均经费指数到达峰值0.27;

人均GDP超过3万美元,生均经费指数下滑,且生均经费的增长率整体上略低于当年人均GDP的涨幅。

从图5.11可看出:人均GDP为24\,100.79美元时,平均占比到达峰值。

深入分析可知:人均GDP低于24 100.79美元时,高职院校生均经费的增长率大体上稍高于同期人均GDP增长率;人均GDP超过该值后,创新和技能成为经济增长的主要推动力,各国积极推动新知识和新技术的创造、传播和转化应用,使经济持续快速增长,人均GDP显著提高,而高职院校生均经费增长相对缓慢,因而占比值逐年下降。

综上所述,研究认为:人均GDP为1万—2万美元时,生均经费指数大致环绕0.23—0.27数值上下起伏,生均经费的增长率大体上高于当年人均GDP增长率;人均GDP为2万—3万美元时,生均经费占人均GDP的比重大致以0.27为中心浮动;人均GDP超过3万美元时,生均经费的增长率总体上略低于当年人均GDP涨幅。

（五）经验借鉴

本章对1997—2019年间OECD各成员国生均经费的变动情形进行理论分析,发现其主要影响因素是该国的人口结构、青年的就业状况、当前经济的发展水平、高职教育发展战略规划、劳动力市场中技能型人才的供求关系、高职教育办学规模、公共负债情况、社会成人的失业形势、文化传统、社会福利制度、技术移民政策、社会边缘人群的社会整合情况、自然资源禀赋、产业结构以及国家产业发展的政策导向等（其中前三项基本为各国共同的）。

而后以棘轮效应理论为分析框架进行数理统计,取得如下基本结论:影响生均经费的主要因素是该国上年度此项的生均投入和人均GDP等;生均经费总体随着人均GDP的增加而增长,推动其增长的三大要素分别是人口老龄化、青年失业形势和经济发展前景。

人均GDP为1万—2万美元时,职本生均经费比值整体围绕0.5—0.67区间数值上下浮动,高职院校生均经费的涨幅大体高于同期本科高校生均经费涨幅;生均经费指数大致环绕0.23—0.27间数值上下起伏,生均经费的增长率大体上高于当年人均GDP增长率。人均GDP为2万—3万美元时,职本生均经费比值总体以0.69为基准起伏,生均经费指数大致以0.27为中心浮动。人均GDP超过3万美元时,高职院校生均经费的增长率整体上稍低于同期高等本科学校生均经费涨幅,总体上也略低于当年人均GDP的涨幅。

OECD国家高职院校生均经费的影响因素和变动状况,展现高职教育微观投入的基本路径,折射出经济和社会发展的不同时期,各国发展高职教育的战略考量和目标侧重,为我国高职教育的发展投入和战略规划提供参考及借鉴。借鉴国外经验的同时,立足我国国情,充分考虑各区域经济社会发展的特殊性和差异性,积极构建具有中国特色的现代职业教育理论体系,努力打造一批具有中国特色、世界一流水平的人才培养高地,培养更多的高素质技能型劳动者,推动地方经济社会的健康有序发展,从而促进整个社会的发展进步。

六、研究结论与展望

2019年初,为满足国民经济各领域对实践型劳动者的需求,政府启动了"高职院校百万扩招""双高计划",力主培育和造就一大批高素质的技术技能人才,满足经济和社会发展需求,推动社会向前发展。经费投入是教育事业发展的物质保障,高职教育事业也不例外。为推进高职教育事业发展,加大经费投入力度当然不容置疑,但是该如何配置这些经费,深深地困扰着高职教育决策者和一线工作者们。这些困扰也通过《国务院关于加快发展现代职业教育的决定》《国家职业教育改革实施方案》等政策文件表达出来。

鉴于高职教育经费的投入机制多是隐藏在其投入数据的变动之中,研究拟通过分析高职教育经费数据的变动来对这一现实问题提供理论参考和实践指导。

书中首先梳理了国内外学者对于"高职教育经费投入"的研究,受制于行政管理体制等,海外学者和机构对于该议题的研究文献寥寥无几,而国内学者透过各种观察视角、研究方法对其进行了深入翔实的研究,取得了一定的研究成果,但是他们的研究多集中于探讨总量(或者占比)的多寡、生均经费的区域性不均等,较少从机制角度加以分析。

由于我国高职教育办学的时间不长,尚未形成高效合理、体现我国特色的经费投入机制。而国外高职教育发展历程较长,许多国家已经形成相对完善的体制机制,考虑从国外发达国家去寻找可供参考的样本,从而为我国高职教育经费投入的机制建设提供经验借鉴。

基于以上目的,研究比较和分析了国外现有的几大数据库,依据高职教育经费数据的可得性和可比性、国家的典型性和其高职教育发展的参考价值,最终选定以"OECD国家的高职教育经费投入"作为研究对象,尝试通过分析经费数据的变动情形来展现其投入机制,以期为我国建设有中国特色的高职教育经费投入机制提供参考。

本书将"高职教育经费"从宏观到微观具体化为高职教育总经费、高职院校生均累计经费、高职院校生均(年度)经费三个层面,借助于文献研究法、数理统计法、案例研究法和比较研究法,依托库兹涅茨定理、人力资本理论、新经济增长理论和棘轮效应理论,最终得出以下研究结论。

(一) 从结构化的视角分析OECD国家高职教育的经费投入机制

1. 高职教育总经费

高职教育总经费是衡量高职教育宏观投入的重要参考指标,反映了一国全社会对高职教育的重视程度。

本书先透过投入主体分析OECD成员国高职教育总经费的来源结构,并据此将这些国家分为四种典型模式:一是学习者投入为主、政府为辅模式,以韩国、日本和智利为代表;二是政府与企业共同模式,以德国为代表;三是政府投入为主、学习者为辅模式,以澳大利亚、美国、加拿大、法国和新西兰为代表;四是政府绝对主导模式,以芬兰、瑞士为代表。然后,以韩国、德国、澳大利亚和芬兰为具体案例对各模式的总体特征和形成原因进行了深入探讨,最终认为:经费投入模式的差异根源于高职教育办学体制和办学主体的不同。OECD国家在高职教育发展投入过程中,形成了相对健全的财政拨款机制、丰富的社会服务和应用性研究形式,促进政府经费的有效利用和企业经费的稳定增长。

OECD以各成员国高职教育总经费占该国当年GDP的百分比来反映其整体投入。随后,对1997—2019年OECD国家高职教育总经费投入进行计量回归分析,发现各国总经费的投入差异很大,且存在投入惯性,其首要影响因素为高职教育净入学率。顺着这一思路,继续追踪,进一步分析高职教育净入学率的变动轨迹,研究显示:高职教育是高等教育大众化、普及化的重要组成部分;人均GDP处于2万—3万美元时,高职教育办学规模呈现缩减趋势;高职教育的升级主要由经济发展需求所致。

接下来,进一步分析1997—2019年OECD国家高职教育总经费的变动路径,发现存在着增长型(以智利为代表)、平稳型(以法国为代表)和下降型(以芬兰、德国和瑞士为代表)三种变化倾向,并结合部分典型性国家的社会文化传统、经济发展背景、人口结构、劳动力市场需求、高职教育办学实践等进行综合分析。据此研究揭示：高职教育发展的主体脉络在于其与产业进步的先后关系，进而提出以追赶期、并行期和引领期为代表的高职教育发展的三个阶段，并详细说明各阶段总经费的变化情况。

2. 高职院校生均累计经费

当前，我国高职教育人才培养的微观投入主要用"高职院校生均(年度)经费"来进行衡量。然而根据2019年《政府工作报告》中我国经济和社会发展对高职教育办学提出的新要求，我国高职教育体系将向农民工等非全日制学习者全面开放。非全日制学习者的加入和增长，不仅让高职院校的考试招生、学生管理等不同于以往，而且这部分学生可能会因为种种原因，提前或延迟毕业。因此，这些非传统学习者的学习时间很难再用"学制年限"来度量，这也使得"生均经费"不能再成为衡量高职教育微观投入的唯一参考指标。

OECD用"高职院校生均累计经费"来反映高职教育多形式办学阶段的生均总费用。本书通过分析1997—2011年OECD成员国高职院校的生均累计经费数据，发现生均累计经费的变动情形呈现增长型(以匈牙利、韩国、法国、德国和西班牙为代表)、下降型(以瑞士为代表)两种趋势。借助数理统计分析，发现生均累计经费存在投入惯性，其首要影响因素为该国此项的生均(年度)经费。结合匈牙利、法国、瑞士三国的经济社会背景、高职教育办学实际分析后，认为：生均累计投入都呈增长趋势的国家，实现路径不同，发展高职教育的目标侧重亦有所不同；经济社会发展的不同阶段，高职教育的主要功能渐进式地从刺激经济增长到维护社会稳定再到促进学生升学。据此进一步建议将平均年限、生均累计经费加入我国高职教育经费现有指标体系。

3. 高职院校生均(年度)经费

高职院校生均(年度)经费是教育发展的关键性因素。文章在分析了1997—2019年间OECD成员国高职院校生均经费的变动情形后，发现这些国家的经费投入主要呈现增长趋势。而后，根据具体的变动情形将这些国家再作细分，分为缓慢增长型，以澳大利亚为代表；平稳增长型，以德国、法国和日本为代表；急剧增长型，以捷克为代表；波动下降增长型，以智利为代表；起伏增长型，以西班牙、韩国为代表。

研究随后以澳大利亚、德国、捷克、智利和西班牙五国为典型案例，从理论上深度解析后认为：生均经费的主要影响因素包括该国的人口结构、青年的就业状况、当前经济的发展水平、高职教育发展战略规划,其中前三项基本为各国共同的。

然后,从数理统计视角解构生均经费的影响因素,研究发现:其主要影响因素为该国上年度此项的生均投入和人均GDP。后借助曲线拟合,研究发现:生均经费总体随人均GDP的增加而增长,推动其增长的三大要素分别是人口老龄化、青年失业形势和经济发展前景。

人均GDP为1万—2万美元时,职本生均经费比值整体围绕0.5—0.67区间数值上下浮动,高职院校生均经费的涨幅大体高于同期本科高校经费涨幅;生均经费指数大致环绕数值0.23—0.27间上下起伏,生均经费的增长率大体上高于当年人均GDP增长率。

人均GDP为2万—3万美元时,职本生均经费比值总体以0.69为基准起伏,生均经费占人均GDP的比重大致以0.27为中心浮动。人均GDP超过3万美元时,高职院校生均经费的增长率整体上稍低于同期高等本科学校经费涨幅,总体上也略低于当年人均GDP的涨幅。

(二)从发展脉络的视角审视OECD国家高职教育的经费投入机制

依据上述对智利、捷克、法国、芬兰、德国、澳大利亚、瑞士等OECD国家高职教育经费的变动轨迹及其成因分析,研究进一步认为:一国高职教育发展的大体脉络是它与本国产业发展的相对关系。若将此关系深入细分,可分为高职教育追赶产业发展期、高职教育与产业同步发展期、高职教育引领产业发展期三个阶段。为细致刻画各阶段经费投入(从宏观到微观)的变动情况,研究从发展职能等角度详细论述(表6.1)。

表 6.1 高职教育发展的三阶段

	高职教育追赶 产业发展期	高职教育与产业 同步发展期	高职教育引领 产业发展期
具体特征	产业要求逐步渗入高职体系	产教供需紧密对接	产教深度融合,高职院校与本地企业协同创新、知识共享
基本职能	人才培养	人才培养、社会服务	人才培养、社会服务、应用性研究
主要任务	扩大教育规模	提升教学质量和相关性增强办学适切性,强化体系包容性	提升人才培养层次
主要目的	刺激经济增长,扩大社会就业	持续改善经济生产效率,增强经济社会的凝聚力	督促学生升学,以进一步提高劳动生产率
总体经费	逐步增长	相对平稳	趋于很小
社会性投入的主要功能	弥补财政性经费的不足、调整和完善高职教育的治理结构	协调社会各方利益,促进高职院校办学的特色性和差异性	快速传递社会需求,促进学科间的交叉融合,增强高职教育体系的应变能力,并催生新的学科生长点
经费投入制度建设	尚未形成清晰的机制	将院校办学产出与财政拨款结合(透过质量评估)	在院校办学产出中增加"应用性研究"内容,并将其与财政资助联系;院校也借助其吸收企业经费
生均累计经费	平稳增长	快速增长	可能急速下降
生均经费	波动上行	有序增长	存在下降的可能
存在问题	技术工人短缺、技能不匹配	学习者重会轻知	如何吸引国际企业参与技能需求预测、平衡本地与国际企业的技能需求等
应对策略	增大办学规模	增加文化基础知识在学生学业成就考核中的比重	吸引外国企业参与技能需求预测和教育质量标准认定、促进师生的国际交流等

1. 高职教育追赶产业发展期

伴随着科技进步和产业的转型升级,国家经济发展急需一大批接受过高等教育的技能型产业工人,以追赶产业发展进程。为满足产业部门的人才需求,各国大力发展高职教育。该阶段,高职教育发展的基本职能是人才培养,主要任务是规模扩张,高职教育也因此成为各国高等教育大众化的重要组成部分。

各国基于自身独特的文化价值理念、政治管理体制和经济发展需求等,努力探索符合本国国情的产教融合制度。此时,国家尚未形成清晰的经费投入机制。

在此过程中,由于办学体制和办学主体的差异,OECD成员国大致形成四种典型模式:一是学习者投入为主、政府积极支持并引导高职院校与企业开展合作模式;二是政府、企业共同投入模式;三是政府投入为主、学习者扮演补充角色模式;四是政府绝对主导、企业通过校企合作提供办学资助模式。

因高职教育与产业、企业的联系不够紧密,产业界对技能型人才的质量要求和数量需求还未充分传导至高职体系中,故经济社会会同时出现技能供求的不匹配、技术工人不足现象。

由于高职毕业生能在一定程度上提高劳动生产率,且其就业率、相对收入较高,因此各国积极扩大办学规模,着力增加学习者数量。一国高职教育总经费与其生均经费、学习者人数有关,一定时间内生均经费涨幅不大,其主要影响因素是学习者人数。学习者人数增多,则总体投入显现增长势头。

因总经费增长,而一些国家的财政性投入难以在短时间内满足高职教育快速发展的需要,故这些国家通常会鼓励企业、学习者等社会力量共同举办高职教育,以弥补财政投入的不足。此外,个别国家基于自身独特的文化传统,企业等社会力量会借助经费提供介入高职教育的办学过程,既使高职教育的人才培养吻合企业自身的实际需求,最大化其经济收益,又对高职教育的治理结构进行了有效调整,促进其进一步完善。

另外,为了快速扩大办学规模,办学主体整体上会逐渐增加高职院校的生均经费,以吸收更多的学习者参与,刺激经济增长,扩大社会就业;但可能受制于高职教育的办学规模和办学主体的行为目标等,生均经费投入存在波动的倾向。

同时,由于高职院校的实验器材购置、实训基地建设等耗资巨大,人均GDP为1万—2万美元时,职本生均经费比值整体围绕0.5—0.67区间数值上下浮动,高职院校生均经费的涨幅大体高于同期本科高校经费涨幅;生均经费指数大致环绕0.23—0.27间数值上下起伏,生均经费的增长率大体上高于当年人均 GDP 增长率。

此外，为回应经济社会各领域的人才需求，国家逐步增加生均经费的同时，略微缩短高职教育的平均学习年限，从而在短时间内向劳动力市场投放更多的毕业生，满足经济产业的人才需求，助推经济增长。因生均经费总体不断增长，平均年限有所收缩，生均累计经费的首要影响因素是生均经费，故生均累计投入呈现平稳增长态势。

2. 高职教育与产业同步发展期

随着产业的持续发展，国家经济发展逐渐由知识创新、技术应用来驱动，经济增速趋缓，就业市场对新增劳动力的需求不足，社会就业形势日益严峻，青年失业现象不容忽视。为促进社会（含青年）就业，国家仍将继续发展高职教育，以持续改善经济生产效率和增强经济社会的凝聚力。

在不断的发展、改革和调适过程中，各国逐步建立起各具特色的产教融合制度、财政经费拨款机制，使得高职教育与产业发展同步。这一时期，高职教育主要以人才培养、社会服务推动产业进步，高职教育发展的三大主题是"质量、适切性和包容性"，经费投入机制建设上会透过质量评估，将院校办学产出与财政拨款结合。

高职教育体系提升质量的关键在于让产业充分参与技能需求预测、质量标准认定，从而使高职院校办学契合国家产业发展的宏观导向。政府动员经济产业部门参与技能需求预测，把未来产业发展对技能人才的（数量和质量）需求传递出来，并借助相应的产业咨询组织，将其素质要求转化为学习者获得国家职业技术文凭和职业资格证书需达到的能力标准，这样既明确了高职院校的办学方向，又使全国范围内的企业雇佣到的技能型劳动者拥有大体一致的文化技能。

高职教育体系还需满足各区域经济社会的实际需求，提升体系的适切性。地方经济产业部门参与国家技能需求预测和教育质量标准认定，将各地对专业人才的数量、能力要求充分表达出来，同时让地方参与高职教育的管理，有助于因地制宜的协调实施国家职教政策，增强职业教育服务区域经济社会的能力。

伴随高职教育的深入发展，各国高等教育渐渐进入普及化发展阶段。高职教育，也因而成为各国高等教育普及化不可或缺的部分，这也要求高职招生更具包容性和多样性，接收更多的社会边缘人群接受高职教育，提升其专业技能素质,改善其就业和收入状况,促进社会的团结和睦。

二是财政经费拨款机制,其可使高职院校办学产出符合国家产业进步和地方经济发展需求,促进公共经费的有效和高效使用。

首先,以中央与省级政府职教协议的签署来助推产教融合。中央与各省级政府签订《职教中短期合作协议》,详细规定各地高职教育的办学产出目标以及相应的资助金额,使各地高职教育办学契合国家经济发展战略和产业发展宏观导向。

接着,以省级高职教育年度计划的编制来满足各区域经济社会的实际需求。各省级高职主管部门综合区域内行业、政府、企业家和高职院校需求,编制《高职教育发展年度规划》,翔实阐述该地区本年度高职重点项目、办学产出目标和资金需求等。获政府批准后,经费的管理和分配权下放到省级高职主管部门。

然后,以资金分配来细化高职院校的产出目标。省级高职主管部门与辖区内各高职院校协商确定需交付的教学产出目标,并订立《办学产出和经费拨付协议》。《协议》明确具体课程的课时数和经费拨付金额。由于高职课程本身的复杂性,具体拨款数额还应参照各地经费水平、学院之前的相关费用记录和各协议具体的内容安排(农村和偏远地区特定情况下可适当增加部分费用)。

最后,以监测报告来规范经费的使用。中央相关部门每年在各自的《工作报告》中,为各省高职教育的办学产出提供专门的章节,详细叙述并评估各地高职教育的办学产出,细致展现国家协议中目标的达成状况。国家级职教研究机构每年将各高职院校的课程、招生和财务等信息,以及用人单位、学习者满意度和学生学习成果等的调查数据,向社会公开发布。省级高职主管部门按照相关立法和财务管理要求,对辖区内各高职院校的财务、非财务信息进行季度性评估。根据评估结果,调整经费划拨。各高职院校则遵照资助协议和合同要求,扎实办学。

由于产教需求紧密对接,产业对技能型人才的数量需求充分传递出来,因中短期内一国经济社会发展对高职毕业生的数量需求变动不大,政府会依托财政资助等形式,有序开展招生教学,即学习者人数趋于平稳,总体投入也渐趋平稳。

总经费渐趋平稳,但企业等社会力量仍会借助经费投入(多以社会服务形式)参与高职院校办学,这不仅可使其办学更加贴合企业实际需求,还能使其办学协调社会各方利益,促进院校办学的特色性和差异性。

各国高职院校的社会服务主要有以下三种形式:一是以设施租赁和活动承办来拉近与企业的距离,即学院礼堂、会议室和教室可向社会开放,餐厅可承办酒会或员工活动。二是以咨询和定制培训来密切与企业的联系,学院提供专业化咨询和定制培训服务,提升企业员工知识技能水平,加快先进技术的转化应用。三是以实验室服务来深化校企合作,即高职院校利用设备、人员方面的优势,提供实验室服务,为企业产品的开发、测试等提供便利。

为不断提高经济生产效率和维护社会稳定,高职教育办学主体大体上会继续加大生均经费的投入力度,以持续吸引学习者就读和不断优化办学质量。此外,人均 GDP 为 2 万—3 万美元时,职本生均经费比值总体以 0.69 为基准起伏,生均经费占人均 GDP 的比重大致以 0.27 为中心浮动。

由于经济增速放缓,为促进社会(含青年)就业,各国增加高职院校生均经费的同时,还会延长高职学生的课程学习时间,以维护社会的和谐稳定。因生均经费持续增长,平均年限延长,生均累计投入显现急速增长的态势。

该阶段高职教育发展呈现的突出问题是,部分国家制度设计的缺陷,导致学习者重视职业技能训练,忽视理论课程学习。高职教育体系应增大专业基础知识在课程学习、学生学业考核中的比重,让学生具有更为深厚的理论基础,促进其继续学习,增强他们面对不确定未来世界的适应能力。

3. 高职教育引领产业发展期

在经济全球化和知识经济背景下,国家经济发展主要依靠知识创新和高新技术的发明、应用。这一时期,经济产业发展对技能型人才的专业素质提出了更高的要求,当然这也导致部分低技能的社会成人和青年就业不足甚至长期失业。与此同时,伴随经济社会的进一步发展,人口老龄化现象加剧,劳动力市场中技能型劳工短缺的状况长期掣肘经济发展。

基于以上因素,高职院校提升了人才的培养层次,加快发展本硕层次的专业学位教育,积极培育兼具广泛理论知识、精湛专业技能,并富有发明和创新意识的人才,高职发展渐渐迈入引领期。换句话说,高职教育的升级主要是由经济发展需求所致。此时,高职教育发展的核心议题是"本地化"和"国际化",高职教育以人才培养、社会服务和应用性研究来引领地方经济发展,经费投入机制创新主要表现为在院校办学产出中增加"应用性研究"内容,并将其与财政资助联系,院校也借助其吸收企业经费。

但是，国家仍会保留高职教育这一课程形式（但规模极小），以继续吸引社会成人和青年就读，促进社会（含青年）就业。由于其办学规模极小，即学习者极少，故总经费也极少。尽管总经费很少，但此时高职教育已以社会服务、应用性研究等服务于区域经济社会，并透过二者继续吸收社会性投资，从而将社会需求快速传递至高职教育体系中，促进学科间的交叉融合，增强其应变能力，并且催生新的学科生长点。

社会服务的具体形式如前，应用性研究的形式较为多样。学院可与企业建立各层次的合作伙伴关系，凭借自身跨学科、专业化的教师和创新性学生团队优势，为企业解决疑难问题；评估创意和发明的业务前景，并对其商业推广提出建议；为企业申请外部研发和创新资金；将企业产品和服务理念快速发展成形等，主动参与企业产品和服务的升级改造、技术创新和产业孵化。企业则按约向学院支付服务费用。

为缓解社会的就业压力以及缓解就业市场中技能型劳工严重不足的矛盾，许多国家仍会继续提高生均经费的投入水平，以持续吸收学习者就读；但受制于国家产业发展的政策导向以及劳动力市场中技术应用型人才的供求关系等，不排除个别国家会削减生均经费投入。此外，人均 GDP 超过 3 万美元，高职院校生均经费的增长率整体上稍低于同期高等本科学校经费涨幅，总体上也略低于当年人均 GDP 的涨幅。

为满足就业市场对更高层次技术应用型人才的需求，个别国家可能会削减高职院校生均经费投入，同时还会缩短平均学习年限，从而督促学习者升学，进一步提高劳动者的专业素质。因生均经费、平均年限均有缩减的可能，生均累计投入也存在下降的可能。

此外，在引领期，经济全球化使得国际企业不断进驻，如何吸引国际企业参与所在国的技能需求预测、教育质量标准认定，以及怎样平衡本地与国际企业的技能需求，将二者对技能型人才的能力要求整合进国家职业资格框架体系，这些问题深深地困扰着各国政府。政府可考虑通过税收、补贴等途径鼓励外资企业参与技能需求预测、职业资质认定，高职院校亦可教授学生更多的通用技能和加强师生的国际交流等来应对这一难题。

重新审视高职教育的演进历程，还可看出：

一是高职教育发展逻辑的变化将会引发其制度变迁，高职教育制度变迁多以法律和行政命令形式引入和实行，例如法国的社会合作制度，芬兰则主要依托专门的法律，辅以积极的政府引导。

二是高职院校开展社会服务先于应用性研发。学院通过社会服务密切与产业、企业的联系,洞悉当地企业经营的实际需求,初步建立起各种合作机制,为双方进一步协同创新奠定坚实基础。

三是并非所有国家的高职教育发展都经历前述三个阶段。部分国家根据自身经济产业发展策略、人口结构、国际竞争需要等,在人均 GDP 在 2 万—3 万美元之间时,升级了高职教育,大力发展本、硕层次的专业学位教育,即高职教育采取了跨越式的发展战略,例如芬兰等。同时,这些阶段并非截然分开,各个阶段之间缓慢有序过渡。

整个研究的创新点在于结合一国高职教育发展的内外部环境,从一个较长的时间段去梳理 OECD 国家高职教育经费(高职教育总体经费、高职院校生均累计经费和高职院校生均经费)的发展投入历程,说明其变动情形,分析其影响因素,刻画其投入机制,反应机制形成的根本原因,凸显决策者的战略意向,明晰高职教育的发展规律,为我国现阶段高职教育发展投入的机制建设提供参考。

本研究的特色、亮点在于突破现有研究中单纯比较经费投入数值高低的分析思路,将各代表性国家的高职教育经费投入的变动情况放入各自国家具体的经济社会背景、高职教育办学实际中,从一个较长的时间跨度去展现高职教育经费的变动情况,解析高职教育经费变动的根本原因,理顺其运行机制,展示其制度建设,总结高职教育发展投入的基本规律,以期为我国现阶段高职教育的经费投入机制建设等提供理论参考和实践借鉴。

尽管本书有一定的理论创新,但由于研究者的精力和能力有限,研究仍存在诸多不足,主要体现在以下三方面:(1) 研究未找到一个统一、权威且为各方接受的基期将各国不同年份的经费数据转化,使得国家间不同年份的经费数据可比性偏弱,这也在一定程度上影响书中数据模型的拟合优度 R^2 值;(2) 本书仅着重阐述了典型性国家的高职教育经费的变动路径和投入机制,透析机制成因,并未将各国投入机制的多样性和差异性一一全部说明;(3) 只解析了成员国在 1997 至 2019 年间的经费变动情形,受制于经费数据的可得性,并未将这些国家高职教育发展历程中所有年份的经费数据逐一进行分析,因此从这个意义上说,本研究仅是整个研究的一部分。并且,部分成员国仍在继续发展高职教育,本书将对这些国家的创造性实践给予高度关注。

（三）研究展望

最后，在本书的撰写过程中，笔者对以下研究议题表现出浓厚的兴趣，它们分别如下：

一是国际成人能力评价项目 PIAAC（Programme for the International Assessment of Adult Competencies，PIAAC）。PIAAC 项目旨在测定 16—65 岁社会成人工作和生活技能的熟练程度，主要分为读写、计算、在高新技术环境下解决问题的能力三个部分，具体内容为对各种文本信息的识别和判断；应用数学知识和计算技巧于具体情境，以解决对应的数学问题；使用信息和通信技术（Information and Communications Technology，ICT）来应对生活、工作中遇到的实际问题等。可以考虑使用 PIAAC 项目调查来评价我国技术技能人才现有的知识技能素质，找出我国高职教育人才培养的目标设置、教材编写、课程安排、教学组织和教育方式等方面的不足，进而进行针对性的调整。

二是对应用型本科院校产教融合评价指标体系的关注。随着技术进步和产业发展，经济社会发展越来越需要本科、硕士层次的产业工人。为响应这一科技和产业发展趋势，我国已将一部分高职院校升级为应用型本科院校，预计未来会有更多的优质高职院校加入此行列。为促进其与地方经济深度融合，提升院校的办学效益，我们需要思考如何设置应用型本科院校的产教融合评价指标体系。

我们应先思考指标体系的设置主体是谁，政府、学习者还是雇主等，他们三者各自利益诉求的相同点和不同点。其次，借用著名的 CIPP（Context—Input—Process—Product）模型，尝试设置应用型本科院校的产教融合评价指标体系，例如，（1）背景性指标：人均 GDP、本地高等教育毛入学率、高职教育净入学率、万人中大学生人数等；（2）投入性指标：生均经费、生均预算内经费、生师比、生均图书数、生均教学用地面积、校外兼职专家人数及比例、校外实训基地数量等；（3）过程性指标：录取率、报到率、流失（或者巩固）率、学校特色（校本）课程数等；（4）结果性指标：（经费）单位经费内的培训人次、培训总人次、培训收入以及在总经费中的比重、增长率；研发收入以及在总经费中的比重、增长率；创业收入、社会捐赠；（科研）出版物、信息技术应用软件（或在线学习课程的音视频材料）、教研改革成果专利数、孵化的企业数；（学生）学生人数及其年度增长率、毕业率、获取对应学历证书和职业资格的学生比例、一次性就业率、最终就业率、专业对口就业率、本地专业对口就业率、毕业生薪酬、升学率、学生的主观满意度(对课程教学、教学管理);(雇主)雇主的主观满意度(对工作态度、知识技能、职业素质)、用人单位评价优良率等。

三是我国许多省市不同程度地出现了"技工荒"现象,并且许多企业将所需技术应用型人才的可得性和充足性作为选址的重要考量因素,那么如何才能吸引和留住技能型人才,影响技能型人才流动的因素有哪些,应如何改善?

通过文献整理发现,技术应用型人才流动的影响因素分为这七大类:(1)薪酬待遇(薪资水平、福利待遇);(2)个体价值实现(合适的就业岗位、完善的职业发展规划、透明的职务晋升制度);(3)工作的主观满意度(倒班制度的适应程度、加班频率、工作压力程度、工作内容重复性、工作与兴趣的匹配度以及由此带来的成就感);(4)自我成长(就业机会丰富、终身学习和内部培训机会);(5)企业文化氛围(企业文化认同、领导与员工关系、工作环境、激励机制、同事之间关系);(6)行业发展前景;(7)个体主观原因(父母赡养、子女就学、非正式圈子〈老乡、朋友或亲友等〉、期望进入更好的发展平台、婚恋因素)等。

上述问题的妥善解决,不仅需要我们继续保持对发达国家高职教育发展前沿的关注,而且更需扎根我国区域经济社会的发展实际,透过多学科的视角,综合运用多种研究方法,分析我国高职教育发展进程中的种种现象和问题,进而有针对性的提出解决方案,不断丰富我国中国特色的职业教育理论体系的同时,指导我国高职教育的改革和发展实践,为国家经济建设和社会发展培养更多具有正确的价值理念、良好的道德品质、深厚的文化基础和高超的职业技能的技术应用型劳动者,增强我国产品和服务的科技含量,提升其国际竞争力,使我国在新一轮的产业革命和日益激烈的国际竞争中占据有利地位;持续提升我国劳动者的科学文化和专业技能水平的同时,有效缓解劳动力市场中技术技能人才的结构性供求矛盾,推动社会的充分就业,从而保障和改善民生,自觉维护社会的稳定繁荣,为民族复兴的中国梦贡献应有的力量!

参考文献

[1] Asian Development Bank. Financing technical and vocational education and training in the People's Republic of China [M]. Manila：ADB，2009：5-15.

[2] KUCZERA M, FIELD S. Reviews of vocational education and training：a learning for jobs review of China [R]. Paris：OECD，2010：27-32.

[3] 世界银行＆国务院发展研究中心. 中国2030：建设现代、和谐和有创造力的社会[M]. 北京：中国财政经济出版社，2013：299-300.

[4] Asian Development Bank. Sustainable vocational training toward industrial upgrading and economic transformation：a knowledge sharing experience [M]. Manila：ADB，2014：22-23.

[5] LIANG X Y, CHEN S. Developing skills for economic transformation and social harmony in China a study of Yunnan Province [M]. Washington DC：World Bank，2014：5-6.

[6] UNESCO-UNEVOC. World TVET Database-Country Profiles(United States of America)[DB/OL]. (2014-10-20) [2017-12-12]. https://unevoc. unesco. org/wtdb/worldtvetdatabase_usa_en. pdf.

[7] CEDEFOP. The financing of vocational education and training in the United Kingdom (Financing portrait) [M]. Luxembourg：office for official publications of the European Communities，1999：35-40.

[8] CEDEFOP. Vocational education and training in Europe：United Kingdom [EB/OL]. (2018-10-20) [2020-06-12]. http://cedefop. europa. eu/en/country-reports/vocational-education-and-training-europe-united-kingdom-2018.

[9] UNESCO-UNEVOC. World TVET Database-Country Profiles(Canada) [DB/OL]. (2014-10-20) [2017-12-12]. http://unevoc. unesco. org/wtdb/worldtvetdatabase_can_en. pdf.

[10] UNESCO-UNEVOC. World TVET Database-Country Profiles (New Zealand) [DB/OL]. (2014-10-20) [2017-12-12]. http://unevoc.unesco.org/wtdb/worldtvetdatabase_nzl_en.pdf.

[11] UNESCO-UNEVOC. World TVET Database-Country Profiles (Sweden) [DB/OL]. (2014-10-20) [2017-12-12]. http://unevoc.unesco.org/wtdb/worldtvetdatabase_swe_en.pdf.

[12] PALMER R. Financing TVET in East Asia and Pacific Region: Current Status, Challenges and Opportunities [DB/OL]. (2014-10-20) [2020-06-12]. https://openknowledge.worldbank.org/entities/publication/4cded103-f137-5209-a0e4-c3a6c0b9ea45.

[13] World Bank group. Investing strategically in higher education: aligning public funding with policy objectives [R]. World Bank Publications, 2016: 22.

[14] CHOI Y C, LEE J H. What most matters in strengthening educational competitiveness?: an application of FS/QCA method[J]. procedia-social and behavioral sciences, 2015, 197: 2182 – 2190.

[15] GHOLAM A, KHALID Z, TAN S K, et al. Relationship between educational indicators and research outcomes in a panel of top twenty nations: windows of opportunity[J]. Journal of informetrics, 2014, 8(2): 349 – 361.

[16] LEE K W, CHUNG M Y. Enhancing the link between higher education and employment[J]. International journal of educational development, 2015, 40: 19 – 27.

[17] WOLFF E N, BAUMOL W J, SAINI A N. A comparative analysis of education costs and outcomes: The United States vs. other OECD countries[J]. Economics of education review, 2014, 39: 1 – 21.

[18] YANG L J, MCCALL B. World education finance policies and higher education access: a Statistical analysis of World Development Indicators for 86 countries[J]. International journal of educational development, 2014, 35: 25 – 36.

[19] 韩永强. 职业教育经费投入及其国际比较[J]. 职业技术教育, 2014, 35(28): 48 – 54.

[20] 张婧.我国高等职业院校经费投入比较分析及其优化建议——基于2010—2017年年鉴数据分析[J].广东技术师范学院学报,2018,39(4):7-12.

[21] 张连绪,王超辉.高等职业教育经费来源中的结构问题探讨[J].教育评论,2013,3:27-29.

[22] 马宽斌.我国高等职业教育经费投入优化策略研究[J].职业技术教育,2013,34(4):55-59.

[23] 马宽斌.我国高职教育经费短缺的原因与补给路径探析[J].教育理论与实践,2014,34(12):23-25.

[24] 郭艳梅,李中国.我国高职教育经费投入:数据分析与政策建议[J].教育学术月刊,2014,11:49-54.

[25] 周亚君,王素云,潘恒楚,等.江苏高职院校投入现状分析及对策研究[J].江苏高教,2015,4:139-141.

[26] 邢晖.当前高职院校经费问题调查与建议[J].中国职业技术教育,2016,3:58-62.

[27] 刘向杰.河南高职教育经费投入机制研究[J].晋城职业技术学院学报,2020,13(3):4-6.

[28] 肖渊.高职教育经费投入绩效评价现状分析[J].现代职业教育,2022,34:174-176.

[29] 林娟,黄柏江.高职教育经费收入均衡的实证研究——以某省为例[J].教育理论与实践,2012,32(36):26-28.

[30] 黄利文,刘任熊,李畅.高等职业教育省级投入现状探究——基于江苏省相关数据的分析[J].中国职业技术教育,2014,20:45-48.

[31] 戴文静.我国省际间高职教育均衡发展状况的实证研究——基于生均经费支出指标的分析[J].高教探索,2013,1:113-117.

[32] 蔡文伯,杨丽雪.中国省域高等职业教育财政支出的差异与收敛性分析——基于2005—2015年面板数据[J].教育学术月刊,2018,3:3-11.

[33] 周金城,戴文静,刘大尚.我国高职院校生均拨款水平研究——基于国际比较的视角[J].中国高教研究,2018,7:104-108.

[34] 苏敏.我国职业教育经费投入的成绩、问题与政策建议[J].职教论坛,2013,25:4-8.

[35] 朱爱国.以生均标准为切入点完善高职经费投入机制[J].中国职业技术教育,2013,21:5-7.

[36] 任占营,童卫军.高等职业教育生均拨款制度实施困境与对策探析[J].中国高教研究,2017,8:101-105.

[37] 古翠凤,刘学祝.高等职业教育财政投入不充分不均衡问题探析[J].职业技术教育,2022,43(27):23-29.

[38] 张念宏.中国教育百科全书[M].北京:海洋出版社,1991:92.

[39] 教育大词典编纂委员会.教育大辞典[M].上海:上海教育出版社,1990:134.

[40] 潘懋元.新编高等教育学[M].北京:北京师范大学出版集团,北京师范大学出版社,2012:476.

[41] UNESCO Institute of Statistics. International Standard Classification of Education, ISCED 1997 [EB/OL].(1998-05-25)[2023-02-20]. http://uis.unesco.org/sites/default/files/documents/international-standard-classification-of-education-1997-en_0.pdf.

[42] UNESCO Institute of Statistics. International Standard Classification of Education, ISCED 2011 [EB/OL].(2013-05-25)[2023-02-20]. http://uis.unesco.org/sites/default/files/documents/international-standard-classification-of-education-isced-2011-en.pdf.

[43] American Association of Community Colleges (AACC). Final Report on the 21st-Century Initiative Listening Tour[R]. Washington, DC: AACC, 2012:4-24.

[44] Association of Canadian Community Colleges (ACCC). Annual Report 2013-14[R]. Ottawa: ACCC, 2014:10.

[45] CEDEFOP. spotlight on VET Germany(2013—2014)[M]. Thessaloniki: Publications Office of the European Union, 2014: 2-4.

[46] European Commission. Apprenticeship supply in the Member States of the European Union-Final report [M]. Luxembourg: Publications Office of the European Union, 2012: 301.

[47] UNESCO-UNEVOC. World TVET Database-Country Profiles(Australia)[DB/OL].(2018-10-01)[2019-11-29]. https://unevoc.unesco.org/wtdb/worldtvetdatabase_aus_en.pdf.

[48] European Commission. Short-cycle higher education [EB/OL].(2017-01-01)[2018-01-09]. https://webgate.ec.europa.eu/fpfis/mwikis/

eurydice/index. php/France:Short-Cycle_Higher_Education.

[49] European Commission. Higher education institutions [EB/OL]. (2017-01-01) [2018-01-20]. https://eacea. ec. europa. eu/national-policies/eurydice/content/types-higher-education-institutions-108_en.

[50] UNESCO-UNEVOC. World TVET Database Republic of Korea [DB/OL]. (2013-06-30) [2016-05-27]. http://www. unevoc. unesco. org/wtdb/worldtvetdatabase_kor_en. pdf.

[51] VIKIÓRIA K, SIMON F. Simon Field. OECD Reviews of Vocational Education and Training: A Learning for Jobs Review of Chile [R]. Paris: OECD, 2009:18 − 34.

[52] CEDEFOP. Vocational education and training in Hungary (Short description) [M]. Thessaloniki: Publications Office of the European Union, 2011:39 − 66.

[53] CEDEFOP. Spotlight on VET Czech Republic [M]. Thessaloniki: Office for Official Publications of the European Union, 2009:1 − 6.

[54] European Commission. Short-Cycle Higher Education [EB/OL]. (2018-01-01) [2019-12-28]. https://eacea. ec. europa. eu/national-policies/eurydice/content/short-cycle-higher-education-39_en.

[55] CEDEFOP. Vocational education and training in Greece (Short description)[M]. Luxembourg: Publications Office of the European Union,2014:26 − 27.

[56] CEDEFOP. Vocational education and training in Spain (short description)[M]. Luxembourg: Office for Official Publications of the European Communities, 2001: 17.

[57] OECD. Education at a Glance: OECD indicators (2005)[M]. Paris: OECD, 2005: 157.

[58] OECD. Education at a Glance OECD indicators (2019)[M]. Paris: OECD, 2019: 262.

[59] World Bank. Inflation, consumer prices (annual %) [DB/OL]. (2021-01-01) [2023-02-21]. https://data. worldbank. org/indicator/FP. CPI. TOTL. ZG? end=2011&locations=US&start=1997&view=chart.

[60] 中国大学 MOOC. 产业经济学(浙江财经大学)[EB/OL]. (2017-10-20)

［2021-02-12］. https：//www. icourse163. org/learn/ZUFE-1002530007?tid＝1002697023♯/learn/content? type＝detail&id＝1004067922.

［61］中国大学 MOOC. 劳动经济学(南京农业大学)［EB/OL］.（2017-10-20）［2021-02-12］. https：//www. icourse163. org/learn/NJAU-1206651804?tid＝1206975204♯/learn/content? type＝detail&id＝1212317603.

［62］MBA 智库百科. 新经济增长理论［EB/OL］.（2019-05-01）［2020-01-20］. https：//wiki. mbalib. com/wiki/％E6％96％B0％E7％BB％8F％E6％B5％8E％E5％A2％9E％E9％95％BF％E7％90％86％E8％AE％BA.

［63］MBA 智库百科. 棘轮效应［EB/OL］.（2019-05-01）［2020-01-20］. https：//wiki. mbalib. com/wiki/％E6％A3％98％E8％BD％AE％E6％95％88％E5％BA％94.

［64］SUH J H, CHEN D H. C. Korea as Knowledge Economy Evolutionary Process and Lessons Learned［M］. Washington. DC：World Bank, 2007：114.

［65］OECD. Reviews of National Policies for Education：Korea［R］. Paris：OECD, 1998：45－185.

［66］Korea Research Institute of Vocational Education and Training. Vocational Education and Training in Korea［EB/OL］.（2016-01-20）［2016-05-27］. http://eng. krivet. re. kr/eu/ec/prg_euCDAVw. jsppgn＝2&gk＝&gv＝&gn＝M06-M060000056.

［67］Ministry of education. Statistics［EB/OL］.（2016-03-01）［2016-05-27］. http://english. moe. go. kr/web/1721/site/contents/en/en_0219. jsp.

［68］Yeungjin College. Industry-College Cooperation Accomplishments in Yeungjin College［EB/OL］.（2016-01-20）［2016-05-27］. http://eng. yjc. ac. kr/CmsHome/Pride_11_03. jsp.

［69］UNESCO-UNEVOC. World TVETDatabase Germany［DB/OL］.（2012-05-25）［2016-05-30］. http://www. unevoc. unesco. org/wtdb/worldtvetdatabase_deu_en. pdf.

［70］Duales Studium. Berufsakademien in Deutschland［EB/OL］.（2016-03-10）［2016-09-15］. http://www. die-duale-hochschule-kommt. de/

berufsakademien.

[71] 逯长春. 从"职业学院"到"双元制大学"——德国巴符州职业学院发展轨迹及启示[J]. 高校教育管理,2014,8(4):104—108.

[72] CEDEFOP. Vocational education and training in Germany (Short description)[M]. Luxembourg:Office for Official Publications of the European Communities,2007:32.

[73] European Commission. Types of higher education institutions[EB/OL].(2015-10-25)[2016-09-21]. https://webgate. ec. europa. eu/fpfis/mwikis/eurydice/index. php/Germany:Types_of_Higher_Education_Institutions.

[74] 姜大源. 当代世界职业教育发展趋势研究[M] 北京:电子工业出版社,2012:504.

[75] Duale Hochschule Baden-Württemberg. From BA to the Baden-Wuerttemberg Cooperative State University[EB/OL].(2016-05-01)[2016-09-25]. http://www. dhbw. de/english/dhbw/about-us/history. html.

[76] UNESCO-UNEVOC. World TVETDatabase Australia [DB/OL].(2015-10-22)[2016-05-21]. http://www. unevoc. unesco. org/wtdb/worldtvetdat abase_aus_en. pdf.

[77] World Bank and the International Labour Office. Vocational Education and Training Reform:Matching Skills to Markets and Budgets[M]. New York:Oxford University Press,2000:477-479.

[78] NCVER. The development of TAFE in Australia (3rd edition)[M]. Leabrook:NCVER,2001:18-99.

[79] Peter Noonan. VET funding in Australia:Background, trends and future directions[M]. Melbourne:Mitchell Institute,2016:V.

[80] Peter Noonan, Justin Brown and so on. Investment in vocational education and training[EB/OL].(2016-01-11)[2016-11-22]. https://docs. education. gov. au/system/files/doc/other/investment-in-vet-2010. pdf.

[81] NCVER. Funding and Financing vocational education and training (research reading)[M]. Adelaide:NCVER,2005:20-27.

[82] EuropeanCommission. Political, Social and Economic Background and Trends [EB/OL]. (2018-01-01) [2018-04-03]. https://eacea.ec.europa.eu/national-policies/eurydice/content/political-social-and-economic-background-and-trends-25_en.

[83] UNESCO-UNEVOC. World TVETDatabase Finland [DB/OL]. (2013-10-28) [2016-05-23]. http://www.unevoc.unesco.org/wtdb/worldtvetdatabase_fin_en.pdf.

[84] OECD. Reviews of National Policies for Education: Polytechnic Education in Finland [R]. Paris: OECD, 2003: 50-198.

[85] European Commission. Types of Higher Education Institutions [EB/OL]. (2018-01-10) [2018-04-08]. https://webgate.ec.europa.eu/fpfis/mwikis/eurydice/index.php/Finland:Types_of_Higher_Education_Institutions.

[86] Ministry of Education and Culture. UAS education: Administration and finance [EB/OL]. (2016-05-10) [2016-11-18]. http://www.minedu.fi/OPM/Koulutus/ammattikorkeakoulutus/hallinto_ohjaus_ja_rahoitus/?lang=en.

[87] European Commission. Higher Education Funding [EB/OL]. (2018-01-01) [2018-04-03]. https://webgate.ec.europa.eu/fpfis/mwikis/eurydice/index.php/Finland:Higher_Education_Funding.

[88] Tampere University of Applied Sciences. Research and Collaboration [EB/OL]. (2016-05-01) [2017-08-17]. http://www.tamk.fi/web/tamken/research-and-collaboration.

[89] INDERMIT G, HOMI K. An east Asian renaissance: ideas for economic growth [M]. Washington DC: World Bank, 2007: 17-18.

[90] OECD/World Bank. Reviews of National Policies for Education: Tertiary Education in Chile 2009 [R]. Paris: OECD, 2009: 11-134.

[91] OECD. Real GDP forecast Total, Annual growth rate (%)(1997—2019)[DB/OL]. (2023-07-18) [2023-02-20]. https://data.oecd.org/gdp/real-gdp-forecast.htm#indicator-chart.

[92] OECD. Elderly population (%)(1997—2019)[DB/OL]. (2018-05-01) [2023-07-18]. https://data.oecd.org/pop/elderly-population.htm#

indicator-chart.

[93] OECD. Youth not in employment, education or training (NEET) (1997—2019)[DB/OL]. (2018-01-20)[2023-07-18]. https://data. oecd. org/youthinac/youth-not-in-employment-education-or-training-neet. htm.

[94] OECD. Reviews of National Policies for Education: Education in Chile [R]. Paris: OECD, 2017:253-267.

[95] CEDEFOP. Vocational education and training in France (Short description)[M]. Luxembourg: Office for Official Publications of the European Communities, 2008 :21-67.

[96] CEDEFOP. Vocational education and training in Europe: France (2018)[EB/OL]. (2018-01-01)[2020-10-20]. https://cumulus. cedefop. europa. eu/files/vetelib/2019/Vocational_Education_Training_ Europe_France_2018_Cedefop_ReferNet. pdf.

[97] CEDEFOP. Finland VET in Europe-Country report 2016[EB/OL]. (2018-05-01)[2018-06-22]. https://cumulus. cedefop. europa. eu/ files/vetelib/2016/2016_CR_FI. pdf.

[98] Finnish Education Evaluation Center (FINEEC). Audits of quality systems (2012—2018)[EB/OL]. (2017-01-01)[2018-06-28]. https:// karvi. fi/en/higher-education/audits-quality-systems/.

[99] HALME K, PIIRAINEN K A, SALMINEN V. Finland as a Knowledge Economy 2. 0: Lessons on Policies and Governance[M]. Washington DC: World Bank, 2014:74.

[100] 爱弥尔·涂尔干. 教育思想的演进[M]. 李康,译. 上海:上海人民出版社,2006:3.

[101] 谢作栩. 马丁·特罗高等教育大众化理论述评[J]. 现代大学教育,2001,5:13-18.

[102] 联合国教科文组织. 学会生存——教育世界的今天和明天[M]. 北京:教育科学出版社,2009:239.

[103] 世界银行. 全球知识经济中的终身学习:发展中国家的挑战[M]. 国家教育发展研究中心,译. 北京:高等教育出版社,2005:2.

[104] OECD. Higher Education and Regions: Globally Competitive, Locally

Engaged[R]. Paris：OECD，2007：38.

[105] 联合国教科文组织. 教育——财富蕴藏其中[M]. 北京：教育科学出版社，2010：87,238.

[106] 薛晓源，陈家刚. 全球化与新制度主义[M]. 北京：社会科学文献出版社，2004：12.

[107] 联合国教科文组织. 教育的使命——面向二十一世纪的教育宣言和行动纲领[M]. 赵中建，译. 北京：教育科学出版社，2008：2-6.

[108] European Commission. Political and Economic Situation[EB/OL]. (2018-01-01)[2019-12-28]. https：//eacea. ec. europa. eu/national-policies/eurydice/content/political-and-economic-situation-33_en.

[109] CEDEFOP. Overview of the Vocational Education and Training System 2007 (Greece)[EB/OL]. (2018-01-01)[2019-12-28]. https：//www. cedefop. europa. eu/files/2007_to_el. pdf.

[110] OECD. Unemployment rate (%)(1997—2019)[DB/OL]. (2018-05-01)[2023-07-18]. https：//data. oecd. org/unemp/unemployment-rate. htm.

[111] European Commission. Short-Cycle Higher Education[EB/OL]. (2018-01-01)[2019-12-28]. https：//eacea. ec. europa. eu/national-policies/eurydice/content/short-cycle-higher-education-33_en.

[112] European Commission. Higher Education Funding[EB/OL]. (2018-01-01)[2019-12-28]. https：//eacea. ec. europa. eu/national-policies/eurydice/content/higher-education-funding-33_en.

[113] CEDEFOP. Vocational education and training in Italy (Short description)[M]. Luxembourg：Publications Office of the European Union，2014：26-33.

[114] 庞皓. 计量经济学(第3版)[M]. 北京：科学出版社，2007：143-153.

[115] 赵卫亚. 计量经济学教程(第2版)[M]. 上海：上海财经大学出版社，2010：88-99.

[116] CEDEFOP. Hungary VET in Europe-Country report 2012[R]. Thessaloniki：Centre for the Development of Vocational Training，2012：5-11.

[117] CEDEFOP. Vocational education and training in Hungary (Short

description)[R]. Thessaloniki：Publications Office of the European Union，2011：39-66.

[118] UNESCO-UNEVOC. World TVETDatabase（Hungary）[DB/OL]. (2013-10-28)[2016-05-23]. http://www.unevoc.unesco.org/wtdb/worldtvetdatabase_hun_en.pdf.

[119] 世界银行.2013年世界发展报告：就业[M].胡光宇,译.北京：清华大学出版社,2013：176.

[120] CEDEFOP. France VET in Europe-Country report 2012[M]. Thessaloniki：Office for Official Publications of the European Union，2012：7-10.

[121] UNESCO-UNEVOC. World TVETDatabase-Country Profiles（France）[DB/OL].（2017-01-01）[2018-01-09]. http://www.unevoc.unesco.org/wtdb/worldtvetdatabase_fra_en.pdf.

[122] European Commission. Quality Assurance[EB/OL].（2017-01-01）[2020-01-09]. https://eacea.ec.europa.eu/national-policies/eurydice/france/quality-assurance-higher-education_en.

[123] FAZEKAS M，FIELD S. Reviews of Vocational Education and Training：A Skill beyond School Review of Switzerland[R]. OECD,2013：33-75.

[124] European Commission. Administration and governance at national level[EB/OL].（2017-01-01）[2020-01-09]. https://eacea.ec.europa.eu/national-policies/eurydice/content/administration-and-governance-central-andor-regional-level-115_en.

[125] European Commission. Approaches and Methods for Quality Assurance[EB/OL].（2017-01-01）[2020-01-09]. https://eacea.ec.europa.eu/national-policies/eurydice/content/quality-assurance-higher-education-93_en.

[126] European Commission. Funding（Tertiary level professional education（PE））[EB/OL].（2017-01-01）[2020-01-09]. https://eacea.ec.europa.eu/national-policies/eurydice/content/higher-education-funding-114_en.

[127] Federal Office for Professional Education and Technology（Federal

Department of Economic Affairs)[R]. Facts and Figures：professional education and training. OPET，2011：6.

[128] 中国社会科学网. 澳大利亚就业形势日益严峻 本科学历是"敲门砖"[EB/OL].（2019-10-24）[2019-11-29］. http://ex. cssn. cn/hqxx/hqwx/hqwxnews/201910/t20191024_5020042. shtml.

[129] OECD. Population（1997—2019）[DB/OL].（2018-05-01）[2023-07-18]. https://data. oecd. org/pop/population. htm♯indicator-chart.

[130] OECD. Fertility rates（1997—2019）[DB/OL].（2018-05-01）[2023-07-18]. https://data. oecd. org/pop/fertility-rates. htm♯indicator-chart.

[131] OECD. Working age population（%）（1997—2019）[DB/OL].（2018-05-01）[2023-07-18]. https://data. oecd. org/pop/working-age-population. htm♯indicator-chart.

[132] OECD. Permanent immigrant inflows（1997—2019）[DB/OL].（2018-05-01）[2023-07-18]. https://data. oecd. org/migration/permanent-immigrant-inflows. htm.

[133] Canberra Institute Of Technology. CIT Annual Report 2012［EB/OL].（2016-01-21）[2017-10-20］. http://cit. edu. au/__data/assets/pdf_file/0005/37841/CIT_Annual_Report_2012. pdf.

[134] CEDEFOP. Vocational education and training in Europe-Germany（2018）[EB/OL].（2018-01-01）[2019-10-20］. https：//cumulus. cedefop. europa. eu/files/vetelib/2019/Vocational _ Education _ Training_Europe_Germany_2018_Cedefop_ReferNet. pdf.

[135] 经济合作与发展组织. 重新定义第三级教育[M]. 谢维和,译. 北京:高等教育出版社,2002:47.

[136] OECD. Reviews of Vocational Education and Training：A Learning for Jobs Review of Germany［R］. Paris：OECD,2010:15－45.

[137] CEDEFOP. Vocational education and training in Europe-Czech Republic（2018）［EB/OL].（2018-01-01）[2019-10-20］. https://cumulus. cedefop. europa. eu/files/vetelib/2019/Vocational_Education_Training_Europe_Czech_Republic_2018_Cedefop_ReferNet. pdf.

[138] CEDEFOP. Spotlight on VET Czech Republic（2012—2013）［M］.

Thessaloniki: Publications Office of the European Union,2013:1-2.

[139] UNESCO-UNEVOC. World TVETDatabase（Czech Republic）[DB/OL]. （2013-12-15）[2019-03-22]. https://unevoc.unesco.org/wtdb/worldtvetdatabase_cze_en.pdf.

[140] European Commission. Higher Education Institutions of the Non-university Type［EB/OL］. （2018-01-01）[2019-03-22］. https://eacea.ec.europa.eu/national-policies/eurydice/content/types-higher-education-institutions-21_en.

[141] 中国社会科学网.西班牙学者:结构性问题导致南欧青年高失业率[EB/OL]. （2014-11-19）[2019-03-22］. http://www.cssn.cn/hqxx/yw/201411/t20141119_1405873.shtml?COLLCC=2482727121&COLLCC=2453821688&.

[142] 中国经济网.西班牙的高失业率之痛[EB/OL].（2012-11-06）[2019-03-22］. http://views.ce.cn/view/ent/201211/06/t20121106_23819872.shtml.

[143] CEDEFOP. Vocational education and training in Europe-Spain（2016）[EB/OL]. （2018-01-01）［2019-03-22］. https://cumulus.cedefop.europa.eu/files/vetelib/2016/2016_CR_ES.pdf.

[144] CEDEFOP. Vocational education and training in Europe-Spain（2018）[EB/OL]. (2018-01-01)［2019-03-22］. http://libserver.cedefop.europa.eu/vetelib/2019/Vocational_Education_Training_Europe_Spain_2018_Cedefop_ReferNet.pdf.

[145] European Commission. Short-Cycle Higher Education［EB/OL］. （2018-01-01）［2019-03-24］. https://eacea.ec.europa.eu/national-policies/eurydice/content/short-cycle-higher-education-79_en.

[146] European Commission. Quality Assurance in Higher Education[EB/OL]. （2018-01-01）［2019-12-28］. https://eacea.ec.europa.eu/national-policies/eurydice/content/quality-assurance-higher-education-70_en.

[147] 易丹辉.数据分析与EViews应用(第二版)[M].北京:中国人民大学出版社,2014:275.

附 录

1997—2019 年 OECD 国家高职教育经费投入相关数据

年份	国籍	高职总经费占比/%	高职院校生均经费/美元	高职教育净入学率/%	高等教育毛入学率/%	人均GDP/美元	高职院校生师比	本科院校生均经费/美元
1997	澳大利亚	0.2	7 852			22 582		12 024
1998	澳大利亚	0.2	83 41			24 226		12 279
1999	澳大利亚	0.2	7 993			25 559		12 588
2000	澳大利亚	0.2	7 260			26 325		14 044
2001	澳大利亚	0.2	7 692			26 685		13 654
2002	澳大利亚	0.2	7 544			27 713		13 410
2003	澳大利亚	0.2	7 792			31 100		13 331
2004	澳大利亚	0.1	8 425			30 875		15 000
2005	澳大利亚	0.1	8 569			33 983		15 599
2006	澳大利亚	0.1	8 828			35 666		16 070
2007	澳大利亚	0.1	8 052			37 615		15 944
2008	澳大利亚	0.1	8 395			39 532		16 297
2009	澳大利亚	0.2	9 158			39 971		17 460
2010	澳大利亚	0.2	8 829			40 801		16 502
2011	澳大利亚	0.2	8 495			43 208		18 038
2012	澳大利亚	0.2	8 267			43 158		18 795
2013	澳大利亚	0.1	10 008			47 763		19 916
2014	澳大利亚	0.3	9 299		118.6	46 652		19 772
2015	澳大利亚	0.4	21 290		121	47 454		20 122
2016	澳大利亚	0.3	7 200		113.1	48 767		20 650

附 录

(续表)

年份	国籍	高职总经费占比/%	高职院校生均经费/美元	高职教育净入学率/%	高等教育毛入学率/%	人均GDP/美元	高职院校生师比	本科院校生均经费/美元
2017	澳大利亚	0.2	10 943		107.8	52 000		23 261
2018	澳大利亚	0.2	10 304		116	52 991		22 806
2019	澳大利亚	0.2	10 199	21	114.2	52 632		23 035
1997	奥地利	0.5		8	52.4	23 054		
1998	奥地利	0.3				23 583		
1999	奥地利	0.3				25 704		
2000	奥地利	0.2				28 070	7.3	
2001	奥地利	0.1	9 884			28 372	7.7	11 382
2002	奥地利	0.1	9 584	8		30 100	7.3	12 701
2003	奥地利	0.1	10 382	9		30 797	6.6	12 507
2004	奥地利	0.1	10 072	9		33 235	7.5	14 281
2005	奥地利	0.1	11 394	7		34 107	7.3	15 028
2006	奥地利	0.1	13 006	7	63	35 259	7	15 284
2007	奥地利	0.1	12 364	9	65.9	36 839		15 174
2008	奥地利		12 218	15	68.1	39 849		15 081
2009	奥地利		14 210	17	75.6	38 834		14 258
2010	奥地利		6 491	16	78.5	40 411		15 101
2011	奥地利		6 944	17	78.9	42 978		14 967
2012	奥地利	0.3	15 071	35	79.7	44 892	9	15 641
2013	奥地利	0.3	16 453	35	79.2	47 937	9	16 742
2014	奥地利	0.3	16 275	36	80.7	47 901	9	17 061
2015	奥地利	0.3	16 700	35	83.5	50 269	8	17 718
2016	奥地利	0.3	17 837	34	85.1	51 870	8	18 424
2017	奥地利	0.3	18 457	44	86.7	54 031	8	19 206
2018	奥地利	0.2	19 066	44	86.5	56 956	8	20 704
2019	奥地利	0.2	19 534	17		58 040	8	21 653

(续表)

年份	国籍	高职总经费占比/%	高职院校生均经费/美元	高职教育净入学率/%	高等教育毛入学率/%	人均GDP/美元	高职院校生师比	本科院校生均经费/美元
1997	比利时					23 242	10.5	
1998	比利时				57.1	23 804		
1999	比利时				58.2	24 669		
2000	比利时			36	58.9	26 392		
2001	比利时			34	59.4	27 096		
2002	比利时			33	59.8	28 630		
2003	比利时			35	61	30 089		
2004	比利时			34	61.1	31 975		
2005	比利时			36	61.7	32 077		
2006	比利时			37	61.2	33 608		
2007	比利时			37	62.1	34 662		
2008	比利时			39	65.3	36 879		
2009	比利时			38	67.8	36 698		
2010	比利时			38	69.8	37 878		
2011	比利时			39	71.2	40 093		
2012	比利时	0	8 212		72.1	41 684		15 785
2013	比利时	0	9 366		73	43 673		16 148
2014	比利时	0	11 901	1	74.6	43 541		16 780
2015	比利时	0	11 577	1	75.9	45 580		17 538
2016	比利时	0	12 833	1	79.7	47 299		18 366
2017	比利时	0	12 965	1	78.9	49 514		19 649
2018	比利时	0	13 815	1	80.1	52 531		20 696
2019	比利时	0	14 328	4		54 324	15	21 316
1997	加拿大	0.6	14 872		59.7	23 761		14 783
1998	加拿大	0.5	13 795		60.3	25 203	14.5	14 899
1999	加拿大	1.1			59.1	26 462		15 470

(续表)

年份	国籍	高职总经费占比/%	高职院校生均经费/美元	高职教育净入学率/%	高等教育毛入学率/%	人均GDP/美元	高职院校生师比	本科院校生均经费/美元
2000	加拿大	1.1	12 801			28 130	15.2	16 690
2001	加拿大	1.1			59.5	29 290		
2002	加拿大	0.9	23 780			29 590		18 567
2003	加拿大					30 403		
2004	加拿大	1				35 078		20 156
2005	加拿大	1				34 888		22 810
2006	加拿大	1	15 091		63.6	36 397		24 424
2007	加拿大	1	15 557		63.8	38 883		24 384
2008	加拿大	1	13 605		63.1	38 522		25 341
2009	加拿大	0.9	14 461		61.7	40 136		27 123
2010	加拿大	0.9	15 729		63.5	37 480		27 373
2011	加拿大				64	42 585		
2012	加拿大	0.9	14 764		65.3			25 083
2013	加拿大				65.6	44 299		
2014	加拿大	0.9	14 377		64.8	45 543		25 185
2015	加拿大	0.9			66.4	44 581		
2016	加拿大	0.6	18 228	36	68.9	44 295		26 606
2017	加拿大	0.6	18 820		70.1	46 930		27 948
2018	加拿大	0.6	18 669		75.7	49 993		27 983
2019	加拿大	0.6	16 881	24		49 348		25 765
1997	智利	0.2	4 616	13	32			9 820
1998	智利	0.2	3 121	14	35.4			6 565
1999	智利	0.2	3 545		35.4			7 652
2000	智利	0.2	3 987	36				8 240
2001	智利			34	40.4			
2002	智利	0.2	3 486	33	43.5	9 681		7 611

(续表)

年份	国籍	高职总经费占比/%	高职院校生均经费/美元	高职教育净入学率/%	高等教育毛入学率/%	人均GDP/美元	高职院校生师比	本科院校生均经费/美元
2003	智利	0.2	3 351	35	43.9	11 696		7 758
2004	智利	0.3	3 128	35	49.4			8 382
2005	智利	0.4	4 371	33	48.2	12 635		8 090
2006	智利	0.4	3 922	49	54	12 655		7 977
2007	智利	0.4	3 562	48	56.7	13 904	74.2	8 130
2008	智利	0.4	3 360	57	60.9	14 106		8 746
2009	智利	0.5	3 556	58	67.9	14 578		9 329
2010	智利	0.7	4 132	59	72.3	17 312		8 935
2011	智利	0.6	4 028	58	75.9	21 486		9 580
2012	智利	0.4	4 186	49	80	21 260		9 409
2013	智利			50	82.8	22 296		
2014	智利	0.4	4 079	49	85.3	22 001		9 084
2015	智利	0.3	3 989	47	87.2	22 834		8 186
2016	智利	0.4	4 103	46	88.5	22 927		10 164
2017	智利	0.4	4 821	44	90.9	24 316		11 503
2018	智利	0.4	4 938	42	93.1	25 496		10 296
2019	智利	0.4	5 412	26		25 117		12 058
1997	哥伦比亚				23.7			
1998	哥伦比亚				23.3			
1999	哥伦比亚				24.5			
2000	哥伦比亚				25.3			
2001	哥伦比亚				25.4			
2002	哥伦比亚							
2003	哥伦比亚				28.1			
2004	哥伦比亚				30.7			
2005	哥伦比亚				32.7			

附 录

(续表)

年份	国籍	高职总经费占比/%	高职院校生均经费/美元	高职教育净入学率/%	高等教育毛入学率/%	人均GDP/美元	高职院校生师比	本科院校生均经费/美元
2006	哥伦比亚				33.7			
2007	哥伦比亚				36.1			
2008	哥伦比亚				37.5			
2009	哥伦比亚				39.4			
2010	哥伦比亚				43			
2011	哥伦比亚				45.3	10 303		
2012	哥伦比亚			16	48.7	12 125		
2013	哥伦比亚	0.5	3 318	14	51.4	12 800		7 879
2014	哥伦比亚			18	53.3		12	
2015	哥伦比亚			24	55.5	13 833	32	
2016	哥伦比亚			21	56.4	14 276	35	
2017	哥伦比亚			36	55.3	14 607	25	
2018	哥伦比亚			37	55	15 439	24	
2019	哥伦比亚			28	54.2	16 131	24	
1997	哥斯达黎加							
1998	哥斯达黎加							
1999	哥斯达黎加							
2000	哥斯达黎加							
2001	哥斯达黎加							
2002	哥斯达黎加							
2003	哥斯达黎加							
2004	哥斯达黎加							
2005	哥斯达黎加							
2006	哥斯达黎加							
2007	哥斯达黎加							
2008	哥斯达黎加							

(续表)

年份	国籍	高职总经费占比/%	高职院校生均经费/美元	高职教育净入学率/%	高等教育毛入学率/%	人均GDP/美元	高职院校生师比	本科院校生均经费/美元
2009	哥斯达黎加							
2010	哥斯达黎加				45.8			
2011	哥斯达黎加				48.1			
2012	哥斯达黎加				49			
2013	哥斯达黎加	0.2			52.2	15 542		
2014	哥斯达黎加				53.1			
2015	哥斯达黎加				53.6	15 781		
2016	哥斯达黎加				56.5	16 324		
2017	哥斯达黎加				55.3	17 079		
2018	哥斯达黎加				57.7	21 313		
2019	哥斯达黎加					22 598		
1997	捷克	0.1	2 675	13	23.7	13 087	11.4	6 159
1998	捷克	0.1	3 191	13	25.5	12 939	15.3	6 326
1999	捷克	0.1	1 886	9	28.3	13 553	12.1	6 679
2000	捷克		1 970	7	30	138 06	14.1	5 946
2001	捷克	0.1	2 789	8	34.4	14 861	16.3	5 907
2002	捷克		2 703	9	37	16 585	16.9	6 671
2003	捷克	0.1	3 339	10	43.7	17 284	17.6	7 185
2004	捷克	0.1	3 273	8	48.3	19 426	16.9	7 142
2005	捷克		3 105	9	50.1	20 280	13.4	7 019
2006	捷克		3 333	8	54.2	21 966	15.2	8 437
2007	捷克		3 438	9	58.1	23 995	16.2	8 621
2008	捷克		3 371	8	61.1	25 845	16.2	8 738
2009	捷克		3 407	9	63.9	25 614	17.5	8 615
2010	捷克		3 275	9	65.6	25 364	17.8	7 970
2011	捷克		3 350	9	65.7	27 046	17	9 856

附　录

(续表)

年份	国籍	高职总经费占比/%	高职院校生均经费/美元	高职教育净入学率/%	高等教育毛入学率/%	人均GDP/美元	高职院校生师比	本科院校生均经费/美元
2012	捷克	0	16 645	0	65.1	28 679	13	10 304
2013	捷克	0	16 478	0	65.6	30 829	12	10 417
2014	捷克	0	17 292	0	64.5	31 224	11	10 504
2015	捷克	0	18 635	0	63.7	33 493	11	10 870
2016	捷克	0	16 908	1	64.1	35 272	11	9 990
2017	捷克	0	18 866	1	63.8	38 076	11	11 462
2018	捷克	0	23 186	1	65.6	41 157	11	16 126
2019	捷克	0	26 489	0		42 866	10	17 382
1997	丹麦			32	52.5	25 514		
1998	丹麦			34	55.8	25 584		
1999	丹麦			28	57.2	27 679		
2000	丹麦			30	60	28 755		
2001	丹麦			25	63.5	29 223		
2002	丹麦			22	67.5	30 042		
2003	丹麦			21	74.4	30 677		
2004	丹麦			23	80.4	32 335		
2005	丹麦			22	79	33 626		
2006	丹麦			22	78.6	34 871		
2007	丹麦			21	75.7	36 326		
2008	丹麦			25	74.3	39 494		
2009	丹麦			25	73.6	38 299		
2010	丹麦			26	76.8	40 600		
2011	丹麦			28	79.1	41 843		
2012	丹麦			32	80.9	43 564		
2013	丹麦			32	81	46 743	23	
2014	丹麦			26	82.1	46 129		

(续表)

年份	国籍	高职总经费占比/%	高职院校生均经费/美元	高职教育净入学率/%	高等教育毛入学率/%	人均GDP/美元	高职院校生师比	本科院校生均经费/美元
2015	丹麦			28	81.1	48 879		
2016	丹麦			29	80.6	50 879		
2017	丹麦	0.2	17 623	25	81.2	54 510	19	18 116
2018	丹麦	0.2	20 145	23	81.8	57 479	15	19 628
2019	丹麦	0.2	22 127	11		58 496	23	21 602
1997	爱沙尼亚				47.3			
1998	爱沙尼亚				49.6			
1999	爱沙尼亚				54.5			
2000	爱沙尼亚				58.7			
2001	爱沙尼亚				61.5			
2002	爱沙尼亚				64.4			
2003	爱沙尼亚				66.2			
2004	爱沙尼亚	0.3	4 194	33	67.9	14 441	13.3	
2005	爱沙尼亚	0.3	2 883	32	67.9	16 660		4 386
2006	爱沙尼亚	0.3	3 301	32	67.7	18 519		4 462
2007	爱沙尼亚	0.4	4 365	31	66.4	20 620		5 653
2008	爱沙尼亚	0.4	5 307	30	66.6	21 802		6 022
2009	爱沙尼亚	0.4	5 186	29	68.2	19 789		6 981
2010	爱沙尼亚	0.6	7 361	28	70.4	20 093		6 080
2011	爱沙尼亚	0.5	6 628	27	72.4	23 088		8 450
2012	爱沙尼亚				73.9	24 689		8 206
2013	爱沙尼亚				73.3	27 419		11 607
2014	爱沙尼亚				72.2	28 113		12 375
2015	爱沙尼亚				71.4	28 701		12 867
2016	爱沙尼亚				69.6	30 894		12 909
2017	爱沙尼亚				70.4	33 492		14 580

附 录

(续表)

年份	国籍	高职总经费占比/%	高职院校生均经费/美元	高职教育净入学率/%	高等教育毛入学率/%	人均GDP/美元	高职院校生师比	本科院校生均经费/美元
2018	爱沙尼亚				74.2	36 489		17 433
2019	爱沙尼亚					37 954		16 752
1997	芬兰	0.3	6 902	12	79.2	20 843		7 192
1998	芬兰	0.2	5 776		81.4	21 780		7 582
1999	芬兰	0.1	4 500		82.3	23 429		8 474
2000	芬兰		4 208		84.3	25 357		8 426
2001	芬兰		4 304		84.8	26 344		11 143
2002	芬兰		3 185		86.9	27 807		11 833
2003	芬兰		3 985		89.5	28 334		12 060
2004	芬兰		8 729		91.7	29 833		12 507
2005	芬兰				93.2	30 468		12 285
2006	芬兰				93.8	32 586		12 845
2007	芬兰				94.7	35 322		13 566
2008	芬兰				91.3	37 795		15 402
2009	芬兰				93.4	35 848		16 569
2010	芬兰				94.9	36 030		16 714
2011	芬兰				92.9	38 611		18 002
2012	芬兰	0			91	40 209		17 863
2013	芬兰				88.9	41 493		17 868
2014	芬兰				87.7	40 770		17 893
2015	芬兰				87	42 131		17 591
2016	芬兰				88.2	43 794		17 541
2017	芬兰				90.3	46 385		17 730
2018	芬兰				93	49 573		18 170
2019	芬兰					50 323		18 129
1997	法国	0.3	7 683		53.9	21 293		7 040

(续表)

年份	国籍	高职总经费占比/%	高职院校生均经费/美元	高职教育净入学率/%	高等教育毛入学率/%	人均GDP/美元	高职院校生师比	本科院校生均经费/美元
1998	法国	0.3	7 636	21	51.5	21 676	21.4	7 113
1999	法国	0.3	8 458		50.6	23 155	16.2	7 709
2000	法国	0.3	8 898		50.4	25 090	14.2	8 230
2001	法国	0.2	9 378		50.3	26 818	14.1	8 689
2002	法国	0.2	9 801		52.3	27 467	13.2	9 132
2003	法国	0.3	8 925		53.5	28 373	13	11 303
2004	法国	0.3	9 113		53.9	29 006		11 195
2005	法国	0.3	9 483		53.9	29 644	16.8	11 486
2006	法国	0.3	9 714		52.9	31 055	16.8	12 180
2007	法国	0.3	10 632		52.5	32 495	16.7	13 467
2008	法国	0.3	11 461		52.8	34 233	16.4	14 945
2009	法国	0.3	12 102		54.9	33 724	16.4	15 494
2010	法国	0.3	12 283		55.6	34 395	20.9	15 997
2011	法国	0.3	12 554		57.9	36 391	17	16 328
2012	法国	0.3	12 346		59.8	37 347	17	16 279
2013	法国	0.3	13 784		61.5	39 528	19	16 998
2014	法国	0.3	14 122		62.8	39 556	20	17 178
2015	法国	0.3	14 093	29	64.7	40 551	10	16 805
2016	法国	0.3	14 502	29	65.6	42 082		16 697
2017	法国	0.3	15 359		67.5	44 231	12	17 442
2018	法国	0.3	15 706		68.4	46 337	13	17 940
2019	法国	0.3	15 922	20		48 701	12	18 808
1997	德国	0.1	5 623	14		22 049	13.6	10 083
1998	德国	0.1	5 422	13		22 904	13.9	10 139
1999	德国	0.1	5 495	15		24 627	14.9	11 209
2000	德国	0.1	5 728	15		26 139	15.4	11 754

(续表)

年份	国籍	高职总经费占比/%	高职院校生均经费/美元	高职教育净入学率/%	高等教育毛入学率/%	人均GDP/美元	高职院校生师比	本科院校生均经费/美元
2001	德国	0.1	5 633	16		25 453	16.1	11 306
2002	德国	0.1	5 739	16		26 654	14.9	11 860
2003	德国	0.1	6 299	15		27 619	13.3	12 457
2004	德国	0.1	6 413	14		29 916	11.6	13 218
2005	德国	0.1	6 938	13		30 496	11.9	13 351
2006	德国	0.1	7 352	13		32 835	11.8	13 926
2007	德国	0.1	7 394	14		34 683	12	14 852
2008	德国	0.1	7 693	19		37 171	14.1	17 114
2009	德国	0.1	8 192	21		36 048	14.2	17 306
2010	德国			21		37 661	14.1	
2011	德国	0.1	8 891	22		40 990	14	18 348
2012	德国	0	8 265	0	61.4	42 730	15	17 159
2013	德国	0	9 626	0	65.5	44 994	13	16 896
2014	德国	0	10 107	0	67.7	46 517	13	17 181
2015	德国	0	10 149	0	69.6	48 099	12	17 036
2016	德国	0	10 783	0	70.2	50 026	13	17 429
2017	德国	0	11 284	0	70.3	52 660	12	18 487
2018	德国	0	12 112	1	73.5	55 196	13	19 324
2019	德国	0	7 459	0		55 651	13	19 636
1997	希腊	0.3	3 848		44.7	13 912	21.9	4 045
1998	希腊		3 232		46.4	14 327	20.2	4 521
1999	希腊	0.2	3 439	21	50.8	15 799	23.3	4 606
2000	希腊	0.2	2 889	20	58	15 885	19.8	3 643
2001	希腊	0.2	2 373	21	64.9	17 020	24.9	5 188
2002	希腊	0.2	2 840	22	70	19 067	23.2	5 646
2003	希腊	0.2	2 602	24	76.2	20 479	23.2	6 071

经济合作与发展组织国家高职教育的经费投入研究

（续表）

年份	国籍	高职总经费占比/%	高职院校生均经费/美元	高职教育净入学率/%	高等教育毛入学率/%	人均GDP/美元	高职院校生师比	本科院校生均经费/美元
2004	希腊	0.2	2 549	13	85.3	27 691	23.2	7 199
2005	希腊	0.3	3 417	31	90.1	25 472	26.9	7 661
2006	希腊			23	87.4	26 701	23	
2007	希腊			26		27 793		
2008	希腊					29 920		
2009	希腊				103.8	29 381		
2010	希腊			31	109.2	27 539		
2011	希腊			23	113.7	26 622		
2012	希腊				116.4	25 462		
2013	希腊				122.4	25 987		
2014	希腊					26 767		
2015	希腊				131.5	26 606		4 095
2016	希腊				136.6	27 254		
2017	希腊				142.9	28 544		3 294
2018	希腊				148.5	29 617		3 503
2019	希腊					30 373		4 192
1997	匈牙利				30.1	9 875		5 430
1998	匈牙利				32.5	10 445		5 080
1999	匈牙利			1	35.9	11 505		
2000	匈牙利		3 474	3	39.7	12 204	14	7 098
2001	匈牙利		3 026	4	44.6	13 043		7 266
2002	匈牙利		8 691	7	52.2	14 365		8 187
2003	匈牙利	0.1	8 427	9	60.1	15 112	23.5	8 583
2004	匈牙利		5 089	11	65	16 519	24.8	7 198
2005	匈牙利		4 549	10	67.5	17 014	15.7	6 328
2006	匈牙利		4 272	11	68.3	18 030	18.5	6 469

(续表)

年份	国籍	高职总经费占比/%	高职院校生均经费/美元	高职教育净入学率/%	高等教育毛入学率/%	人均GDP/美元	高职院校生师比	本科院校生均经费/美元
2007	匈牙利		3 714	12	66.5	18 763	19.5	6 869
2008	匈牙利		5 055	14	64.6	20 700	17.5	7 454
2009	匈牙利		5 402	16	63.7	20 154	19.5	8 725
2010	匈牙利		4 463	17	62.6	20 625	20.4	9 071
2011	匈牙利		5 213	16	61.5	22 413	21	9 521
2012	匈牙利	0	2 897	13	57.1	22 494	19	9 658
2013	匈牙利	0.1	7 795	4	52	24 548	15	10 221
2014	匈牙利	0	6 187	4	49	25 033	15	8 831
2015	匈牙利	0	4 102	5	48	26 114	13	8 952
2016	匈牙利	0	7 206	5	48.5	26 807		11 470
2017	匈牙利	0	4 675	9	50.3	28 770		13 256
2018	匈牙利	0	5 058	10	52.4	31 909		14 117
2019	匈牙利	0	2 726	4		33 610		12 492
1997	冰岛			16	38.7	25 111	8.4	
1998	冰岛	0.9		10	40.4	25 260	7	
1999	冰岛			10	46.1	27 695		
2000	冰岛	0.1		10	48.3	28 143		7 548
2001	冰岛		8 067	11	54.6	28 968	2	7 671
2002	冰岛		12 869	9	62.4	28 368	2	8 232
2003	冰岛			8	68.2	30 774		8 023
2004	冰岛			7	69.9	33 271		
2005	冰岛			4	72.1	35 571		
2006	冰岛			3	71.1	35 096		
2007	冰岛			6	73.7	36 325		
2008	冰岛			4	74.4	39 029		
2009	冰岛			4	78.8	36 718		

(续表)

年份	国籍	高职总经费占比/%	高职院校生均经费/美元	高职教育净入学率/%	高等教育毛入学率/%	人均GDP/美元	高职院校生师比	本科院校生均经费/美元
2010	冰岛			4	81.5	35 509		
2011	冰岛			3	82	38 224		
2012	冰岛	0	9 665	6	80.3	40 464		93 73
2013	冰岛	0	8 494	6	81.4	44 405		11 314
2014	冰岛	0	9 388	6	75.8	44 225		11 476
2015	冰岛	0	8 918	7	73.6	47 691		12 754
2016	冰岛	0	10 015	9	71.8	52 792		14 688
2017	冰岛	0	9 682	8	73.1	56 156		16 497
2018	冰岛	0	15 675	9	77.6	57 208		15 675
2019	冰岛	0	16 610	4		58 210		16 610
1997	爱尔兰			25	42.3	21 009	14.5	
1998	爱尔兰				47.3	22 699	15.9	
1999	爱尔兰			26	49.4	26 006	14.8	
2000	爱尔兰			19	50.7	28 285	14.2	
2001	爱尔兰			18	53.5	29 821	15.6	
2002	爱尔兰			17	55.8	32 535	14.5	
2003	爱尔兰			17	58.9	34 171	14	
2004	爱尔兰			14	58.9	36 536		
2005	爱尔兰			21	58.4	38 061		
2006	爱尔兰			21	58.3	41 803		
2007	爱尔兰			20	54	44 381		
2008	爱尔兰			25	56.5	42 644		
2009	爱尔兰			28	63.1	39 750		
2010	爱尔兰			24	67.8	41 000		
2011	爱尔兰			20	68.2	42 943		
2012	爱尔兰			20	71.7	45 210		

(续表)

年份	国籍	高职总经费占比/%	高职院校生均经费/美元	高职教育净入学率/%	高等教育毛入学率/%	人均GDP/美元	高职院校生师比	本科院校生均经费/美元
2013	爱尔兰			9	73.8	47 882		
2014	爱尔兰			14	77.2	49 502		
2015	爱尔兰			11	77.6	69 658		
2016	爱尔兰			14	77.8	71 362		
2017	爱尔兰				77.3	77 177		
2018	爱尔兰				75.2	84 824		
2019	爱尔兰			10		87 551		
1997	以色列			29	47.4			
1998	以色列		8 413	27	49			11 400
1999	以色列		7 965	31	50			12 088
2000	以色列		8 115	19	52.3			15 544
2001	以色列		7 521		57.4	21 128		12 751
2002	以色列		7 762	17	57.4			12 325
2003	以色列	0.4	8 372		57.1	23 019		12 941
2004	以色列	0.4	8 673	25	58.7	24 512		11 922
2005	以色列	0.4	8 232	26	58.3	22 810		11 581
2006	以色列	0.4	8 780	28	61.2	24 680		11 680
2007	以色列	0.3	9 092	26	60.4	26 444		11 977
2008	以色列	0.3	9 690	27	63.1	27 690		13 248
2009	以色列	0.2	9 393	29	65.9	27 454		11 621
2010	以色列	0.3	9 748	27	66.6	26 552		10 945
2011	以色列	0.3	6 474	33	68.6	30 168		12 711
2012	以色列	0.3	6 366	23	67	31 296		13 777
2013	以色列	0.4	5 904	20	66.9	34 755		17 446
2014	以色列	0.2	4 669	21	65.5	34 040		14 924
2015	以色列	0.2	5 267	22	64.9	36 249		13 865

(续表)

年份	国籍	高职总经费占比/%	高职院校生均经费/美元	高职教育净入学率/%	高等教育毛入学率/%	人均GDP/美元	高职院校生师比	本科院校生均经费/美元
2016	以色列	0.2	5 231	20	63.4	37 879		14 132
2017	以色列	0.2	5 584	27	61.5	39 249		15 795
2018	以色列	0.2	5 735	27	60.3	40 247		15 786
2019	以色列	0.2	5 893	15		40 473		16 127
1997	意大利		5 206	1	48.3	21 265		5 981
1998	意大利		6 283	1	48.6	22 160	10.6	6 295
1999	意大利		7 147	1	49.8	23 952	6	7 557
2000	意大利		4 114	1	52.9	25 095	10	8 136
2001	意大利		13 456	1	55.6	25 377	7.7	8 270
2002	意大利	0.1	7 429	1	58.7	26 347	8.9	8 649
2003	意大利		7 443	1	62.2	26 561	5.1	8 777
2004	意大利		8 378		64.4	27 744	8.5	7 716
2005	意大利		7 420		66.1	27 750	8.4	8 032
2006	意大利		6 920		66.7	29 356	9.3	8 738
2007	意大利		7 772		66.3	31 016	7.5	8 678
2008	意大利		8 944		66.5	33 271	7.2	9 556
2009	意大利		9 565		65.8	32 397	7.3	9 562
2010	意大利		10 674		65.6	32 110	7.5	9 576
2011	意大利		9 134		64.1	33 870	10	9 993
2012	意大利			0	62.3	35 334		10 071
2013	意大利	0	7 962	0	61.7	36 268		11 177
2014	意大利	0	5 771	0	60.9	35 423		11 527
2015	意大利	0	4 120	1	60.9	36 601		11 285
2016	意大利	0	6 318	1	61.9	39 021		11 616
2017	意大利	0	4 240	2	64.3	40 946		12 277
2018	意大利	0	5 989	2	66.1	43 428		12 353

(续表)

年份	国籍	高职总经费占比/%	高职院校生均经费/美元	高职教育净入学率/%	高等教育毛入学率/%	人均GDP/美元	高职院校生师比	本科院校生均经费/美元
2019	意大利	0	4 472	1		44 377		12 248
1997	日本	0.1	7 750	33		24 616	9.5	10 623
1998	日本	0.1	7 270	33		24 102	9.1	10 374
1999	日本	0.1	7 649	32		24 933	8.8	10 749
2000	日本	0.1	8 507	31		26 011	8.5	11 302
2001	日本	0.1	8 823	30		26 636	8.4	11 493
2002	日本	0.1	9 580	31		27 207	8.4	11 984
2003	日本	0.2	7 638	32		28 071	8.5	12 913
2004	日本	0.2	7 619	33		28 930	8.5	13 777
2005	日本	0.3	7 969	32		30 290	8.3	13 827
2006	日本	0.3	8 634	30		32 040	7.9	15 022
2007	日本	0.2	9 139	29		33 635	7.5	15 822
2008	日本	0.2	9 451	27		33 902	7	16 533
2009	日本	0.2	10 125	27		32 324		17 511
2010	日本	0.2	10 239	29		35 238		17 544
2011	日本	0.2	10 181	28		34 967		18 110
2012	日本	0.2	10 532	28		35 695		18 557
2013	日本	0.2	11 339	29		39 437		19 641
2014	日本	0.2	11 297	29		36 529		19 836
2015	日本	0.2	13 806	28		40 736		20 758
2016	日本	0.2	14 124	28		40 817		20 537
2017	日本	0.2	13 617	35		41 910		20 209
2018	日本	0.2	14 102	34		42 239		20 657
2019	日本	0.2	13 944	19		42 439		20 944
1997	韩国	0.7	4 346	46	66.5	14 477		8 512
1998	韩国	0.7	4 185	46	72.3	14 384		7 820

(续表)

年份	国籍	高职总经费占比/%	高职院校生均经费/美元	高职教育净入学率/%	高等教育毛入学率/%	人均GDP/美元	高职院校生师比	本科院校生均经费/美元
1999	韩国	0.6	3 494	51	76.7	13 647		6 612
2000	韩国	0.7	4 106	52	79.6	15 186	86.1	7 502
2001	韩国	0.7	4 295	51	82.1	15 916		8 236
2002	韩国	0.6	3 772	47	84.4	18 443		7 630
2003	韩国	0.6	4 021	47	87.5	19 317		9 138
2004	韩国	0.5	4 263	51	91.7	20 723		8 600
2005	韩国	0.5	3 811	50	97.1	21 342		9 938
2006	韩国	0.5	4 653	50	101.9	23 083		10 844
2007	韩国	0.4	5 279	38	104.1	26 574		10 115
2008	韩国	0.4	5 742	36	104.3	26 877		10 109
2009	韩国	0.4	6 313	36	102.8	27 171		10 499
2010	韩国	0.3	5 713	37	100.7	28 829		11 271
2011	韩国	0.3	5 692	36	97.4	29 035		11 230
2012	韩国	0.3	5 540	34	95.6	32 022		11 173
2013	韩国	0.3	5 370	33	94.9	34 244	29	10 491
2014	韩国	0.3	5 432	32	94.3	33 395		10 765
2015	韩国	0.2	5 817	32	94	35 204		11 310
2016	韩国	0.2	5 770	32	94.3	37 143		11 781
2017	韩国	0.2	5 791		95.9	38 839		11 948
2018	韩国	0.2	6 016		98.4	43 044		12 685
2019	韩国	0.2	6 468	21		42 998		12 541
1997	拉脱维亚				42.8			
1998	拉脱维亚				50.7			
1999	拉脱维亚				56.2			
2000	拉脱维亚				63.5			
2001	拉脱维亚				67.8			

(续表)

年份	国籍	高职总经费占比/%	高职院校生均经费/美元	高职教育净入学率/%	高等教育毛入学率/%	人均GDP/美元	高职院校生师比	本科院校生均经费/美元
2002	拉脱维亚				71			
2003	拉脱维亚				74.6			
2004	拉脱维亚				75.4			
2005	拉脱维亚				74.6			
2006	拉脱维亚				73			
2007	拉脱维亚				72.4			
2008	拉脱维亚				73.1			
2009	拉脱维亚				69.1			
2010	拉脱维亚				68			
2011	拉脱维亚	0.2	7 389	25	66.6	19 984		7 578
2012	拉脱维亚	0.2	5 091	26	69.1	15 004	25	5 290
2013	拉脱维亚	0.2	8 814	28	70.9	22 637	23	8 088
2014	拉脱维亚	0.2	9 146	25	74.3	23 458	21	8 931
2015	拉脱维亚	0.2	10 693	26	80.6	24 404	19	10 046
2016	拉脱维亚	0.2	9 322	28	88.1	25 716	13	7 143
2017	拉脱维亚	0.1	8 141		93	28 248	13	8 381
2018	拉脱维亚	0.2	8 897		94.9	30 892	13	10 551
2019	拉脱维亚	0.1	9 598	17		31 927	14	12 599
1997	立陶宛				38.7			
1998	立陶宛				44.6			
1999	立陶宛				50.9			
2000	立陶宛				57.3			
2001	立陶宛				63.1			
2002	立陶宛				69.6			
2003	立陶宛				74.9			
2004	立陶宛				79.7			

(续表)

年份	国籍	高职总经费占比/%	高职院校生均经费/美元	高职教育净入学率/%	高等教育毛入学率/%	人均GDP/美元	高职院校生师比	本科院校生均经费/美元
2005	立陶宛				82.5			
2006	立陶宛				82.5			
2007	立陶宛				85.7			
2008	立陶宛				89.3			
2009	立陶宛				86.6			
2010	立陶宛				84.1			
2011	立陶宛				79.8			
2012	立陶宛				73.5			
2013	立陶宛				70.4	26 722		8 697
2014	立陶宛				69.7	27 573		10 021
2015	立陶宛				71.1	28 622		9 657
2016	立陶宛				72.4	30 087		7 701
2017	立陶宛				73.7	33 025		8 428
2018	立陶宛				72	36 377		9 905
2019	立陶宛					38 579		11 039
1997	卢森堡				9	34 484		
1998	卢森堡				10.1	37 348		
1999	卢森堡				9.8	43 069		
2000	卢森堡				10.2	48 239		
2001	卢森堡				11.9	49 229		
2002	卢森堡				12.2	52 153		
2003	卢森堡					55 571		
2004	卢森堡					64 843		
2005	卢森堡				10.3	69 984		
2006	卢森堡					75 754		
2007	卢森堡				10.6	82 456		

(续表)

年份	国籍	高职总经费占比/%	高职院校生均经费/美元	高职教育净入学率/%	高等教育毛入学率/%	人均GDP/美元	高职院校生师比	本科院校生均经费/美元
2008	卢森堡					89 732		
2009	卢森堡			10	18.3	82 972		
2010	卢森堡					84 672		
2011	卢森堡			8	19.4	88 668		
2012	卢森堡	0	3 749	4		91 754		34 739
2013	卢森堡		22 173	4		100 561	9	42 435
2014	卢森堡	0	24 855	8	19.8	99 649	11	48 756
2015	卢森堡	0	24 769	4	19.6	103 727		51 625
2016	卢森堡	0	23 098	4	19.2	106 133		51 918
2017	卢森堡	0	27 920	29	18.6	108 674	9	55 433
2018	卢森堡	0	3 126	29	18.4	116 335	9	54 325
2019	卢森堡	0	6 602	11		116 442	12	58 665
1997	墨西哥				18.2	7 697		4 519
1998	墨西哥			1	19.3	7 879		3 800
1999	墨西哥			1	20.5	8 357		
2000	墨西哥			2	21.3	9 117		
2001	墨西哥			2	22.1	9 148		
2002	墨西哥			2	22.9	9 370	13.7	
2003	墨西哥			2	23.7	9 585	13.3	
2004	墨西哥			2	24.2	10 145	13.7	
2005	墨西哥			2	24.8	11 299	13	
2006	墨西哥			2	25.4	13 332	12.3	
2007	墨西哥			2	26.1	14 128	13.3	
2008	墨西哥			2	26.6	15 190	13.8	
2009	墨西哥			3	27.6	14 397	15.7	
2010	墨西哥			3	28.3	15 195	15.8	

(续表)

年份	国籍	高职总经费占比/%	高职院校生均经费/美元	高职教育净入学率/%	高等教育毛入学率/%	人均GDP/美元	高职院校生师比	本科院校生均经费/美元
2011	墨西哥			3	29.5	17 125	16	
2012	墨西哥			3	30.3	16 767	17	
2013	墨西哥			4	31.1	17 437	18	
2014	墨西哥			4	31.8	18 247	18	
2015	墨西哥			4	38.4	18 129	21	
2016	墨西哥			4	40.2	19 143	22	
2017	墨西哥			8	41.5	19 830	20	
2018	墨西哥			7	42.8	20 561	19	
2019	墨西哥			4		20 272		
1997	荷兰		6 862	1	47.9	22 142		10 028
1998	荷兰		7 592	1	49.8	24 678		10 796
1999	荷兰		7 227		52.3	26 440		12 354
2000	荷兰		6 890		54.2	27 316		12 004
2001	荷兰		7 380		55.2	28 711		13 044
2002	荷兰		7 622		55.7	29 939		13 163
2003	荷兰				57	31 792		13 537
2004	荷兰				58.7	33 571		13 846
2005	荷兰				59.7	34 724		13 883
2006	荷兰				59.9	37 130		15 196
2007	荷兰				60.3	39 594		15 969
2008	荷兰				61.2	42 887		17 245
2009	荷兰		10 056		63.7	41 089		17 854
2010	荷兰		9 873		75.9	41 682	16.2	17 172
2011	荷兰		10 208		76.6	43 150	15	17 561
2012	荷兰	0	11 580	1		46 062	15	19 305
2013	荷兰	0	11 381	2		49 243	16	18 987

(续表)

年份	国籍	高职总经费占比/%	高职院校生均经费/美元	高职教育净入学率/%	高等教育毛入学率/%	人均GDP/美元	高职院校生师比	本科院校生均经费/美元
2014	荷兰	0	11 477	2	80.6	48 356	15	19 188
2015	荷兰	0	10 543	2	80.4	49 643	15	19 323
2016	荷兰	0	10 815	2	85	51 493	15	19 552
2017	荷兰	0	11 467	2	87.1	54 581	12	20 493
2018	荷兰	0	12 072	2		57 825	17	20 971
2019	荷兰	0	11 993	3		59 004	13	20 997
1997	新西兰			36		17 846	12.4	
1998	新西兰			37		17 785	11.3	
1999	新西兰	0.1		52		19 423	13.2	
2000	新西兰	0.2		50		20 372	13	
2001	新西兰	0.2		56		21 230	12.1	
2002	新西兰	0.3		58		22 287	7.4	
2003	新西兰	0.3	6 064	50		23 551	11.7	9 738
2004	新西兰	0.2	5 791	48		24 834	13.9	9 834
2005	新西兰	0.3	7 740	49		24 882	15.3	11 002
2006	新西兰	0.2	6 533	48		26 808	15.5	10 101
2007	新西兰	0.3	7 322	46		27 020	17.3	10 666
2008	新西兰	0.3	8 594	50		29 231	16.1	11 125
2009	新西兰	0.3	8 521	48		29 204	19.2	11 185
2010	新西兰	0.3	8 491	45		29 629	18	10 923
2011	新西兰	0.2	8 863	40		31 487	17	10 995
2012	新西兰	0.3	10 289	38	77.3	32 165	16	14 543
2013	新西兰	0.2	10 960	39	78	36 085	17	15 419
2014	新西兰	0.2	10 312	40	80.6	37 679	18	16 219
2015	新西兰	0.2	11 494	34	81.8	37 426	19	16 015
2016	新西兰	0.2	10 557	31	82	37 411	19	15 956

(续表)

年份	国籍	高职总经费占比/%	高职院校生均经费/美元	高职教育净入学率/%	高等教育毛入学率/%	人均GDP/美元	高职院校生师比	本科院校生均经费/美元
2017	新西兰	0.2	11 279	23	83	40 438	19	17 096
2018	新西兰	0.2	11 874	22	80.3	42 334	15	18 966
2019	新西兰	0.1	10 881	17		45 251	15	19 988
1997	挪威			6	62.8	26 876		
1998	挪威			7	66.4	26 147		10 918
1999	挪威			5	69.3	29 013		
2000	挪威			4	70.2	36 242		
2001	挪威			3	73.3	36 587		
2002	挪威			1	79.1	36 682		
2003	挪威			1	79.2	37 237		
2004	挪威				78.5	41 880		
2005	挪威				77.7	47 620		
2006	挪威				75.5	52 118		
2007	挪威				72.6	53 672		
2008	挪威				73.2	43 659		
2009	挪威				73.5	54 708		
2010	挪威				73.7	44 825		
2011	挪威				73.6	46 696		
2012	挪威				76.5	51 368		20 016
2013	挪威			5	77.5	66 956		20 379
2014	挪威	0	12 813	6	78	52 949	13	21 262
2015	挪威	0	16 399	5	80.5	52 121	11	21 129
2016	挪威	0	17 361	5	82	50 792	11	22 135
2017	挪威	0	20 615	7	83	52 842	11	23 522
2018	挪威	0.1	22 800	8	83.2	69 807	8	25 506
2019	挪威	0.1	22 794	3		66 798	15	25 085

附　录

（续表）

年份	国籍	高职总经费占比/%	高职院校生均经费/美元	高职教育净入学率/%	高等教育毛入学率/%	人均GDP/美元	高职院校生师比	本科院校生均经费/美元
1997	波兰				39.2	7 487		4 293
1998	波兰			1	45	8 183		4 262
1999	波兰			1	49.7	8 991	8.4	3 912
2000	波兰		1 135	1	54.8	9 547	9.3	3 252
2001	波兰		3 341	1	57.9	10 360	11.5	3 582
2002	波兰			1	59.5	11 194	14	
2003	波兰			1	61.1	11 583		4 653
2004	波兰		2 756	1	63.6	13 089	12.5	4 471
2005	波兰			1	65.4	13 573	12.5	
2006	波兰			1	67.2	14 842	12.8	
2007	波兰		4 742	1	70.2	16 312	11.5	5 587
2008	波兰		5 079	1	72.3	18 062	10.1	7 089
2009	波兰		5 691	1	74.8	18 910	10.3	7 800
2010	波兰		6 432	1	74.7	20 034	9	8 892
2011	波兰		6 851	1	74	21 753	8	9 686
2012	波兰	0	8 229	1	71.9	22 869	8	9 811
2013	波兰	0	11 800	0	68.4	24 028	8	8 918
2014	波兰	0	14 012	0	66.9	25 257	8	9 697
2015	波兰	0	16 373	0	67	26 581	9	9 678
2016	波兰	0	24 012	0	67.8	27 737	9	8 974
2017	波兰	0	27 938	0	68.6	29 932	10	10 041
2018	波兰	0	26 705		69.2	31 662	9	11 189
2019	波兰	0	12 463	0		33 359	8	12 912
1997	葡萄牙				43.6	14562		
1998	葡萄牙				44.9	15592		
1999	葡萄牙				47.9	17 063		

· 191 ·

经济合作与发展组织国家高职教育的经费投入研究

(续表)

年份	国籍	高职总经费占比/%	高职院校生均经费/美元	高职教育净入学率/%	高等教育毛入学率/%	人均GDP/美元	高职院校生师比	本科院校生均经费/美元
2000	葡萄牙				50.6	16 780		
2001	葡萄牙				52.9	17 912		
2002	葡萄牙				54.8	18 819		
2003	葡萄牙				55.7	17 617		
2004	葡萄牙	0.3			55.4	19 324		
2005	葡萄牙			1	55.4	19 967		
2006	葡萄牙			1	57.8	21 656		
2007	葡萄牙				61.6	22 638		
2008	葡萄牙				62.6	24 962		
2009	葡萄牙				65.6	24 935		
2010	葡萄牙				68.4	25 519		
2011	葡萄牙				68.5	25 672		
2012	葡萄牙				66.1	27 204		9 196
2013	葡萄牙				65.5	27 936		11 106
2014	葡萄牙			0	61.8	28 687		11 813
2015	葡萄牙			6	63.3	29 485		
2016	葡萄牙	0	8 954	6	63.9	30 994		11 064
2017	葡萄牙	0	7 451	9	65.7	32 525		11 941
2018	葡萄牙	0	6 602	11	67.9	34 929		11 987
2019	葡萄牙	0	5 850	5		36 172		12 135
1997	斯洛伐克				24.2			
1998	斯洛伐克			3	25.9			
1999	斯洛伐克			3	28.4	11 152	7.4	5 325
2000	斯洛伐克			3	30.1	11 278	14.5	4 949
2001	斯洛伐克			3	32.1	11 323	10.1	5 285
2002	斯洛伐克			3	33.9	12 576	7.6	4 756

(续表)

年份	国籍	高职总经费占比/%	高职院校生均经费/美元	高职教育净入学率/%	高等教育毛入学率/%	人均GDP/美元	高职院校生师比	本科院校生均经费/美元
2003	斯洛伐克			2	36	13 114	10.2	4 678
2004	斯洛伐克			2	40.4	14 651	12.5	6 535
2005	斯洛伐克			1	44.8	15 881	9.7	5 783
2006	斯洛伐克			1	50.2	18 020	10.5	6 056
2007	斯洛伐克			1	53.8	20 270	10.5	5 736
2008	斯洛伐克			1	56	23 205	8.2	6 560
2009	斯洛伐克			1	57.1	22 620	8.5	6 758
2010	斯洛伐克			1	56.2	23 194	10	6 904
2011	斯洛伐克			1	56.1	25 130	9	8 177
2012	斯洛伐克			1	54.4	25 725	9	9 022
2013	斯洛伐克	0	6 254	1	52.7	28 021	9	10 370
2014	斯洛伐克	0	8 118	1	50.7	28 341	8	11 346
2015	斯洛伐克	0	8 263	1	47.8	29 535	8	15 998
2016	斯洛伐克	0	6 827	1	46.6	30 922	8	11 493
2017	斯洛伐克	0	8 345	2	45.4	32 394	7	11 776
2018	斯洛伐克	0	8 844	2	46.4	31 374	8	12 172
2019	斯洛伐克	0	9 256	2		32 104	7	12 807
1997	斯洛文尼亚				45.9			
1998	斯洛文尼亚				52.4			
1999	斯洛文尼亚				55.2			
2000	斯洛文尼亚				60.4			
2001	斯洛文尼亚				66.3			
2002	斯洛文尼亚				69			
2003	斯洛文尼亚				72.4			
2004	斯洛文尼亚			49	79.2	21 536		
2005	斯洛文尼亚			43	82.6	23 043		

(续表)

年份	国籍	高职总经费占比/%	高职院校生均经费/美元	高职教育净入学率/%	高等教育毛入学率/%	人均GDP/美元	高职院校生师比	本科院校生均经费/美元
2006	斯洛文尼亚			38	84.6	24 868		
2007	斯洛文尼亚			32	85.5	26 557		
2008	斯洛文尼亚			32	86.4	29 241		
2009	斯洛文尼亚			19	89.2	27 150		
2010	斯洛文尼亚			18	86	26 649		
2011	斯洛文尼亚			17	87	28 156		
2012	斯洛文尼亚	0.1	6 874	28	85.3	28 455	21	11 615
2013	斯洛文尼亚	0.1	4 092	30	82.2	29 980	22	13 360
2014	斯洛文尼亚	0	3 943	25	80.3	30 416	19	13 326
2015	斯洛文尼亚	0	3 129	24	77.8	31 478	18	11 140
2016	斯洛文尼亚		2 707	25	78.6	33 198	18	12 507
2017	斯洛文尼亚	0	3 757	19	77.1	36 162	22	14 100
2018	斯洛文尼亚	0	4 487	18	77.9	39 008	18	15 429
2019	斯洛文尼亚	0	4 360	14		40 773	16	16 815
1997	西班牙		4 301	9	52.8	15 990	10.2	5 217
1998	西班牙		4 767	11	55	17 027	10.2	5 056
1999	西班牙	0.1	5 111	15	57.7	19 044	10.5	5 760
2000	西班牙	0.1	6 306	19	59.8	20 195	9.8	6 712
2001	西班牙	0.2	7 280	19	61.6	21 347	7.9	7 483
2002	西班牙	0.2	7 718	21	64	23 196	7.6	8 074
2003	西班牙	0.2	7 997	22	66.1	24 812	7.4	9 131
2004	西班牙		8 363	22	67.2	26 018	7	9 582
2005	西班牙		9 059	21	68.5	27 270	6.9	10 301
2006	西班牙		9 798	21	68.8	29 520	8	11 342
2007	西班牙	0.2	10 650	22	69.7	31 469	8.8	12 940
2008	西班牙	0.2	10 725	23	71.6	33 173	8.5	13 928

附　录

(续表)

年份	国籍	高职总经费占比/%	高职院校生均经费/美元	高职教育净入学率/%	高等教育毛入学率/%	人均GDP/美元	高职院校生师比	本科院校生均经费/美元
2009	西班牙	0.2	10 990	26	75.9	32 146	9.2	14 191
2010	西班牙	0.2	10 384	28	80	31 574	9.8	14 072
2011	西班牙	0.2	10 042	32	82.3	32 157	10	13 933
2012	西班牙	0.2	9 394	26	83.7	32 775	12	13 040
2013	西班牙	0.2	9 085	26	85.4	32 463	11	13 511
2014	西班牙	0.2	8 784	26	85.6	33 603	11	13 464
2015	西班牙	0.2	9 088	27	86.5	34 815	10	13 487
2016	西班牙	0.2	9 339	31	88.9	36 750	11	13 422
2017	西班牙	0.2	9 795	38	91.1	39 092	11	14 387
2018	西班牙	0.2	9 903	38	92.9	40 777	11	14 828
2019	西班牙	0.2	10 368	22		41 759	11	15 278
1997	瑞典				52	20 439		
1998	瑞典			5	63.6	21 845		
1999	瑞典			7	67.1	23 476		
2000	瑞典			6	70.3	26 161		
2001	瑞典			6	75.3	26 902		
2002	瑞典			7	81.4	28 152		
2003	瑞典			8	83.8	29 522		
2004	瑞典			7	82	31 072		
2005	瑞典			10	79.3	32 770		
2006	瑞典			9	74.8	34 456		
2007	瑞典		6 005	10	70.7	36 785		19 013
2008	瑞典		7 865	11	70.7	39 321		20 864
2009	瑞典		6 658	12	73.7	37 192		21 144
2010	瑞典		6 387	11	72.8	39 251		20 750
2011	瑞典		6 604	10	68.8	41 761		22 090

经济合作与发展组织国家高职教育的经费投入研究

(续表)

年份	国籍	高职总经费占比/%	高职院校生均经费/美元	高职教育净入学率/%	高等教育毛入学率/%	人均GDP/美元	高职院校生师比	本科院校生均经费/美元
2012	瑞典	0	5 897	9	63.2	43 869	10	24 025
2013	瑞典	0	6 478	10	62.2	46 312	10	24 818
2014	瑞典	0	6 590	9	62.3	45 538	10	25 554
2015	瑞典	0	6 777	9	63.5	48 146	9	25 889
2016	瑞典	0	6 723	9	67	49 443	8	25 766
2017	瑞典	0	6 874	14	72.5	51 726	7	27 167
2018	瑞典	0	7 111	11	77.3	53 522	10	27 886
2019	瑞典	0	6 857	8		54 599	10	28 039
1997	瑞士	0.1	14 825		35.3	25 902		16 560
1998	瑞士	0.1	10 273	15	37	27 338		17 310
1999	瑞士	0.1	13 421	14	37.8	28 778		18 584
2000	瑞士	0.1	10 516	13	39.8	29 617		19 491
2001	瑞士		6 785	14	40.9	30 036		21 815
2002	瑞士		7286	17	44	32 532		25 524
2003	瑞士		7579	17	45.6	33 217		27 682
2004	瑞士		5 971	16	45.8	34 740		23 395
2005	瑞士		4 163	15	46.5	35 500		23 137
2006	瑞士		4 101	16	47.2	38 568		23 593
2007	瑞士		3 889	19	48.8	41 800		22 346
2008	瑞士		5 139	21	50.1	45 517		23 284
2009	瑞士		5 502	23	52.9	44 773		23 111
2010	瑞士		5 021	22	54.5	48 962		23 457
2011	瑞士		6 371	23	55.5	51 582		24 287
2012	瑞士	0		5	56.3	55 623		
2013	瑞士			4	57.2	61 656		25 126
2014	瑞士			5	57.7	59 894		27 831

(续表)

年份	国籍	高职总经费占比/%	高职院校生均经费/美元	高职教育净入学率/%	高等教育毛入学率/%	人均GDP/美元	高职院校生师比	本科院校生均经费/美元
2015	瑞士			2	58	63 994		
2016	瑞士			2	59.6	64 572		
2017	瑞士			4	61.4	66 554		
2018	瑞士			3	63.3	70 689		
2019	瑞士			1		71 010		
1997	土耳其			11	23.3	6 463		
1998	土耳其				23.9	6 544	45.4	
1999	土耳其			9		5 966		
2000	土耳其			10		6 211	46.7	
2001	土耳其			12		6 046	47	
2002	土耳其			24		6 516	51.7	
2003	土耳其			16		6 762	55.6	
2004	土耳其			19		7 212	52.7	
2005	土耳其			21		7 786	57.1	
2006	土耳其			21		12 074	58.1	
2007	土耳其			23		13 362	80.8	
2008	土耳其			30		14 963	58.8	
2009	土耳其			28		14 442	58.7	
2010	土耳其			27		15 775	53	
2011	土耳其			30		17 781	53	
2012	土耳其			35		18 002	55	
2013	土耳其			41		22 373	48	
2014	土耳其			46		19 598	52	
2015	土耳其			49		25 029	55	
2016	土耳其			50		26 509	60	
2017	土耳其			46	113.2	28 328	57	

(续表)

年份	国籍	高职总经费占比/%	高职院校生均经费/美元	高职教育净入学率/%	高等教育毛入学率/%	人均GDP/美元	高职院校生师比	本科院校生均经费/美元
2018	土耳其			48	115	28 281	47	
2019	土耳其			38		27 106	44	
1997	英国			27	55.5	20 483		
1998	英国			28	60.1	22 050		
1999	英国			29	58.5	23 303		
2000	英国			30	59.3	24 964		
2001	英国			27	62.6	26 715		
2002	英国			30	62.1	28 906		
2003	英国			28	59.4	29 609		
2004	英国			28	59	31 780		
2005	英国			29	59	31 580		
2006	英国			30	58.5	34 137		
2007	英国			30	56.6	34 957		
2008	英国			31	57.9	36 817		
2009	英国			26	58.9	34 483		
2010	英国			23	59.1	35 299		
2011	英国			20	59.4	33 886		
2012	英国			9	57	37 170	20	
2013	英国	0.1		22	56.6	39 989	18	
2014	英国			14	56.5	40 408		
2015	英国	0	8 421	14	58.4	41 742		27 931
2016	英国	0.2	23 769	16	60	41 910		23 772
2017	英国	0.1	19 093	21	61.4	44 469		29 131
2018	英国	0.1	29 173	24	65.8	47 219		29 969
2019	英国	0.1	28 667	13		48 702		29 766
1997	美国			14	71.8	29 401	12.5	

(续表)

年份	国籍	高职总经费占比/%	高职院校生均经费/美元	高职教育净入学率/%	高等教育毛入学率/%	人均GDP/美元	高职院校生师比	本科院校生均经费/美元
1998	美国			14	72.7	32 262	9.8	
1999	美国			13	67.8	33 725	9.5	
2000	美国			13	68.1	34 602	10.1	
2001	美国				77.9	35 179		
2002	美国				80.2	36 202		
2003	美国				81.2	37 510		
2004	美国				80.6	39 660		
2005	美国				83.1	41 674		
2006	美国				83.7	43 839		
2007	美国				85	46 434		
2008	美国				87.6	46 901		
2009	美国				92.6	45 087		
2010	美国				93.9	46 548		
2011	美国				93.2	49 321		
2012	美国			39	88.7	49 895		
2013	美国			38	88.6	53 117		
2014	美国			38	88.9	54 765		
2015	美国			38	88.8	56 711		
2016	美国			39	88.2	57 419		
2017	美国·			47	88.3	60 126		
2018	美国			48	87.9	62 450		
2019	美国			32		64 690		